2025年度版

福井県の小学校教諭

参考書

協同教育研究会 編

協同出版

はじめに～「参考書」シリーズ利用に際して～

教育を取り巻く環境は変化しつつあり，日本の公教育そのものも，教員免許更新制の廃止やGIGAスクール構想の実現などの改革が進められています。また，現行の学習指導要領では「主体的・対話的で深い学び」を実現するため，指導方法や指導体制の工夫改善により，「個に応じた指導」の充実を図るとともに，コンピュータや情報通信ネットワーク等の情報手段を活用するために必要な環境を整えることが示されています。

一方で，いじめや体罰，不登校，暴力行為など，教育現場の問題もあいかわらず取り沙汰されており，教員に求められるスキルは，今後さらに高いものになっていくことが予想されます。

本書は，教員採用試験を受験する人が，より効率よく学習できるように構成されています。本書は，各自治体の過去問を徹底分析した上で，巻頭に，各自治体の出題傾向と学習法，出題例，類題等を掲載しております。第1章以降では，各自治体の出題傾向に基づいて，頻出の項目を精選して掲載しております。また各科目の学習指導要領及び学習指導法につきましては，各項目の末のQRコードから，学習指導要領及び学習指導要領解説（文部科学省）の原文がご覧いただけます。

編集上の都合により，掲載しきれず，割愛している内容もありますので，あらかじめご了承ください。なお本書は，2023年度（2022年夏実施）の試験を基に編集しています。最新の情報につきましては，各自治体が公表している募集要項やWebサイト等をよくご確認ください。

最後に，この「参考書」シリーズは，「過去問」シリーズとの併用を前提に編集されております。参考書で要点整理を行い，過去問で実力試しを行う，セットでの活用をおすすめいたします。

みなさまが，この書籍を徹底的に活用し，難関試験である教員採用試験の合格を勝ち取って，教壇に立っていただければ，それはわたくしたちにとって最上の喜びです。

協同教育研究会

教員採用試験「参考書」シリーズ

福井県の小学校教諭 参考書

CONTENTS

福井県の
小学校教諭
出題傾向と学習法

効率よく試験対策を進めるために

1　ポイントを確実に理解して例題を解く

教員採用試験の専門教養の筆記試験対策として最重要なのは，受験する自治体の出題形式や傾向に合った学習法を知ることである。本書は過去問を分析し頻出分野を中心に構成されている。各節の冒頭で学習のポイントを示し，例題を解きながら知識を身につけるようになっている。したがって，まず，各節のポイントを確実に理解するようにしよう。

専門教養とはいえ，学習指導要領の内容から大きく離れた「難問」が出題されることはほとんどない。志望する学校種の問題レベルを把握し，十分に対応できるまでの知識を身につけることが求められる。試験対策としては，苦手な分野や触れたことのない内容を残さないようにすることも大切だが，まずは本書の例題や過去問などに積極的に取り組んで，頻出分野の知識を身につけてほしい。

2　出題傾向から効率よい学習法を導き出す

過去問を見ると，頻出分野だけでなく，解答形式といった特徴がうかがえる。福井県では全問とも記述式で出題される。

福井県では，国語，社会，算数，理科，生活，音楽，図画工作，家庭，体育，外国語・外国語活動，特別の教科　道徳が出題されている。「各教科　具体的指導法」，「算数　図形」，「理科　実験」，「外国語・外国語活動　英文解釈」について頻繁に出題され，これらの分野・内容が福井県の特徴といえる。こうした分野については本書で学習し，過去問等から類題を解き，確実に得点できるようにしよう。

ここでは，実際に出題された問題をいくつか示す(出題例参照)。

学習指導要領や学習指導法に関わる問題が，多くの教科で出題されている。「指導する内容」や「指導が必要な児童にどのようにアドバイスするとよいか」などが出題され，さらに，資料からの出題や実技の問題からの出題も多く，記述での解答を求められるので幅広い学習が必要である。各教科においても多彩な出題で，傾向をつかむのが難しい。福井県が推進している白川文字や郷土食など，独自な問題が多いので地域学習を深めておく必要がある。国語では，書写の出題が含まれることがある。字体は点画の接し方や交わり方にも注意しておこう。算数では生徒にどう説明するのかという学習指導要領に沿った出題が多い。基本的な図形や計算問題の規則とともに，頻出の変化と関係・データの活用の分野を確実に押さえておこう。理科では各分野からまんべんなく出題されるほか，実験器具の取り扱い等が問われる。光学顕微鏡，アルコールランプや気体検知管など，どんなことに留意して取り扱いをさせるか説明できるように，いろいろな実験を想定して操作を確認しておこう。各教科の基礎を固めるとともに，実際に児童に指導することを念頭において，どのような学習活動を設定するか，どのようなアドバイスをするかなどを考えておこう。

3　過去問題集との併用等で実践力をつける

以上のように，本書の使い方としては，効率的に試験対策を進めるために頻出分野のポイントを押さえ，例題を通して解法を理解していくことになるが，本試験でその学習成果が発揮できるかどうかは，実践的な問題をどれだけ解いているかが重要である。その対策として，一通り基礎の確認ができたら時間を計って各年度の過去問を解くこと，模試を活用するといったことが考えられる。そこで不正解だった問題については，本書の該当箇所を参照して，繰り返し学んでほしい。そうすることで，出題傾向に合わせた実践的な力が必ずつくはずである。

まずは出題例を見ていこう！

本自治体の出題例：始めにチャレンジ！①（2023年度実施問題改）

問　小学校４年生の国語の授業で，学習した内容を活用することを意識して「読むこと」「書くこと」の領域を合わせた複合単元を設定した。問題文と資料を読み，後の問いに答えなさい，

(1) 「読むこと」の単元では，説明文「世界にほこる和紙」を読み，要約する目的を意識して，内容の中心となる(　①　)や(　②　)を選んでノートに「初め」「中」「終わり」にまとめる学習をした。空欄①，②に当てはまる語句を答えなさい。ただし，【資料1】と【資料2】の空欄①，②にはそれぞれ同じ語句が入る。

【資料1】ノート

まとまり	初め	中1	中2	終わり
中心となる（　①　）や（　②　）	・和紙 ・洋紙 ・多くの人に和紙のよさを知ってもらいたい ・多くの人に和紙を使ってもらいたい	・やぶれにくく長もちする ・せんいの長さのちがい ・作り方のちがい ・国内外	・自分の気持ちを表す方法 ・受け取る相手や伝えたい気持ちに合わせて ・よろこんでもらいたい	・無形文化遺産 ・世界にほこる和紙

【資料2】『小学校学習指導要領(平成29年告示)解説　国語編』各学年の内容(一部抜粋)

> 目的を意識して，中心となる(　①　)や(　②　)を見付けて要約すること。

(2) 「読むこと」の学習をいかして,「書くこと」の学習を行う計画を立てた。校外学習で訪れた「越前和紙の里」「うるしの里会館」で学んだことを,「伝統工芸のよさを伝えよう」というテーマでリーフレットにまとめる。リーフレットを書き出す前に内容を整理するため,「内容の検討」について指導する必要がある。集めた材料をどのようにすればよいか,指導する内容を書きなさい。

解答:(1) ① 語　② 文　(2) 集めた材料を比較したり分類したりして,伝えたいことを明確にすること。

本自治体の出題例:始めにチャレンジ!②(2023年度実施問題改)

次は,『小学校学習指導要領(平成29年告示)解説　社会編』の第2章　第2節の第5学年の内容(一部抜粋)である。以下の問いに答えなさい。

○　生産の工程,人々の協力関係,技術の向上,輸送,価格や費用などに着目して,食料生産に関わる人々の工夫や努力を捉え,その働きをを考え,表現すること。

問　下線部について,「わが国の農業や水産業における食料生産」の授業で,ある学習課題を設定し次のように板書としてまとめた。

今日の学習課題

[　　　①　　　]

○農産物の価値を高め,農業の可能性を広げる
・新しいブランド米「いちほまれ」の開発→価値を高める
・②6次産業化の取組み→農業の可能性を広げ,まちの活性化にもつながる

○農業をする人材を増やすために
・無人トラクターを使う→働く人のふたんを減らす
・「ふくい園芸カレッジ」の開校→新しい担い手を育てる

この内容から，どのような学習課題を設定したと考えられるか，［　①　］に入る文を答えなさい。

また，波線部②について，「6次産業化」とはどのような取組みのことか，説明しなさい。

解答：①　食料生産にかかわる人たちは，農業を持続可能にするためにどのような取り組み(工夫)をしているのだろうか。　②　農業従事者が，農産物等の生産・加工・販売に総合的に取り組むこと。

本自治体の出題例：始めにチャレンジ！③（2023年度実施問題改）

問　次の図の台形の面積の求め方について，以下の問いに答えなさい。

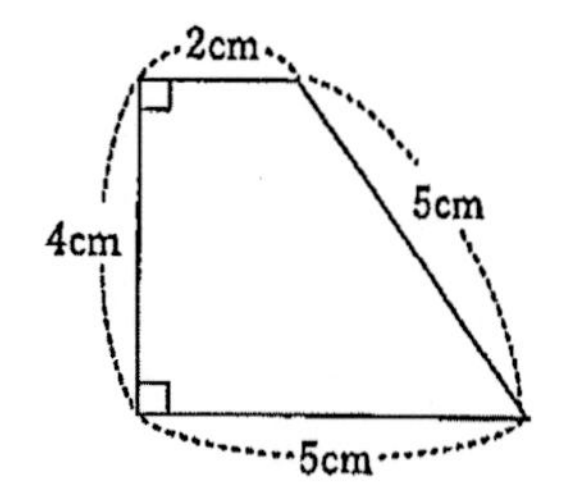

(1)　台形の面積は，次の公式で求めることができる。

台形の面積＝(上底＋下底)×高さ÷2

このとき，この式で台形の面積を求めることができる理由を説明しなさい。次の図を用いてもよい。

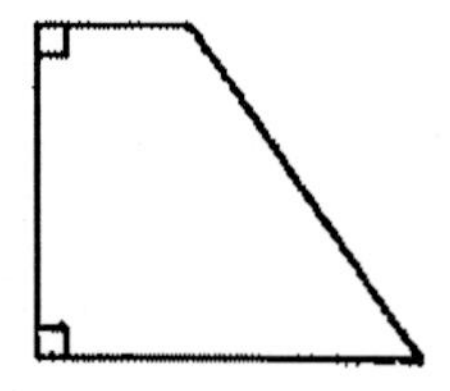

(2)　4人の児童がそれぞれ次のような図を用いて，上の図の台形の面積を求めた。

ア　　　イ　　　ウ　　　エ

このとき，次の式を書いた児童が用いたと考えられる図を，上のア～エの中から1つ選んで記号で答えなさい。

(式)　$2 \times 4 \div 2 + 5 \times 4 \div 2$

解答：(1)　次図のように，合同な台形を2つ用いて長方形をつくると，長方形の横の長さは台形の(上底＋下底)の長さとなる。

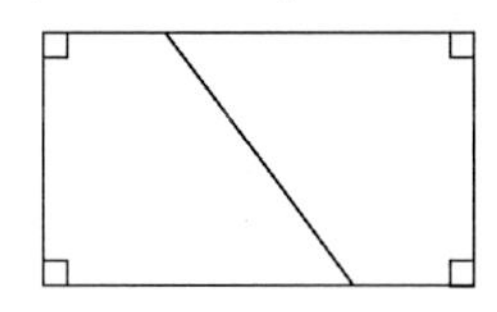

これより，長方形の面積は縦×横であるから，長方形の面積＝台形の高さ×(上底＋下底)となる。台形1つの面積は，この長方形の半分であるから，台形の面積＝(上底＋下底)×高さ÷2で求めることができる。

(2)　ア

本自治体の出題例：始めにチャレンジ！④（2023年度実施問題改）

問　次は,『小学校学習指導要領(平成29年告示)解説　理科編』の「第6学年の目標及び内容」の一部である。以下の問いに答えなさい。

(4)電気の利用

発電や蓄電，電気の変換について，電気の量や働きに着目して，それらを多面的に調べる活動を通して，次の事項を身に付けることができるよう指導する。

ア　次のことを理解するとともに，観察，実験などに関する技能を身に付けること。

(ア)　電気は，つくりだしたり蓄えたりすることができること。

(イ)　電気は，光，音，熱，運動などに変換することができること。)

(ウ)　身の回りには，電気の性質や働きを利用した道具があること。

イ　電気の性質や働きについて追究する中で，電気の量と働きとの関係，発電や蓄電，電気の変換について，より妥当な考えをつくりだし，表現すること。

(1)　下線部について，電気を熱に変換する働きを利用して，電熱線からの発熱量を測定する実験を行った。

【実験】

くみおきの水(100g，20℃)を用意し，30Ωの抵抗の電熱線に2.0Aの電流を1分間流して温めた。ただし，ジュール熱はすべて温度上昇に使われたとし，水の比熱を4.2J/g℃とする。

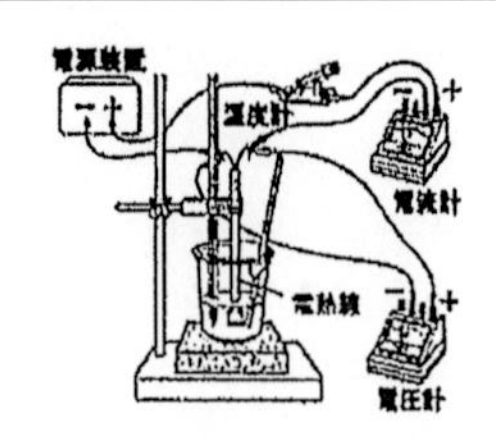

発熱の実験では，くみおきの水を使う。くみおきの水を使う理由を書きなさい。

(2) (1)の場合，水温は何℃になるか。最も適する数値を，次のア～エの中から1つ選んで記号で答えなさい。

ア 17℃　イ 27℃　ウ 37℃　エ 47℃

解答：(1) 水温を室温と同じ温度にするため　(2) ウ

本自治体の出題例：始めにチャレンジ！⑤（2021年度実施問題改）

次の英文を読んで，あとの問いの答えとして最も適切なものをA)～D)のうち1つ選び，記号で答えなさい。

The earth is called the "water planet". Two-thirds of the earth's surface is covered with water, and it is said that there are about 1.4 billion cubic kilometers of water. But 97% of the water on the earth is seawater containing salt. A lot of the freshwater is not available because it exists mostly as ice, snow and glaciers. In addition, most of the remaining liquid water is groundwater. Some people can get water from rivers and lakes, but not enough. Therefore, it is common for us to use groundwater as drinking water. Only 0.01% of water resources are available for our daily lives. If this precious water resource of only 0.01 % is contaminated, it cannot be used. This is a situation that causes water shortages on the earth.

The biggest cause of water shortage is population growth. The population is increasing all over the world. There are also speculations that the population of the earth will reach more than 9.7 billion by 2050. As our lives become richer, the amount of water that people use will increase. It is not easy for people to sacrifice the richness of their lives. As a result, the more developed the world economy, the more severe the water shortage will be. Another cause is climate change. First of all, due to climate change, the temperature of the earth rises and the sea level rises. That is because the amount of seawater increases and the amount of freshwater decreases. In addition, it could lead to ecosystem changes and reduce the availability of water resources.

In fact, Japan is also one of the countries where demand for water resources is high and supply and demand are tight. However, for us living in Japan, it doesn't feel that serious. The reason Japan can live a life free from water resource worry is that it imports a large number of products from other countries. Large amounts of water are needed to grow and produce food, care for livestock, and process and wash industrial products. Virtual water is an estimate of how much water is required to produce the imported foodstuffs and products. Japan is the world's largest importer of virtual water. The amount is huge, and Japan imports as much virtual water from other countries as it uses domestically.

Globally, the problem of water shortage is becoming a big issue every day. There is now a great need to pursue the efficient use of fresh water both in Japan and around the world, Even in Japan, which has abundant drinking water, it is necessary to seriously face up to the world's water shortage problem, in order to maintain our enriched lifestyles.

(1) What is the main topic of the first paragraph?

A) The close relationship between water and the earth.

B) The water issues we must be aware of.

C) The importance of importing virtual water.

D) What we can do to stop population growth.

(2) According to this passage, which sentence is true?

A) The majority of the earth is seawater, so we won't be running out of water in the future.

B) As the global economy develops, population growth and climate change will become less of an issue.

C) The people of the world will have to consume large amounts of water as the population decreases.

D) Many Japanese people think that Japan is rich in water resources, but in fact it is not.

解答：(1)　B　　(2)　D

過去３カ年の出題傾向分析

ここでは，過去3カ年で出題された科目と分類を表にまとめている。学習する前に，大まかな傾向をつかんでおこう。

年度	科目	分類
2023年度	国語	ことば，古文読解，日本文学史，指導法
	社会	日本史：室町時代，日本のくらし，日本の産業・資源：農業，日本国憲法，学習指導要領，指導法
	算数	図形，変化と関係・データの活用，学習指導要領，指導法
	理科	恒常性の維持と調節，生物の種類，電磁気，物質の構造，物質の変化：酸化，その他，学習指導要領，指導法
	生活	指導法
	音楽	音楽の基礎，日本音楽：明治～，学習指導要領，指導法
	図画工作	学習指導要領，指導法
	家庭	食物，被服，学習指導要領，指導法
	体育	体育，指導法
	外国語・外国語活動	英文法，対話文，英文解釈，学習指導要領，指導法
	特別の教科道徳	学習指導要領
2022年度	国語	古文読解，その他，指導法
	社会	日本史：奈良時代，日本史：平安時代，日本史：室町時代，日本史:江戸時代，日本のくらし，国際政治，学習指導要領，指導法
	算数	図形，数列，変化と関係・データの活用，その他，指導法
	理科	生態系，気象，力，物質の状態：溶液，その他，指導法
	生活	学習指導要領，指導法

年度	科目	分類
	音楽	音楽の基礎，日本音楽：明治～，指導法
	図画工作	学習指導要領，指導法
	家庭	食物，学習指導要領，指導法
	体育	学習指導要領，指導法
	外国語・外国語活動	英文法，対話文，英文解釈，学習指導要領，指導法
	特別の教科 道徳	学習指導要領
2021年度	国語	文法，敬語，漢文，その他，指導法
	社会	日本のくらし，国際政治，学習指導要領，指導法
	算数	方程式と不等式，図形，確率，変化と関係・データの活用，指導法
	理科	生物の種類，地表の変化，運動，物質の構造，物質の変化：反応，指導法
	生活	学習指導要領
	音楽	音楽の基礎，日本音楽：明治～，指導法
	図画工作	図画工作の基礎，指導法
	家庭	食物，その他
	体育	学習指導要領，指導法
	外国語・外国語活動	英文法，対話文，英文解釈，学習指導要領，指導法
	特別の教科 道徳	

※「科目」「分類」は，過去問シリーズに掲載されている出題傾向分析に該当する。

次に，ここで紹介した分類の類題を掲載しておくので，学習の第一歩としてほしい。

類題を解いてみよう！

類題で問題演習の幅を広げよう！①

問　小学校「国語」の第４学年の単元「れいの書かれ方に注意して読み，自分の表現に生かそう」の学習において，A教諭は，【図１】に示すように，説明的な文章を読んで感じたことや考えたことを，ICT端末上でデジタル付箋を使い，交流する活動を設定した。【図2】は，交流場面における児童の対話の様子を表したものである。以下の(1)，(2)の問いに答えなさい。

【図1】

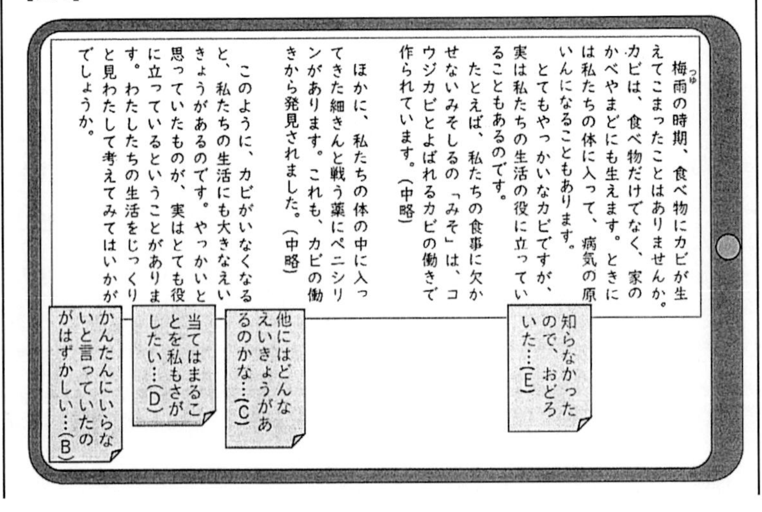

【図2】

児童B	カビはなくなればよいと思っていたけど、最後の段落を読んで、恥ずかしくなったよ。
児童C	私は付箋を貼った段落を読んで、カビが全くないとしたら、私たちの生活にどんな①影響があるか気になったよ。
児童D	チーズがおいしくなるのにカビが関係していると聞いたことがあるな。
児童E	文章のみそとペニシリンの例も具体的でなるほどと思ったね。そういえば、冬になるといやだなと思う静電気も、ラップフィルムが容器に貼りつくことに役立っていると聞いたことがあるな。
児童D	カビや静電気のように、役に立っていることが身近にまだあるかもしれないから、②探したいね。

(1)　考えを交流する場面において，【図1】のように，本文の近くに付箋を置く活動を取り入れたA教諭の意図を書きなさい。

(2)　A教諭は，【図2】の児童Eの発言のよさを他の児童に伝えることとした。「小学校学習指導要領(平成29年告示)解説　国語編」の指導事項「読むこと　オ」を踏まえて，どのようなよさを伝えるか書きなさい。

解答：(1)　考えを交流する際に，本文のどこに着目したのかを明確にするため　(2)　自分の体験と結び付けていること

類題で問題演習の幅を広げよう！②

問　小学校「社会」の第３学年「店ではたらく人」の学習において，単元の課題を「スーパーマーケットではたらく人は，たくさんのお客さんに買い物をしてもらえるように，どのようなくふうをしているのか。」と設定し，スーパーマーケットの見学に行くことにした。次の(1)，(2)の問いに答えなさい。

(1)　スーパーマーケットの見学に行く前に，児童に学習計画を立てさせたい。そこで【資料1】のような「学習計画の立て方」を提示した。(a)，(b)にふさわしい言葉を書きなさい。

【資料1】

「学習計画の立て方」

① みんなから出されたぎもんをもとに，調べたいことをきめる。
② 調べたいことを，(a)よいか，話し合う。
③ 調べたことを，(b)よいか，話し合う。

(2)　【資料2】は，児童Aが見学をしてきたスーパーマーケットの工夫を，お客さんの願いと関連させてまとめた表である。以下の①，②の問いに答えなさい。

【資料2】

<お店のくふう>	<お客さんのねがい>
広いちゅう車場	ゆっくり買い物ができるし、荷物をたくさん運ぶことができるので、車で行きたい。
（　ア　）	けんこうや安全を考えて、だれが作った野さいなのかをたしかめられるようにしてほしい。
切り分けられた野さいや魚	（　イ　）
たくさんのレジ	まつ時間を少なくして、お会計をしたい。

① (ア)にあてはまる<お店のくふう>を書きなさい。
② (イ)にあてはまる<お客さんのねがい>を書きなさい。

解答：(1)　a　どんな方法で調べれば　　b　どのようにまとめれば
(2)　①　・生産者の写真や名前　　・生産者の紹介文
②　・家族の人数に合わせて，ほしい分だけ買えるようにしてほしい。　・調理に手間がかからないようにしたい。

類題で問題演習の幅を広げよう！③

問　小学校学習指導要領解説算数編（平成29年7月）「第3章　各学年の目標及び内容　第5節　2　第5学年の内容」の〔B図形〕の「B(3)　平面図形の面積」では，「基本図形の面積の求め方を見いだすこと」において，「思考力，判断力，表現力等を発揮させる基となる数学的な見方・考え方を働かせることで，例えば次のような考えが導かれる。」と述べられている。

① 図形の一部を移動して，計算による求積が可能な図形に等積変形する考え
② 既習の計算による求積が可能な図形の半分の面積であるとみる考え
③ 既習の計算による求積が可能な図形に分割する考え

このことを基に，台形の面積を求める授業を行った。その際，児童が次のア～ウの図のように，既習の求積可能な図形に着目し，それぞれの図形の面積の求め方を基に太線で示した台形の面積を考えた。この図は前述の①～③のどの考えといえるか。ア～ウの考えに当てはまる番号をそれぞれ答えなさい。

ア　三角形に着目

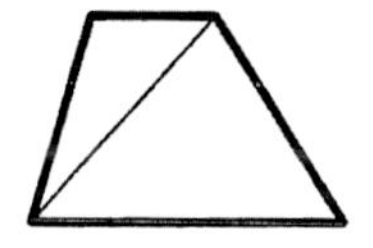

イ　平行四辺形に着目

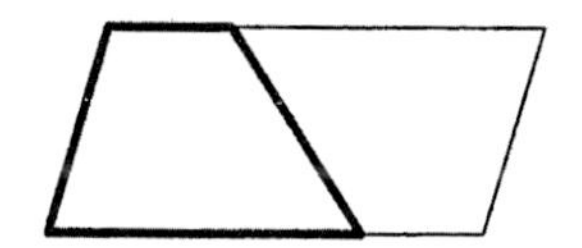

ウ　長方形に着目

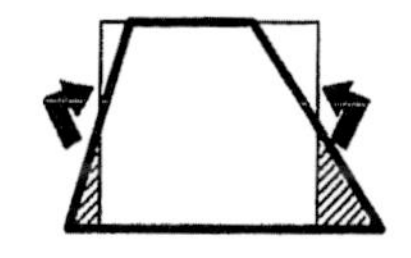

解答：ア　③　　イ　②　　ウ　①

類題で問題演習の幅を広げよう！④

問　図のようにヒーターを内蔵した容器に水100gを入れ，水温を測定すると20.0℃であった。このヒーターに電源装置を接続し，4Wの出力で5分間電流を流した後，水温を測定すると22.5℃になった。以下の(1)～(3)の各問いに答えなさい。ただし，1cal＝4.2Jとする。

図

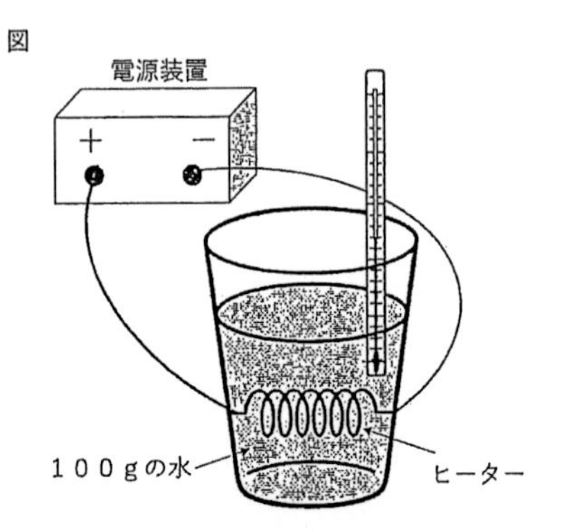

(1)　容器内のヒーターが発した熱量は何Jか答えよ。

(2)　容器内の水が得た熱量は何Jか答えよ。

(3)　この実験で，ヒーターが発した熱量より水が得た熱量が小さくなるのはなぜか答えよ。

解答：(1)　1200〔J〕　(2)　1050(1.1×10^3)〔J〕　(3)　ヒーターの発した熱の一部が水以外の物質の温度上昇に使われたため

類題で問題演習の幅を広げよう！⑤

問　次の英文を読み，以下の設問に答えなさい。解答は，最も適切なものを①～⑤の中からそれぞれ一つ選びなさい。

Space Junk

There are many working satellites in space. We depend on them. They send information to the technology we use every day. But many other satellites are broken and still in orbit.

Space junk is a problem. Debris floating around the Earth is dangerous. It puts future space missions at risk. Experts are working on solutions. Orbital debris is a type of space junk. It is any human-made object that has stopped working. But it continues to float around the Earth. It includes satellites that are not working. It also includes broken pieces of spacecraft.

"You have a satellite or rocket stages put into space in the 1960s," Vitali Braun told us. "And they're still there." Braun is an engineer at the European Space Agency.

Trash Trouble

Companies are working to clean up orbital debris. One is called Astroscale. It's based in Japan. It's planning a mission called ELSA-d. The mission will use magnets. The magnets will collect debris. Another mission is led by a company called ClearSpace. It plans to launch a spacecraft. The craft will grab pieces of old rockets.

Governments are trying to help too. Some are updating their space guidelines. This is to limit the amount of debris created. Heather Cowardin works at NASA, in the United States. "This is not a single-country problem," she says. "We have to work on this together."

(「TIME for Kids」を一部改変)

(1) Which of the following statements is orbital debris, according to thetext?

① Everything floating around the Earth.

② A future space mission.

③ A solution.

④ A working satellite.

⑤ A broken piece of spacecraft.

(2) Which of the following statements is true, according to the text?

① There are no companies working to clean up orbital debris.

② A mission will use magnets to collect debris.

③ ClearSpace plans to launch an old rocket to collect debris.

④ Governments stopped their space guidelines to limit the amount of debris created.

⑤ Heather Cowardin thinks space junk is a single-country problem.

解答：(1) ⑤ (2) ②

第 1 章

国語科

国語科 ことわざ・慣用句・文法・敬語

ポイント

1 ことわざ・慣用句

(1) 一般的なことわざ・慣用句

虻蜂取らず	二兎を追うものは一兎も得ず，同時に二つのことをしようとしても，結局どちらも成功しないということ
石橋をたたいて渡る	転ばぬ先の杖，念には念を入れよ
枯れ木も山のにぎわい	つまらないものでも，ないよりはましであること
気が置けない	相手に気を使わず，打ち解けることができること
木で鼻をくくる	相手に冷淡な態度をとること
木に竹をつぐ	物事が不調和なこと
紺屋の白袴	自分の専門でも，わが身に関してはおろそかにしがちなこと＝医者の不養生
船頭多くして船山にのぼる	指図する人が多く統一がとれず，物事がとんでもない方向に進むこと
袖振り合うも他生の縁	ちょっとした出会いも，前世の因縁によること
立て板に水	よどみなく，すらすらと話すこと
出藍の誉れ	弟子が師よりも優れているとの評判を得ること
当を得る	道理にかなっていて適切であること
流れに棹さす	時流にうまく乗り，目的に向かって順調に進む
情けは人のためならず	人に親切にしておけば，それがめぐりめぐって，必ず自分によい報いがある
待てば海路の日和あり	ゆっくり待っていれば，やがて好機がおとずれる
的を射る	うまく要点をつかむこと
役不足	力量に対して役目が軽すぎること
良薬は口に苦し	その人のためになる忠告はなかなか聞き入れにくい

(2) 体に関する慣用句

頭	頭隠して尻隠さず，頭が下がる，頭を丸める，後ろ髪を引かれる
顔	顔が利く，顔に泥をぬる，顔を立てる
目	目が利く，目が肥える，目がない，目に余る，目を疑う，目を掛ける
鼻	鼻が高い，鼻であしらう，鼻にかける，鼻につく，鼻を明かす，鼻を折る
耳	耳が痛い，耳が早い，耳にはさむ，耳を貸す，耳を澄ます，耳をそろえる
口	口が堅い，口がすべる，口を切る，口をぬぐう，口を割る，口八丁手八丁
歯	歯が浮く，歯が立たない，歯に衣着せぬ
手	手に余る，手に乗る，手を切る，手を焼く，濡れ手で粟
足	足がつく，足が出る，足を洗う，足をのばす，足を引っ張る，二の足を踏む
腹	腹が黒い，腹をくくる，腹をさぐる，腹を割る，背に腹は替えられぬ

2 文法

(1) 品詞の種類

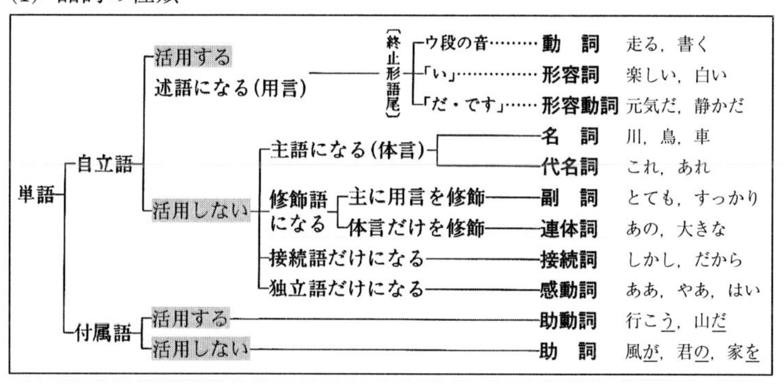

(2) 動詞の活用

種類	語例	語幹	未然形	連用形	終止形	連体形	仮定形	命令形
五段活用	書く	か	か・こ	き・い	く	く	け	け
上一段活用	起きる	お	き	き	きる	きる	きれ	きろ・きよ
下一段活用	受ける	う	け	け	ける	ける	けれ	けろ・けよ
カ行変格活用	来る		こ	き	くる	くる	くれ	こい
サ行変格活用	する		し・さ・せ	し	する	する	すれ	しろ・せよ
あとに続く主な言葉			ナイ・ヨウ・ウ	マス・タ・テ	言い切る	トキ・ノデ	バ	命令する

(3) 誤りやすい品詞

語	意味・用法	用例	見分け方
ない	助動詞〈打消〉	僕は読まない	「ぬ」に置き換えられる
	形容詞	あまりうまくない	「は・も」を補える
	形容詞の一部	宿題が少ない	「ぬ」に置き換えられない
だ	助動詞 完了	最後まで読んだ	連用形に接続
	助動詞 断定	今日はいい天気だ	「～な」にして体言に続かない
	形容動詞の語尾	彼はとても正直だ	「～な」にして体言に続く
で	格助詞 場所	校庭で遊ぶ	場所を示す体言に接続
	格助詞 原因・理由	病気で学校を休む	「のために」に置き換え可能
	格助詞 手段・方法	自転車で旅をする	「を使って」に置き換え可能
	接続助詞	すぐに読んでほしい	連用形に接続
	形容動詞の語尾	この話は退屈である	「～な」にして体言に続く
	助動詞〈断定〉	彼は教師である	「だ」に置き換え，文が切れる

3 敬語

(1) **丁寧語・美化語**…相手に対して丁寧に述べる言葉。

表現の型	用例
～ます・～です	学校へ行く →学校へ行きます
お～・ご～	皆様への報告 →皆様へのご報告

(2) **尊敬語**…話の相手や話題にしている人を立てて述べる言葉。

表現の型	用例
お(ご)～になる (なさる)	帰る →先生がお帰りになる 出発する →皆様がご出発なさるそうです
～れる・～られる	言う →社長が言われる通りです 来る →市長が学校に来られる
敬語動詞	食べる →お客様が食事を召し上がる 言う →先生がそうおっしゃる

(3) **謙譲語**…自分（話し手）が，相手や話題にしている人を高めるためにへりくだって言う言葉。

表現の型	用例
お(ご)～する (いたす)	会う →校長先生とお会いする 説明する →私がご説明いたします
敬語動詞	行く →私がそちらへ参ります もらう →お菓子をいただく

(4) 敬語動詞（謙譲語Ⅰ・Ⅱ）一覧表

尊敬語	**普通の表現**	**謙譲語**
なさる	する	いたすⅡ
いらっしゃる・おいでになる	行く	うかがうⅠ・参るⅡ
いらっしゃる・おいでになる	来る	参るⅡ
いらっしゃる	いる	おるⅡ
おっしゃる	言う・話す	申すⅡ・申し上げるⅠ
召し上がる	食べる	いただくⅠ
お会いになる	会う	お目にかかるⅠ
お聞きになる	聞く	うかがうⅠ・承るⅠ

例題１〈ことわざ・慣用句〉

(1) 次の文のうち，下線部が正しく使われているものを選べ。

ア．そんな木で鼻をくくるようなこと実現できるわけがない。

イ．枯れ木も山のにぎわいですので，ぜひともおいでください。

ウ．彼女の的を得た指摘に反論の余地もなかった。

エ．彼の話しぶりはまさに立て板に水で，聞いていてすがすがしい。

オ．肝胆相照らすというように，悪事は必ず露見する。

(2) 次のことわざと同じ意味をもつものを，ア～エからそれぞれ選べ。

① 石橋をたたいて渡る　② 舟に刻みて剣を求む

ア．流れに棹さす　イ．株を守る　ウ．転ばぬ先の杖

エ．勝って兜の緒を締めよ

(3) 次のそれぞれの□に同じ漢字一字を入れ，ことわざを完成させよ。

① いわしの□も信心から　　船□多くして船山にのぼる
② □に竹をつぐ　　□を見て森を見ず
③ □藍の誉れ　　□る杭は打たれる
④ □の日はつるべ落とし　　一日千□の思い

(4) 次に示す一字から始まる慣用句を答えよ。

① 鼻（　　）…冷淡に扱う
② 歯（　　）…遠慮せず，ありのままにものを言う
③ 眉（　　）…他人の行動を不快に思い，顔をしかめる
④ 舌（　　）…非常に感心したり驚いたりする

解答 (1) エ　(2) ① ウ　② イ　(3) ① 頭　② 木　③ 出　④ 秋　(4) ① (鼻)であしらう　② (歯)に衣着せぬ　③ (眉)をひそめる　④ (舌)を巻く

解説 (1) ウ.「的を射た」が正しい。　オ.「互いに打ち解けて親しく交わる」という意味。　(2) ② 「舟に刻みて剣を求む」「株を守る」は,「古い習慣ややり方にこだわって進歩がない」という意味。

例題 2〈文法〉

(1) 下線部の語句のうち，品詞が異なるものを選べ。

ア．ひとえに努力のたまものだ。　　イ．むげに断れない。
ウ．あからさまに顔に出す。　　エ．とうに終わっている。

(2) 次の下線部の動詞の活用の種類と活用形をそれぞれ1つずつ選べ。

① 筆記用具を持っていく。　　② この器は重ねられる。

〈活用の種類〉

ア．五段活用　　イ．上一段活用　　ウ．下一段活用
エ．カ行変格活用　　オ．サ行変格活用

〈活用形〉

カ．未然形　　キ．連用形　　ク．終止形　　ケ．連体形

コ．仮定形　　サ．命令形

(3) 次の下線部の「た」と同じ意味・用法のものを選べ。

会議が終わったところだ。

ア．壁にかかった時計。　　　イ．これは僕が作った。

ウ．電車が駅に到着した。　　エ．今日は何日だったかな。

(4) 次の下線部の「で」と同じ意味・用法のものを選べ。

手紙で知らせる。

ア．バスで行く。

イ．雨で中止になる。

ウ．家で待つ。

エ．転んでけがをする。

オ．わがままで手を焼く。

解答　(1) ウ　(2) ① ア，キ　② ウ，カ　(3) ウ　(4) ア

解説　(1) ウ　形容動詞　ア・イ・エ　副詞　(2) ②　可能の助動詞「られる」は上一段・下一段活用動詞の未然形に接続する。
(3) アは存続，イは過去，ウは完了，エは確認の意の助動詞「た」。　(4) アは手段，イは原因・理由，ウは場所を表す格助詞。エは接続助詞。オは形容動詞の語尾。

例題 3〈敬語〉

(1) 敬語には尊敬語，謙譲語Ⅰ，謙譲語Ⅱ，丁寧語，美化語の五種類がある。次の文はそれぞれどの敬語に属するか。

① 明日から海外へ参ります。

② 大変おいしゅうございました。

③ お手紙を書く。

④ お元気でいらっしゃいましたか。

⑤ お目にかかれて光栄です。

(2) 次のうち，敬語が正しく使われているものを選べ。

ア．ただいまご紹介していただきました鈴木です。

イ．お約束のお客様が参られました。

ウ．交換していただけませんでしょうか。

エ．田中さんを存じ上げていらっしゃいますか。

(3) 次の下線部を正しいものに書き換えよ。

① 〈招待した客に〉「お好きなお料理をいただいてください。」

② 〈サービスの案内をして〉「どなた様もご利用できます。」

③ 〈車内アナウンスで〉「お忘れ物などいたしませんようにお気をつけください。」

④ 〈電話の相手に〉「お電話が遠いようで……。今何とおっしゃられましたか。」

⑤ 〈初対面の相手に〉「町田様でございますでしょうか。」

解答 (1) ① 謙譲語Ⅱ　② 丁寧語　③ 美化語　④ 尊敬語　⑤ 謙譲語Ⅰ　(2) ウ　(3) ① 召し上がって　② ご利用になれます　③ なさいません　④ おっしゃい　⑤ いらっしゃいます

解説 (2) ア．ご紹介していただきました→ご紹介いただきました，ご紹介にあずかりました　イ．参られました→いらっしゃいました，お見えになりました　エ．存じ上げていらっしゃいますか→ご存じでいらっしゃいますか　(3) ①～③ 謙譲表現で誤り。④ 尊敬語の過剰表現で誤り。

国語科 文学史・俳句

ポイント

1 文学史

(1) 平安時代～江戸時代

時代	分類	作者名	作品名
平安中期	随筆	**清少納言**	枕草子
鎌倉初期	随筆	**鴨長明**	方丈記
鎌倉末期	随筆	**吉田兼好**	徒然草
江戸時代	紀行文	**松尾芭蕉**	奥の細道
江戸時代	浮世草子	**井原西鶴**	好色一代男，世間胸算用

(2) 明治時代～昭和時代

作者名	作品名	作者名	作品名
樋口一葉	たけくらべ，にごりえ	**芥川龍之介**	鼻，羅生門，地獄変
島崎藤村	破戒，夜明け前	**山本有三**	路傍の石，女の一生
田山花袋	蒲団，田舎教師	**川端康成**	伊豆の踊子，雪国
森鷗外	舞姫，高瀬舟	**井上靖**	しろばんば，敦煌
夏目漱石	吾輩は猫である，坊っちゃん，草枕，三四郎，それから，門，こころ	**太宰治**	人間失格，走れメロス，斜陽
		志賀直哉	暗夜行路，城の崎にて

(3) 詩

島崎藤村	詩集『若菜集（初恋ほか）』
北原白秋	詩集『邪宗門』『水墨集（落葉松ほか）』，雑誌「スバル」
高村光太郎	詩集『道程』『智恵子抄（レモン哀歌ほか）』
萩原朔太郎	詩集『月に吠える』『青猫』
宮沢賢治	詩集『春と修羅』

(4) 近代短歌

与謝野晶子	第一歌集『みだれ髪』
正岡子規	評論『歌よみに与ふる書』
石川啄木	歌集『一握の砂』『悲しき玩具』
斎藤茂吉	歌集『赤光』『あらたま』『寒雲』『白き山』

2 出題されやすい俳句

(1) 古典俳句

俳人	俳句　（※太字は季語）	季節
松尾芭蕉	古池や　**蛙**とびこむ　水の音	春
	山路来て　何やらゆかし　**すみれ草**	春
	草の戸も　住み替はる代ぞ　**雛**の家	春
	閑かさや　岩にしみいる　**蟬**の声	夏
	五月雨を　あつめて早し　最上川	夏
	夏草や　兵どもが　夢の跡	夏
	野ざらしを　心に風の　**しむ身**かな	秋
	荒海や　佐渡によこたふ　**天の河**	秋
	旅に病んで　夢は**枯野**を　かけ廻る	冬
与謝蕪村	**春**の海　終日のたり　のたりかな	春
	菜の花や　月は東に　日は西に	春
	五月雨や　大河を前に　家二軒	夏
	稲づまや　浪もてゆへる　秋津しま	秋
小林一茶	**雀の子**　そこのけ　そこのけ　御馬が通る	春
	雪とけて　村いっぱいの　子どもかな	春
	やれ打つな　**蠅**が手をすり　足をする	夏
	名月を　取ってくれろと　なく子かな	秋
加賀千代女	**朝顔**に　つるべとられて　もらい水	秋

(2) 近代俳句

俳人	俳句　（※太字は季語）	季節
正岡子規	**雪残る**　頂一つ　国境	春
	柿くへば　鐘が鳴るなり　法隆寺	秋
	いくたびも　**雪**の深さを　尋ねけり	冬
河東碧梧桐	赤い**椿**　白い椿と　落ちにけり	春
種田山頭火	分け入っても　分け入っても　青い山	－
高浜虚子	**桐一葉**　日当たりながら　落ちにけり	秋
	流れゆく　**大根**の葉の　早さかな	冬
水原秋桜子	**麦秋**の　中なるが悲し　聖廃墟	夏
	啄木鳥や　落葉をいそぐ　牧の木々	秋
山口誓子	**流氷**や　宗谷の門波　荒れやまず	春
	海に出て　**木枯らし**帰る　ところなし	冬
中村草田男	**万緑**の　中や吾子の歯　生えそむる	夏

例題 1〈文学史〉

(1) 次のうち，芥川龍之介の作品を2つ選べ。

ア．門　イ．斜陽　ウ．破戒　エ．女の一生

オ．鼻　カ．李陵　キ．地獄変　ク．城の崎にて

(2) 次の詩集・歌集と作者の組合せのうち，正しいものを選べ。

ア．悲しき玩具 ― 中原中也　イ．道程 ― 高村光太郎

ウ．歌よみに与ふる書 ― 高浜虚子　エ．若菜集 ― 与謝野晶子

オ．青猫 ― 宮沢賢治　カ．在りし日の歌 ― 北原白秋

(3) 次の作品の作者をア～クから選べ。

① 檸檬　② 沈黙　③ 坊っちゃん　④ たけくらべ

⑤ 蒲団　⑥ 堕落論　⑦ しろばんば　⑧ 黒い雨

ア．夏目漱石　イ．坂口安吾　ウ．井伏鱒二

エ．樋口一葉　オ．田山花袋　カ．遠藤周作

キ．井上靖　ク．梶井基次郎

(4) 次はある作品の冒頭の部分である。作品名と作者名を答えよ。
① 男もすなる日記といふものを女もしてみむとてするなり。…
② 春はあけぼの。やうやう白くなりゆく，山ぎはすこしあかりて…
③ 石炭をば早や積み果てつ。中等室の卓のほとりはいと靜にて…
④ 私は，その男の写真を三葉，見たことがある。…

解答 (1) オ，キ　(2) イ　(3) ① ク　② カ　③ ア
④ エ　⑤ オ　⑥ イ　⑦ キ　⑧ ウ
(4) ① 土佐日記，紀貫之　② 枕草子，清少納言
③ 舞姫，森鷗外　④ 人間失格，太宰治

解説 (1) ア．夏目漱石　イ．太宰治　ウ．島崎藤村　エ．山本有三　カ．中島敦　ク．志賀直哉　(2) ア．石川啄木の作品。ウ．正岡子規の作品。　エ．島崎藤村の作品。　オ．萩原朔太郎の作品。　カ．中原中也の作品。北原白秋の作品には「邪宗門」「水墨集」がある。

例題 2〈俳句〉

(1) 次の俳句の作者を，ア～クからそれぞれ選べ。
① いくたびも　雪の深さを　尋ねけり
② 春の海　終日のたり　のたりかな
③ 雀の子　そこのけ　そこのけ　御馬が通る
④ 旅に病んで　夢は枯野を　かけ廻る
⑤ 桐一葉　日当たりながら　落ちにけり
⑥ 咳をしても一人

ア．尾崎放哉　イ．正岡子規　ウ．斎藤茂吉　エ．小林一茶
オ．高浜虚子　カ．石川啄木　キ．与謝蕪村　ク．松尾芭蕉

(2) 次の俳句から季語を抜き出し，季節も答えよ。
① 麦秋の　中なるが悲し　聖廃墟
② 菫ほどな　小さき人に　生まれたし
③ 旅人と　我が名呼ばれん　初時雨

④　稲づまや　浪もてゆへる　秋津しま

(3) 次の俳句を春夏秋冬の順に並べよ。

ア．流氷や　宗谷の門波　荒れやまず

イ．小春日や　石を嚙み居る　赤蜻蛉

ウ．やれ打つな　蠅が手をすり　足をする

エ．荒海や　佐渡によこたふ　天の河

解答　(1) ①　イ　②　キ　③　エ　④　ク　⑤　オ　⑥　ア　(2) ①　季語：麦秋　季節：夏　②　季語：菫　季節：春　③　季語：初時雨　季節：冬　④　季語：稲づま　季節：秋　(3)　ア→ウ→エ→イ

解説　(2) ①　水原秋桜子の句。　②　夏目漱石の句。　③　松尾芭蕉の句。　④　与謝蕪村の句。　(3)　ア．季語は「流氷」で，季節は春。山口誓子の句。　イ．季語は「小春日」で，季節は冬。村上鬼城の句。　ウ．季語は「蠅」で，季節は夏。小林一茶の句。エ．季節は「天の河」で，季節は秋。松尾芭蕉の句。

国語科 読解

ポイント

1 修辞法

比喩	直喩法（明喩）	「たとえば」「ように」などの語を用いて，他の物事にたとえる	例 滝のように涙を流す。
	隠喩法（暗喩）	「たとえば」「ように」などの語を用いずに，たとえるものと直接に結びつける	例 人間は考える葦だ。
	擬人法	人間以外のものを，人間にたとえる	例 海が呼んでいる。
	擬態法（声喩）	擬声語（音や声を言葉に表したもの）や擬態語（状態の感じを言葉に表したもの）を用いて，物音，事物の状態などを音声的にたとえる	例 雨がざあざあと降る。 例 子どもがすくすくと育つ。
倒置法		語順を逆にして，言いたいことを強調する	例 急ごう，始まってしまうから。
体言止め		文末を体言（名詞）で止め，強調したり，余韻を残したりする	例 今日の天気は晴れ。
対句法		一対になる語句（よく似たもの・反対のもの）を用い，対照的に表現する	例 菜の花や　月は東に　日は西に
反復法		同じ語句や似た言葉を何度も繰り返して強調する	例 かもめ　かもめ　去りゆく　かもめ

2 詩の形式

(1) 文体上の分類	
文語詩	文語体で書かれた詩
口語詩	口語体（現代語）で書かれた詩
(2) 形式上の分類	
定型詩	一句が五・七（七・五）音など，音数や行数に決まりがある詩
自由詩	音数など決まりのない自由な形式の詩
散文詩	文章形式であるが，詩情をもつ詩

(3) 内容上の分類	
叙情詩	作者の感情を中心にうたった詩
叙景詩	風景を写生的にうたった詩
叙事詩	事件などを，主観を交えずにうたった詩

3 主な接続詞

順接	前後が自然な関係で連結	だから，すると	**選択**	前後のどちらかを選ぶ	あるいは，または
逆説	前後が逆の関係で連結	しかし，ところが	**換言**	前の文を言い換える	つまり，すなわち
並列	前後が対等	そして，また	**説明**	前の文の理由	なぜなら
添加	前につけ加える	しかも，なお	**転換**	話題をかえる	ところで

4 読解の解法

(1) 空欄補充問題の解き方

① 空欄の前後の文意を把握

空欄の前後の論旨や，筆者の意見をとらえる。

② 選択肢がある場合，すべての選択肢を確認

すべての選択肢を代入して，論旨や意見にあっているかを確かめ，最適なものを選ぶ。

(2) 指示語の内容を問う問題の解き方

① 直前の部分に着目

指示語を含む文に目を通し，指示語よりも前の文や文節へ少しずつさかのぼって探していく。ただし，まれに指示語の後ろにある場合もあるので要注意。

② 指示語の部分に代入して確認

指示語のさす内容を見つけたら，指示語の部分にそれをあてはめて，文章が自然につながっているかを確認する。

(3) 語句を説明する問題の解き方

① 文脈をつかむ

指定された部分が文脈の中でどのような位置を占めているのかを考えながら読み，手がかりを見つける。

② 理由を示す接続詞や言葉に着目

理由を示す「～だから，～ので」や「というのは，なぜなら，それゆえ」などの言葉に着目して，理由や説明をつかむ。

③ 頻出する内容に注意

繰り返し出てくる語句や内容に注意する。論説文では，このような語句や内容は本文の主題にかかわっている場合が多い。

例題 1〈現代文〉

次の文章を読んで，下の問いに答えよ。

人に何かを伝えるためには，現象を数多く知っていなければならない。その現象の原因がわかっていなければならない。（　A　），どう説明すればすっとわかってもらえるかの技巧も持っていなければならない。

まずは，そういう修行をして，曇りなくわかる文章というものを目標にすることだろうと思う。

それが仮に自在にできるようになった時に，もうひとつの憧れの要素，利口に見えるという美点がいつの間にか発生しているのではないだろうかと思うのだ。あまりにもよくわかる文章なので，達人の技巧の冴(さ)えすら感じられてしまう，という形で。

そのうまさは，初めから技をしかけて，ひねりにひねって書く利口ぶりとは別のものであって，よくある失敗であるところの，（　B　）のただ難解な悪文になることが少ないのではないだろうか。

利口そうに見えるように，という願望はひとまず忘れよう，ということだ。それよりも，誰にでもちゃんとわかること，伝わることをめざして書く。そうして思い通りに文章が書けるようになったら，自然にうまさも手に入っているのでは，と思うのである。

（清水義範『大人のための文章教室』）

(1)（　A　）にあてはまる言葉を，次から選べ。

ア．しかし　　イ．そして　　ウ．たとえば　　エ．あるいは

(2) 下線部の「それ」とは何か。文章中の語句を使って答えよ。

(3)（　B　）にあてはまる言葉を，次から選べ。

ア．ひとりよがり　　イ．むりやり　　ウ．徹頭徹尾

エ．おくればせ

(4) 筆者は，どうすればうまい文章が書けるとしているか。文章中から26字で抜き出して答えよ。

解答　(1) イ　　(2) 曇りなくわかる文章を書くこと。　(3) ア

(4) 誰にでもちゃんとわかること，伝わることをめざして書く

例題 2〈現代文〉

次の文章を読んで，あとの (1) ～ (4) の各問いに答えよ。

小林秀雄は，『私の人生観』の中で次のようなことを書いている。

「阿含経（あごん）」の中に，かういふ意味の話がある。ある人が釈迦に，この世は無常であるか，常住であるか，有限であるか，無限であるか，生命とは何か，肉体とは何か，さういふ形而上学的問題をいろいろ持ち出して解答を迫つたところが，釈迦は，さういふ質問には自分は答へない，お前は毒矢に当つてゐるのに，医者に毒矢の本質について解答を求める負傷者の様なものだ，どんな解答が与へられるにせよ，それはお前の苦しみと死とには何の関係もない事だ，自分は①毒矢を抜く事を教へるだけである。さう答へた。これが，所謂如来の不記であります。

生きている限り，人間は様々な毒矢を受け続ける。それは，仕方がないことである。人間の心は，傷つけば交換可能なプラスティックで出来ているのではない。傷ついたなら傷ついたなりに，なんとかその状態を引き受けて生きていくしかないのである。②毒矢を抜くことよりも，毒矢はどのように出来ているかの解明に専念してきたのが科学

である。科学が，魂の救済の問題に関心を持たないのは当然のことである。喜びも，悲しみも，嘆きも，怒りも，すべては科学がその方法論の適用の対象とはしない，数に置き換えることのできない主観的経験の中にあるからである。

特定の宗教を信じるかどうかは，個人の自由である。（　A　），③人間が生み出す仮想の切実さを信じられない人の精神生活は，おそらく貧しいものにならざるを得ないだろう。

救済を求める心を，迷信だとして切り捨てて何になろう。世界の因果的理解がいくら進んだところで，自分がいつか死ぬということには変わりがない。

科学は，多くの人が事故や病気さえなければ老境を迎えることのできる文明という安全基地を用意してくれた。（　B　），その居心地のよいぬくもりの中で，私たちはさまざまな仮想を生み出してきた人間の生の切実さを見失ってしまったのである。生の切実さを見失ったままで，どうして，現実にきちんと向き合うことができよう。

仮想によって支えられる，魂の自由があって，はじめて私たちは過酷な現実に向かい合うことができるのである。それが，意識を持ってしまった人間の本性というものなのである。

（茂木健一郎『脳と仮想』）

(1) 下線部①と同じような意味で使われていることばを文章中から5字以内で抜き出せ。

(2) 下線部②のような「科学」が生み出したものは何か。文章中から40字以内で抜き出し，最初と最後の5文字を書け。

(3) 空欄Aと空欄Bに共通してあてはまる最も適当な語句を次のア～エから選び，記号を書け。

ア．そして　　イ．つまり　　ウ．しかし　　エ．また

(4) 下線部③について，なぜそのように言えるのか。最も適当なものを次のア～エから選び，記号を書け。

ア．主観的経験を無視する科学の考え方では，人間の心の豊かさに触れることができないから。

イ．宗教を信じることができない人は，心安らかに人生を送ること

は絶対にできないから。

ウ．宗教よりも科学を重視してしまう人は，偏った物の見方で何事も考えてしまいがちだから。

エ．人の心の働きを扱わない科学は，人間の切実さに正面から向き合うことになってしまうから。

解答 (1) 魂の救済　(2) 多くの人が～う安全基地　(3) ウ　(4) ア

解説 (1)「毒矢を抜く事」は3段落4文目「引き受けて生きていく」方法のことであり，それは，釈迦の対極にある「科学」が問題としない「魂の救済」である。 (2) 6段落冒頭に「科学」の成果が比喩的にまとめられている。 (3) いずれの空欄でも，後続文が直前文を否定的な観点で判断していることから，逆説の接続詞が適当である。 (4) 下線部「仮想の切実さ」は，本文中では「科学」の反意語としての役割を担っている。よって，「科学のみを価値基準とすること」が精神生活，すなわち「心」を「貧し」くする，と理解すればよい。

例題 3〈近代詩〉

次の詩を読んで，あとの問いに答えよ。

冬が来た　（　A　）

きつぱりと冬が来た
八つ手の白い花も消え
公孫樹（いてふ）の木も箒（はうき）になつた

きりきりともみ込むやうな冬が来た
人にいやがられる冬
草木に背（そむ）かれ，虫類に逃げられる冬が来た

冬よ
僕に来い，僕に来い
僕は冬の力，冬は僕の餌食(えじき)だ

しみ透れ，つきぬけ
火事を出せ，雪で埋めろ
（　B　）のやうな冬が来た

(1)（　A　）にあてはまるこの詩の作者名を答えよ。
(2) この詩の作者の作品を，次から選べ。
　ア．豊饒の女神　　イ．月に吠える　　ウ．邪宗門
　エ．智恵子抄
(3) この詩は，文体上・形式上の分類で，何とよばれるか。漢字5文字で答えよ。
(4) この詩は，内容上の分類で，何とよばれるか。次から選べ。
　ア．叙情詩　　イ．叙景詩　　ウ．叙事詩
(5)（　B　）にあてはまる言葉を，次から選べ。
　ア．闇夜　　イ．岩　　ウ．刃物　　エ．真綿
(6) 作者の心情が最もよく表れているのは第何連か。漢数字で答えよ。

解答 (1) 高村光太郎　(2) エ　(3) 口語自由詩　(4) ア　(5) ウ　(6) 三

解説 (2) アの『豊饒の女神』は西脇順三郎，イの『月に吠える』は萩原朔太郎，ウの『邪宗門』は北原白秋の作品。 (3) 高村光太郎は萩原朔太郎とともに，口語自由詩の確立者といわれている。

国語科 学習指導要領

ポイント

平成29年改訂の要点

1 目標の改善について

(1) 教科の目標

国語科において育成を目指す資質・能力については，中央教育審議会答申（平成28年12月21日）にて「知識・技能」,「思考力・判断力・表現力等」,「学びに向かう力・人間性等」の3つの柱に沿った整理が行われた。これを受け，教科の目標は次のように示された。

> 言葉による見方・考え方を働かせ，言語活動を通して，国語で正確に理解し適切に表現する資質・能力を次のとおり育成することを目指す。
> (1) 日常生活に必要な国語について，その特質を理解し適切に使うことができるようにする。
> (2) 日常生活における人との関わりの中で伝え合う力を高め，思考力や想像力を養う。
> (3) 言葉がもつよさを認識するとともに，言語感覚を養い，国語の大切さを自覚し，国語を尊重してその能力の向上を図る態度を養う。

従前より示し方が変更され，先述の3つの柱に対応して(1)～(3)の目標が示された。それぞれ(1)が「知識・技能」,(2)が「思考力・判断力・表現力等」,(3)が「学びに向かう力・人間性等」による。

(2) 各学年の目標

> 〔第1学年及び第2学年〕
> (1) 日常生活に必要な国語の知識や技能を身に付けるとともに，我が国の言語文化に親しんだり理解したりすることができるようにする。

(2) 順序立てて考える力や感じたり想像したりする力を養い，日常生活における人との関わりの中で伝え合う力を高め，自分の思いや考えをもつことができるようにする。
(3) 言葉がもつよさを感じるとともに，楽しんで読書をし，国語を大切にして，思いや考えを伝え合おうとする態度を養う。

〔第3学年及び第4学年〕
(1) 日常生活に必要な国語の知識や技能を身に付けるとともに，我が国の言語文化に親しんだり理解したりすることができるようにする。
(2) 筋道立てて考える力や豊かに感じたり想像したりする力を養い，日常生活における人との関わりの中で伝え合う力を高め，自分の思いや考えをまとめることができるようにする。
(3) 言葉がもつよさに気付くとともに，幅広く読書をし，国語を大切にして，思いや考えを伝え合おうとする態度を養う。

〔第5学年及び第6学年〕
(1) 日常生活に必要な国語の知識や技能を身に付けるとともに，我が国の言語文化に親しんだり理解したりすることができるようにする。
(2) 筋道立てて考える力や豊かに感じたり想像したりする力を養い，日常生活における人との関わりの中で伝え合う力を高め，自分の思いや考えを広げることができるようにする。
(3) 言葉がもつよさを認識するとともに，進んで読書をし，国語の大切さを自覚して，思いや考えを伝え合おうとする態度を養う。

(1) は全学年共通の目標で，答申で示された「知識・技能」の内容を反映している。同様に，各学年の (2) は「思考力・判断力・表現力等」の，(3) は「学びに向かう力・人間性等」の内容を反映している。

2 内容の改善について

内容について，従前のものは「話すこと・聞くこと」,「書くこと」,「読むこと」の3領域及び〔伝統的な言語文化と国語の特質に関する事項〕で構成されていた。現行の学習指導要領では，〔知識及び技能〕〔思考力・判断力・表現力等〕に再編されている。

例題 1〈学習指導要領〉

小学校学習指導要領（平成29年3月告示）「国語」について，次の各問いに答えよ。

(1) 次の文は，国語科の目標の一部である。〔　①　〕にあてはまる言葉を，下のア～エから1つ選び，その記号を答えよ。

　言葉がもつよさを認識するとともに，〔　①　〕を養い，国語の大切さを自覚し，国語を尊重してその能力の向上を図る態度を養う。

ア．表現力　　イ．思考力　　ウ．文章力　　エ．言語感覚

(2) 次の文は，「思考力・判断力・表現力等」における「C　読むこと」の，自分の考えの形成及び交流に関する指導事項を表したものである。〔　①　〕〔　②　〕〔　③　〕にあてはまる語句を下のア～ケから1つずつ選び，記号で答えよ。

（第1学年及び第2学年）

オ　文章の内容と自分の〔　①　〕とを結び付けて，感想をもつこと。

（第3学年及び第4学年）

カ　文章を読んで感じたことや考えたことを共有し，一人一人の〔　②　〕などに違いがあることに気付くこと。

（第5学年及び第6学年）

カ　文章を読んでまとめた意見や感想を共有し，自分の〔　③　〕を広げること。

ア．体験　　イ．考え　　ウ．資料　　エ．情報
オ．テキスト　　カ．経験　　キ．思い　　ク．感じ方
ケ．知識

解答　(1) エ　　(2) ①　ア　　②　ク　　③　イ

解説　(1) 言語感覚とは，言語で理解したり表現したりする際の正誤・適否・美醜などについての感覚のことである。話したり聞いたり書いたり読んだりする具体的な言語活動の中で，相手，目的

や意図，場面や状況などに応じて，どのような言葉を選んで表現するのが適切であるかを直観的に判断したり，話や文章を理解する場合に，そこで使われている言葉が醸し出す味わいを感覚的にとらえたりすることができることである。 (2) ① 従前では「自分の経験」とあったが，改訂され「自分の体験」と示されるようになった。「文章の内容と自分の体験とを結び付け」るとは，本や文章の内容や構成を自分が既にもっている知識や経験，特に読書体験などと結び付けて解釈し，想像を広げたり理解を深めたりすることである。 ② 同じ文章を読んでも，一人一人の感じ方などに違いがあることに気付くとともに，互いの感じたことや考えたことを理解し，他者の感じ方などのよさに気付くことが大切である。 ③ 読書によって多様な視点から物事を考えることができるようになることに気付くことである。

例題 2〈学習指導要領〉

小学校学習指導要領（平成29年3月告示）「国語」の「第3　指導計画の作成と内容の取扱い」について，次の文中の各空欄に適する語句を答えよ。

低学年においては，（中略）他教科等との関連を積極的に図り，指導の効果を高めるようにするとともに，幼稚園教育要領等に示す（ ① ）までに育ってほしい姿との関連を考慮すること。特に，小学校入学当初においては，（ ② ）科を中心とした合科的・関連的な指導や，弾力的な時間割の設定を行うなどの工夫をすること。

解答 ① 幼児期の終わり　② 生活

解説 ① 「幼稚園教育要領」に第1章総則第2「幼稚園教育において育みたい資質・能力及び「幼児期の終わりまでに育ってほしい姿」が新たに示されている。国語科との関連が特に深いと考えられるのは，第2の3 (6) 思考力の芽生え，(8) 数量や図形，標識や文字などへの関心・感覚，(9) 言葉による伝え合い，(10) 豊かな感性と表現についての記述である。必ず目を通しておきたい。
② 「弾力的な時間割の設定」との文言は現行の学習指導要領で新たに示されたものである。

例題3〈学習指導要領〉

小学校学習指導要領(平成29年3月告示)「国語」について，次の(1)，(2)に答えよ。

(1) 次の文は，各学年の「思考力・判断力・表現力等」における「C 読むこと」の内容に関する記述である。文中の（ a ）～（ d ）にあてはまる語句を下の〔　　〕の中から選んで答えよ。

(第1学年及び第2学年)
場面の様子や登場人物の（ a ）など，内容の大体を捉えること。

(第3学年及び第4学年)
登場人物の気持ちの変化や（ b ），（ c ）について，場面の移り変わりと結び付けて具体的に想像すること。

(第5学年及び第6学年)
登場人物の（ d ）や心情などについて，描写を基に捉えること。

〔 性格　　会話　　相互関係　　行動　　情景 〕

(2) 第3学年及び第4学年で取り扱う「B 書くこと」に関する言語活動の例を，次のア～オから2つ選び，記号で答えよ。

ア．行事の案内やお礼の文章を書くなど，伝えたいことを手紙に書く活動。

イ．事象を説明したり意見を述べたりするなど，考えたことや伝えたいことを書く活動。

ウ．短歌や俳句をつくるなど，感じたことや想像したことを書く活動。

エ．身近なことや経験したことを報告したり，観察したことを記録したりするなど，見聞きしたことを書く活動。

オ．調べたことをまとめて報告するなど，事実やそれを基に考えたことを書く活動。

解答 (1) a 行動 b 性格 c 情景 d 相互関係
(2) ア，オ

解説 (1) 学年ごとの文言の違いについての知識を問う問題は頻出である。文脈のみでは適切な単語を判断しかねる場合があるので，熟読し違いを正確に把握しておきたい。 (2) イ・ウは第5学年及び第6学年，エは第1学年及び第2学年で取り扱う「B 書くこと」に関する言語活動の例である。

●小学校学習指導要領（平成29年3月告示）

国語科 学習指導法

ポイント

小学校における指導法の問題は，概括的に述べる問題が多い。6年間を通して共通に言えることは，教科目標に集約されている。教科目標の内容については，「知識・技能」「思考力・判断力・表現力等」「学びに向かう力・人間性等」に関わるもので構成されていることを押さえておく必要がある。設問に対して，これらの点を踏まえた指導の在り方について，具体的に記述したい。

そのためには，学習指導要領の内容がそれぞれどのように配列されたものとなっているかについて，その系統性を自分なりに整理しておくとよい。内容は，学年は2学年ごとの構成になっており，それぞれ，〔知識及び技能〕と〔思考力，判断力，表現力等〕に大別される。〔知識及び技能〕は（1）言葉の特徴や使い方に関する事項，（2）話や文章に含まれている情報の扱い方に関する事項，（3）我が国の言語文化に関する事項の3要素からなる。〔思考力，判断力，表現力等〕は「A　話すこと・聞くこと」，「B　書くこと」，「C　読むこと」の3要素からなる。要素ごとに各学年の内容を確認すると，学年発達の論理がみえてくる。前後のつながりや，当該学年の発達段階を念頭に，自分が教育実習で目にした授業や，演習等で見聞した指導法などを生かして解答を作成したい。

例えば〔知識及び技能〕（3）我が国の言語文化に関する事項の「書写に関する事項」では，第3学年及び第4学年の前後で，「毛筆」の使用経験の有無など内容に大きな違いがある。混同した解答を作成しないよう留意したい。

国語科の指導そのものは，国語科だけの枠内にとどまるものではなく，各教科の底辺に流れる力（国語学力）としても機能している。合科的，総合的学習指導などと呼ばれるものにおいても，国語科は重要な基礎となることは頭に置いておきたい。

例題 1〈学習指導法〉

小学校6年生の児童が調べ学習をしているときに，「鋼鉄」の「鋼」という言葉の意味が分からずに困っていた。「鋼」の読みが分からない場合，どのように漢和辞典を引かせるとよいか。「索引」という言葉を使って，調べ方の一例を簡潔に書け。

解答 ・総画索引を使い，画数が16画の漢字の中から「鋼」の出ているページを探させる。　・部首索引で「かねへん」の部首がついているページを探し，その後，部首以外の部分の画数の順を追って「鋼」の字の出ているページを見つけさせる。(いずれかひとつ)

解説 漢和辞典の引き方には，「総画引き」「部首引き」「音訓引き」があり，状況によって適当な方法を用いることになる。また，問題文のような状況に対応できるようにするため，日頃から児童に正しい部首や，画数の数え方を教えておく必要性が高いことにも留意すべきである。

例題 2〈学習指導法〉

第5学年及び第6学年の児童に，学習指導要領で示されている「日常生活における人との関わりの中で伝え合う力を高め，自分の思いや考えを広げることができる」ことを指導するにあたっては，どのような学習活動が考えられるか。具体的に2つ書け。

解答 ①　インタビューなどをして必要な情報を集め，それらを発表する活動　　②　説明や解説などの文章を比較するなどして読み，分かったことや考えたことを，話し合ったり文章にまとめたりする活動　等

解説 出題の「日常生活における人との関わりの中で伝え合う力を高め，自分の思いや考えを広げることができる」は，「思考力・判断力・表現力等」の内容を反映して設定された目標である。し

たがって，話し合う活動や，意見や感想を文章にまとめたものを共有する活動などが主に考えられる。目標と対応した活動を解答する。

例題3〈学習指導法〉

小学校「国語」の指導に関して述べた次の（1）～（3）の問いに答えよ。

⑴ 第2学年〔思考力，判断力，表現力等〕「C　読むこと」の学習において，物語文の内容を読み取ったあとに，学習のまとめとして，その物語文の好きなところを紹介するためのカードを作る活動を設定した。この活動の「読むこと」に関するねらいを2つ書け。

⑵ 第3学年〔知識及び技能〕⑶ エの「書写」について，「文字の組立て方を理解し，形を整えて書くこと」の学習を設定した。1つの文字が部首と他の部分から組み立てられるという仕組みに，児童が自ら気付くようにするための学習活動を1つ書け。

⑶ 第6学年〔思考力，判断力，表現力等〕「A　話すこと・聞くこと」の学習において，対立する立場で討論する学習を設定し，討論の準備としてインタビューやアンケート調査を児童に行わせた。そのねらいは何か，2つ書け。

解答 ⑴ ・カードを作ることを通して，物語に対する自分の思いや考えを深めること。　・カードを用い他の人に好きな場面を紹介することを通して，感想を共有すること。　等　⑵ ・部首が同じ漢字を集めると，漢字の仲間分けができることを体験させること。　・「左と右」「上と下」「内と外」等の組立ての漢字を見せて，分けられる部分を考えさせること。　等

⑶ ・自分の考えの根拠となる裏づけを把握すること。　・情報を収集することにより，自分の考えの幅を広げたりすること。　等

解説 ⑴ 第1学年及び第2学年の「C　読むこと」の内容より，出題の活動は「イ　場面の様子や登場人物の行動など，内容の大体を

捉えること。」や「カ　文章を読んで感じたことや分かったことを共有すること。」といった事項と関連が深いと考えられる。
(2)「文字の組立て方」とは，点画の組立て方から部首や部分相互の組立て方までを指す。この指導では，主に後者に重点が置かれている。中学年では，部首と他の部分の組立て方，すなわち左と右，上と下，内と外などの関係において一つの文字が組み立てられるという仕組みを理解させる。　(3) インタビューやアンケート調査は，第5学年及び第6学年の「A　話すこと・聞くこと」に関する事項のうち，「ア　目的や意図に応じて，日常生活の中から話題を決め，集めた材料を分類したり関係付けたりして，伝え合う内容を検討すること。」や「ウ　資料を活用するなどして，自分の考えが伝わるように表現を工夫すること。」といった活動と特に関連が深い。インタビューやアンケート調査を行うことで，討論のための材料を収集することや，自分の考えに説得力を持たせることが可能になる。

●小学校学習指導要領（平成29年告示）解説「国語編」（平成29年7月）

第 2 章

社会科

社会科 地理【日本の国土】

ポイント

1 日本の領域

(1) 国家の領域

領土	国家の主権の及ぶ土地。日本の国土面積は**約38万km²**
領海	領土の沿岸から12海里（1海里＝1852m）以内。沿岸から**200海里までの（排他的）経済水域**あり
領空	領土・領海の上空

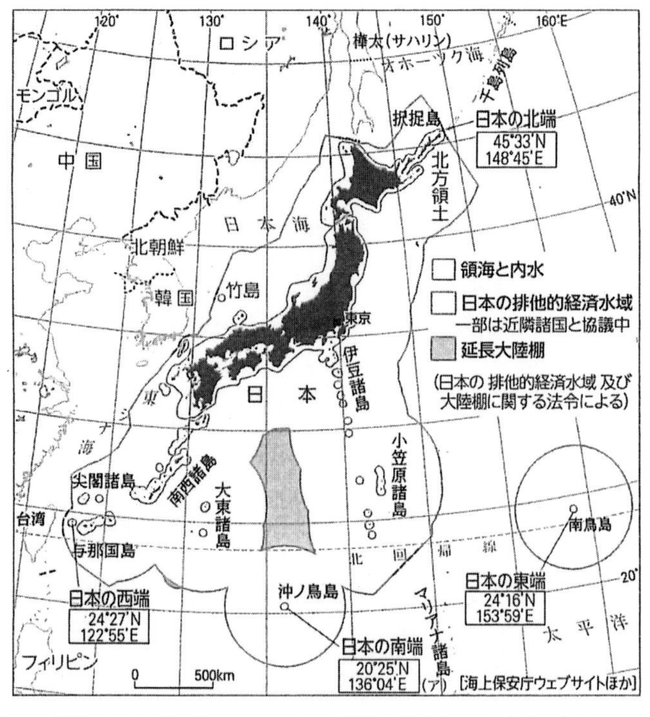

※竹島は，韓国による占拠が続いているが，島根県に所属する日本固有の領土であり，韓国政府に返還を要求している。

※尖閣諸島は，中国が領有権を主張しているが，沖縄県に所属する日本の領土であり，領有権問題は存在しない。　　　　「新編 詳解地理B　改訂版」（二宮書店）

(2) ロシアとの北方領土問題

択捉島，**国後島**，**色丹島**，**歯舞群島**は日本固有の領土であるが，ロシアが占拠。

(3) 日本周辺の海流

暖流の**黒潮**（**日本海流**），**対馬海流**，寒流の**親潮**（**千島海流**），リマン海流など。

2 日本の気候区分

北海道の気候	冬の平均気温が0℃以下
日本海側の気候	冬に雪で降水量が多い
内陸性の気候	気温の年較差大きく，少雨
太平洋側の気候	夏に高温多湿
瀬戸内の気候	気温の年較差小さく，少雨
南西諸島の気候	冬でも温暖で，多雨

3 日本各地の月別平均気温と降水量（1991～2020年の平均）

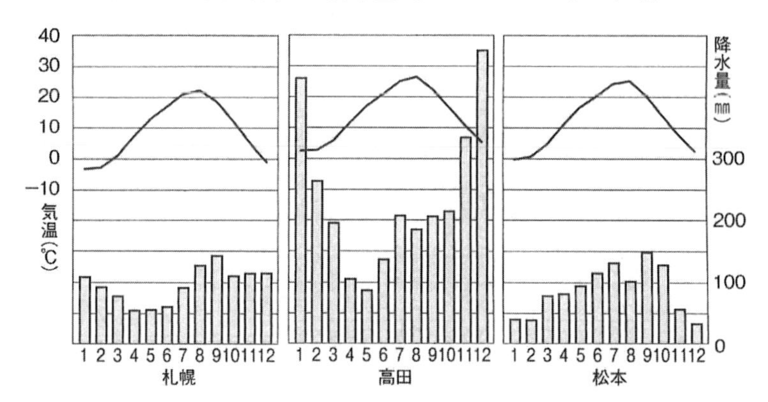

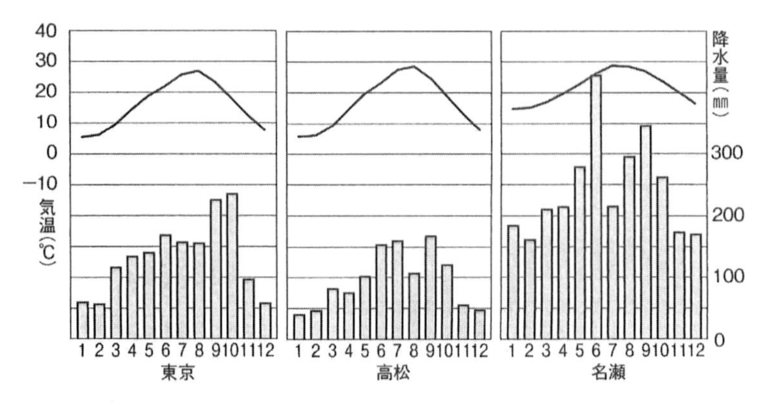

（『日本国勢図会2023/24』より作成）

4 **都道府県の主な特色**

	北海道（札幌）	ばれいしょ，小麦の生産日本一。十勝平野で畑作が盛ん
東北地方	**青森県（青森）**	りんご，にんにくの生産日本一。八戸は日本有数の漁港
	岩手県（盛岡）	北海道に次いで面積が大きい。やませによる冷害
	宮城県（仙台）	政令指定都市の仙台は東北地方の行政の中心
	秋田県（秋田）	青森県との境に世界自然遺産の白神山地がある
	山形県（山形）	おうとう，あけび，西洋なしの生産日本一
	福島県（福島）	もも，養殖鯉の生産が盛ん。工業製品の出荷額は東北一
関東地方	**茨城県（水戸）**	れんこん，メロンの生産日本一。つくば市に学園都市
	栃木県（宇都宮）	いちごの生産日本一。内陸県。足尾銅山がある
	群馬県（前橋）	世界文化遺産「富岡製糸場」がある。冬にからっ風
	埼玉県（さいたま）	ひな人形の生産日本一。内陸県。人口増加率が高い
	千葉県（千葉）	らっかせい，合成ゴム，しょうゆの生産日本一
	東京都（東京）	日本の首都。全人口の約10分の1が集中
	神奈川県（横浜）	横浜港は日本有数の貿易港。相模原，厚木に工業団地
	新潟県（新潟）	米菓，金属洋食器の生産日本一。越後平野で米作
	富山県（富山）	チューリップ（球根）の生産日本一
	石川県（金沢）	金属はくの生産日本一。金沢の兼六園が有名

中部地方	福井県（福井）	リアス式海岸の若狭湾岸に原子力発電所が建設
	山梨県（甲府）	もも，ぶどうの生産日本一。内陸県
	長野県（長野）	レタスの生産日本一。内陸県。高原野菜・果実栽培盛ん
	岐阜県（岐阜）	内陸県。包丁，ちょうちんの生産日本一
	静岡県（静岡）	茶，ピアノの生産日本一。牧ノ原台地で茶の栽培
	愛知県（名古屋）	製造品出荷額日本一。自動車工業中心に機械工業が盛ん
近畿地方	三重県（津）	さつきの出荷量，液晶パネルの生産日本一
	滋賀県（大津）	内陸県。県の面積の約6分の1を琵琶湖が占める
	京都府（京都）	既製和服の生産日本一。清酒やうちわも有名
	大阪府（大阪）	自転車の生産日本一。面積は全国で2番目に小さい
	兵庫県（神戸）	清酒の生産日本一。近畿地方で面積が最大
	奈良県（奈良）	内陸県。南北で気候の差が大きい
	和歌山県（和歌山）	はっさく，うめの生産日本一。森林が８割を占める
中国地方	鳥取県（鳥取）	らっきょうの生産日本一。人口が最も少ない県
	島根県（松江）	しじみの生産日本一。宍道湖は汽水湖
	岡山県（岡山）	岡山平野で米，ぶどう，ももの生産が盛ん
	広島県（広島）	レモン，養殖かきの生産日本一。広島市は「平和都市」
	山口県（山口）	秋吉台は石灰石のカルスト地形で，日本有数の鍾乳洞
四国地方	徳島県（徳島）	スダチの生産日本一。吉野川は四国一の長流
	香川県（高松）	うどん（生めん）の生産日本一。はまちの養殖もさかん
	愛媛県（松山）	いよかんの生産日本一。四国山地の斜面でみかん栽培
	高知県（高知）	しょうが，なすの生産日本一。黒潮の影響で温暖多雨
九州・沖縄地方	福岡県（福岡）	九州の玄関口。第三次産業人口割合多い
	佐賀県（佐賀）	養殖のりの生産が盛ん。有明海でのりの養殖
	長崎県（長崎）	養殖ふぐ類，あじ類，たい類の漁獲量が盛ん
	熊本県（熊本）	い草，トマト，すいかの生産が多い
	大分県（大分）	乾しいたけの生産日本一。大分に臨海工業地域
	宮崎県（宮崎）	黒潮の影響で1年中比較的温暖
	鹿児島県（鹿児島）	豚肉，甘藷，養殖ぶりの生産日本一
	沖縄県（那覇）	さとうきび，パインアップルの生産日本一

例題 1〈日本の領域〉

次の文を読んで，各問いに答えよ。

日本の国土は，本州・北海道・九州・四国をはじめとする多くの島によって成り立ち，約（　A　）万km^{2}の面積を持つ。領海は領土に接している一定幅の海域であり，沖合（　B　）海里までとする国が多い。領海の外側の海域には，沖合（　C　）海里までの水産資源や海底資源の管轄権を沿岸国に認める（　①　）が設定されている。その外側は（　②　）とされ，船舶の航行などは自由とされている。

(1) 下線部の島とほぼ同じ緯度に位置する国を選び，記号で答えよ。

ア．ベルギー　　イ．ベネズエラ　　ウ．ガーナ

エ．チュニジア

(2) 文中の（　A　）～（　C　）にあてはまる数字を1つずつ選び，記号で答えよ。

ア．3　　イ．12　　ウ．38　　エ．45　　オ．100　　カ．200

(3) 文中の（　①　）・（　②　）にあてはまる語句を答えよ。

解答　(1) エ　　(2) A．ウ　　B．イ　　C．カ　　(3) ①　排他的経済水域（EEZ）　　②　公海

解説　(3) ①　経済水域の設定によって，遠洋漁業が急速に衰えた。

例題 2〈日本の気候〉

右の地図を見て，各問いに答えよ。

(1) 地図中のア～エのうち，リアス(式)海岸が見られる地域を選び，記号で答えよ。

(2) 地図中のAは，日本を分断する巨大な断層であり，ユーラシアプレートと（　　）プレートの境目とされている。

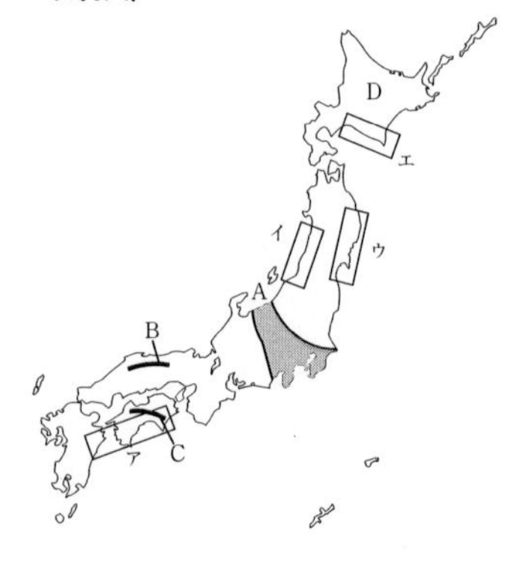

（　　）にあてはまる語句を答えよ。

(3) 地図中のBとCの山地にはさまれた地域の気候（2020年）を示した雨温図を選び，記号で答えよ。

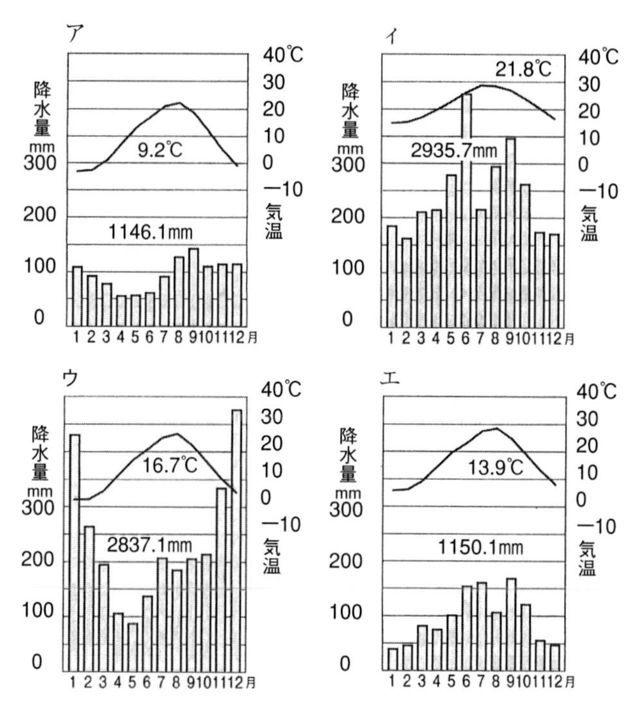

(4) 地図中のDの地域に見られる住居の工夫を選び，記号で答えよ。

ア．窓を二重にしている。

イ．屋根に水のタンクを備えている。

ウ．屋根に赤瓦を用いている。

エ．屋根を漆喰でぬり固めている。

解答　(1) ウ　(2) 北アメリカ　(3) エ　(4) ア

解説　(2) 本州中央部を横断する地溝帯で，フォッサマグナのことである。西縁は糸魚川＝静岡構造線にあたる。　(3) ア．札幌市　イ．名瀬市　ウ．高田市　エ．高松市

例題 3〈降水量〉

瀬戸内の気候について述べた文として適切なものを次のア～エから1つ選び，記号で答えよ。

ア．冬の季節風により晴天が多く，夏の季節風により降水量が多い。
イ．沿岸を流れる黒潮などの影響で冬でも温暖で，1年をとおして降水量が多い。
ウ．冬の季節風により降水量が多く，夏の季節風により降水量が少ない。
エ．夏も冬も季節風が山地にさえぎられ，一年中温暖で降水量が少ない。

解答　エ
解説　冬は中国山地，夏は四国山地に季節風がさえぎられる。

例題 4〈都道府県の特色〉

(1) 枠内に示した8県の共通点を選び，記号で答えよ。

栃木県	群馬県
埼玉県	山梨県
長野県	岐阜県
滋賀県	奈良県

ア．東日本に位置する。
イ．北緯35度線が通っている。
ウ．海に面していない。
エ．東経140度線が通っている。

(2) 枠内の8県のうち，面積が最も大きい県名を答えよ。
(3) 枠内の8県の多くが含まれていた，古代の行政区分を選び，記号で答えよ。

ア．東海道　　イ．東山道　　ウ．北陸道　　エ．山陽道

解答　(1) ウ　　(2) 長野県　　(3) イ
解説　(3) 山梨県と奈良県を除く6県が東山道に含まれていた。

社会科 地理【日本の産業】

ポイント

1 日本の農業

(1) 食料自給率の推移

【国内消費仕向量に対する国内生産量の割合（%）】

年度	米	小麦	大豆	野菜	果実	肉類	鶏卵	牛乳・乳製品	食料自給率
1960	102	39	28	100	100	91	101	89	79
1980	100	10	4	97	81	81	98	82	53
2000	95	11	5	81	44	52	95	68	40
2010	97	9	6	81	38	56	96	67	39
2015	98	15	7	80	41	54	96	62	39
2020	97	15	6	80	38	53	97	61	37
2021	98	17	7	79	39	53	97	63	38

※2021は概算

(2) 農業生産

【米・小麦・野菜の主産地の生産割合（2021年）（%）】

※米と小麦は2022年

産物名	第1位		第2位		第3位		第4位	
米	新　潟	8.7	北海道	7.6	秋　田	6.3	山　形	5.0
小麦	北海道	61.8	福　岡	7.6	佐　賀	5.7	愛　知	3.0
にんじん	北海道	31.7	千　葉	17.7	徳　島	7.9	青　森	6.7
ねぎ	埼　玉	11.9	千　葉	11.9	茨　城	11.9	北海道	4.9
ピーマン	茨　城	22.5	宮　崎	18.0	鹿児島	9.0	高　知	8.8
ほうれんそう	埼　玉	10.8	群　馬	10.2	千　葉	8.8	茨　城	8.5
レタス	長　野	32.7	茨　城	15.9	群　馬	10.0	長　崎	6.4
キャベツ	群　馬	19.7	愛　知	18.0	千　葉	8.1	茨　城	7.4
ブロッコリー	北海道	16.3	埼　玉	9.3	愛　知	8.5	香　川	7.8

（『日本国勢図会2023/24』より作成）

【果実などの主産地の生産割合（2021年）（%）】

産物名	第1位		第2位		第3位		第4位	
みかん	和歌山	19.7	愛　媛	17.1	静　岡	13.3	熊　本	12.0
りんご	青　森	62.8	長　野	16.7	岩　手	6.4	山　形	4.9
ぶどう	山　梨	24.6	長　野	17.4	岡　山	9.1	山　形	8.8
もも	山　梨	32.2	福　島	22.6	長　野	9.9	山　形	8.3
いちご	栃　木	14.8	福　岡	10.1	熊　本	7.3	愛　知	6.7
かき	和歌山	21.1	奈　良	15.1	福　岡	8.4	岐　阜	6.7

（『日本国勢図会2023/24』より作成）

② **日本の工業**

(1) 主な工業地帯・工業地域

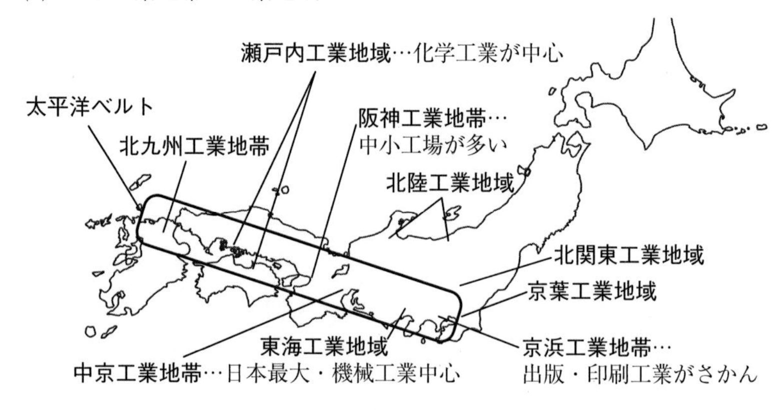

(2) 日本の工業の歩みと近年の状況

日本の工業は，高度経済成長期の際に重化学工業を中心に発展し，1970年代には機械製品に電子技術を組み込む**メカトロニクス化**を世界に先がけて進めていった。1980年代には，自動車などの貿易摩擦が激しくなり，アメリカでの現地生産を進める動きが進んでいった。その後，電気機器などの組み立てなどを人件費の安い東南アジアや中国で行うようになり，大手企業を中心とした日本メーカーは，国内生産→海外輸出型の産業から，海外での生産比率を高めていき，世界でもっとも適した場所での生産を進めるようになった。

3 日本の水産業

(1) 近年の状況

世界有数の漁業国であるが，魚介類の輸入はアメリカ，中国に次いで世界第3位。かつて盛んであった遠洋漁業は，排他的経済水域の設定や石油危機による燃料費負担増で衰退し，沖合漁業も漁獲量の制限や魚の減少で不振。漁獲量全体に占める養殖業の割合は，1990年の12％から2019年には24％に上昇している。

【漁業種類別生産量と魚介類輸入量の推移】

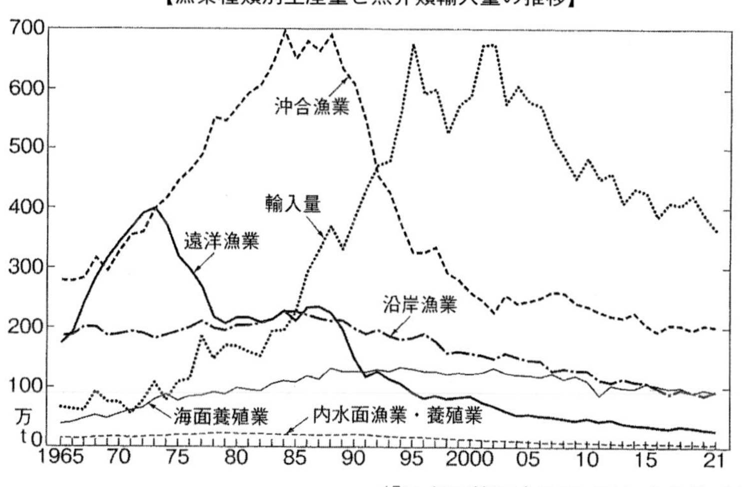

(『日本国勢図会2023/24』より作成)

(2) 水産業の盛んな地域

三陸海岸沖合の千島海流（親潮）と日本海流（黒潮）がぶつかる**潮目**や，東シナ海の大陸棚の海域。

(3) とる漁業から，育てる漁業へ

養殖漁業	稚魚・稚貝を人工のいけすなどで管理しながら，販売できる大きさまで育てる漁業
栽培漁業	人工的にふ化させた稚魚・稚貝を海や川に放流し，成長してからとる漁業

例題 1〈日本の農業〉

次の表は，日本の農畜産物について，2020年の品目別産出額上位5道県（単位：億円）を表したものである。これを見て，各問いに答えよ。

順位	A		B		C		D	
1位	北海道	2,145	新潟	1,503	青森	906	北海道	7,337
2位	茨城	1,645	北海道	1,198	長野	894	鹿児島	3,120
3位	千葉	1,383	秋田	1,078	和歌山	759	宮崎	2,157
4位	熊本	1,221	山形	837	山形	729	岩手	1,628
5位	愛知	1,011	宮城	795	山梨	650	茨城	1,270

（『データでみる県勢2023』より作成）

(1) 表中のA～Dは，果実・米・野菜・畜産のいずれかを示している。果実および米にあたるものをA～Dからそれぞれ選び，記号で答えよ。

(2) 表中に［網掛け］で示した県などで見られる，大都市周辺で生鮮野菜などを栽培する農業を何というか。漢字4字で答えよ。

(3) 北海道内で酪農が基幹農業となっている地域を選び，記号で答えよ。

ア．根釧台地　　イ．上川盆地　　ウ．石狩平野　　エ．夕張山地

(4) 表中のA～Dの農業の経営効率を比べる場合，各農産物の上位5道県のどのような統計をさらに入手すればよいか。次から選び，記号で答えよ。

ア．食料自給率　　イ．農家数　　ウ．耕地利用率

エ．65歳以上の農業従事者数

(5) 右のグラフは，日本の農畜産物の自給率の推移を表したものである。グラフ中のア～エは野菜・米・肉類・小麦のいずれかを示している。ア～エのうち，上の表中のAの農畜産物を示したものはどれか。記号で答えよ。

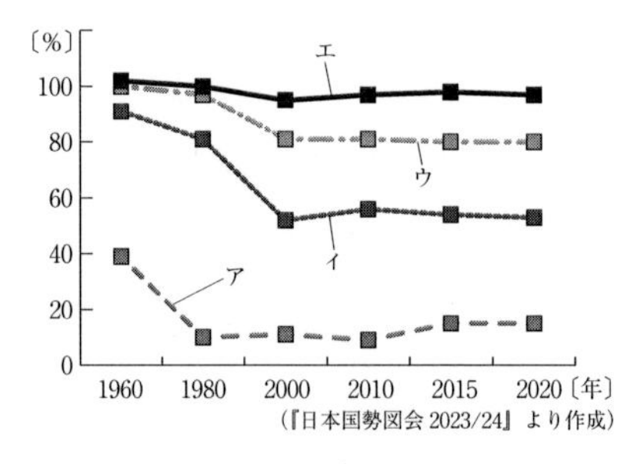

（『日本国勢図会 2023/24』より作成）

解答 (1) 果実：C　米：B　(2) 近郊農業　(3) ア　(4) イ
(5) ウ

解説 (1) 野菜：A　畜産：D　(3) 根釧台地は，火山灰地のため稲作や畑作にも適さない土壌であり，必然的に酪農が基幹農業となっている。　(4) 農業産出額÷農家数で，農家1戸あたりの産出額を求める。　(5) ア．小麦　イ．肉類　エ．米

例題 2〈日本の工業〉

次の表は，5つの都道府県の工業製品出荷額上位4品目（2019年，数値は構成比（%））を表したものである。これを見て，各問いに答えよ。

順位	A		B		C		D		E	
1位	輸送用機械	16.4	石油・石炭製品	15.6	輸送用機械	55.4	食料品	36.3	情報通信機械	17.5
2位	電気機械	10.6	化学	14.2	電気機械	5.8	石油・石炭製品	12.8	電子部品	11.9
3位	印刷	10.5	輸送用機械	13.0	鉄鋼	5.0	鉄鋼	6.5	生産用機械	11.4
4位	食料品	10.0	鉄鋼	12.4	生産用機械	4.9	パルプ・紙	6.3	食料品	9.5

(『データでみる県勢2023』より作成)

(1) 表中のA～Eは，北海道・東京・長野・愛知・岡山のいずれかである。長野および愛知にあたるものをA～Eから選び，記号で答えよ。

(2) 表中のAの品目から読み取れる，Aの都道府県の特色を選び，記号で答えよ。

ア．基礎素材型産業の発達　　イ．情報・文化の集積
ウ．火力発電所の立地　　エ．工業団地の立地

(3) 表中のBの石油製品や化学，鉄鋼などについて，生産性向上のために原料や燃料，生産設備などを計画的・有機的に結合させた工業地域あるいは企業集団を何というか。

(4) 表中のEの電子部品は，航空路線や高速道路を用いて輸送されることが多い。その理由を，製品価格と輸送費の2つの面から説明せよ。

解答 (1) 長野：E　愛知：C　(2) イ　(3) コンビナート
(4) 軽量なわりに製品価格が高いため，輸送費の高い航空機や高速道路を用いて運んでも採算がとれるから。

解説 (1) 北海道：D　東京：A　岡山：B　(4) 集積回路（IC）などの電子部品の工場は，太平洋ベルトから離れた九州・中央高地・東北地方などの内陸部にも多く分布する。

例題 3〈日本の漁業〉

(1) 右のグラフは，銚子港の令和3年度における魚種別の水揚高の割合を表している。さばは，銚子港の水揚高第2位を占める魚種だが，銚子港ではさばをとるまき網漁業を丸1日休む休漁を，定期的に実施している。このような休漁を実施する理由を1つ選び，記号で答えよ。

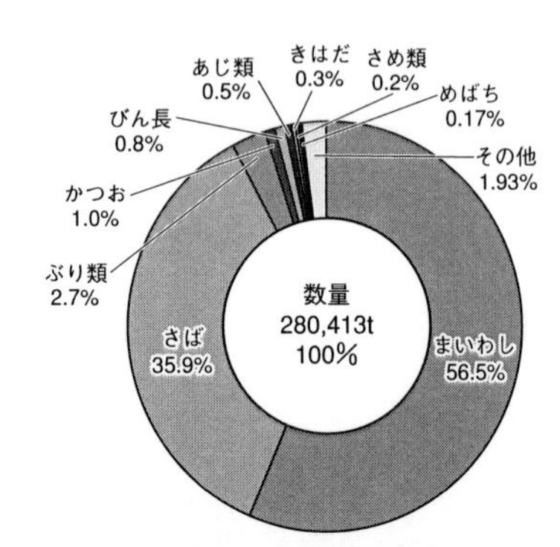

(『銚子市漁業協同組合HP』より作成)

ア．サバの漁獲を減らして，まいわしの水揚高の割合を高めるため。
イ．漁獲のしすぎで，さばが減っていかないようにするため。
ウ．さばを品薄にして，市場でのさばの値段を引き上げるため。
エ．漁業従事者の労働環境を改善するため。

(2) 銚子港沖合における漁業に大きな影響を与えている海流を2つ選び，記号で答えよ。
ア．リマン海流　イ．親潮（千島海流）　ウ．対馬海流
エ．黒潮（日本海流）

(3) 日本の漁業について誤って述べた文を1つ選び，記号で答えよ。
ア．漁業従事者の高齢化が問題となっている。
イ．漁業種類別漁獲量では，沖合漁業が第1位を占めている。
ウ．魚の消費の低下により，漁獲量・輸入量ともに減少傾向にある。
エ．養殖漁業ではバイオテクノロジーによる技術の向上が見られる。

解答 (1) イ　(2) イ・エ　(3) ウ

解説 (3) 国内での漁獲量の低下に伴い魚介類の輸入が急増している。

社会科 歴史【中世】

ポイント

[1] 鎌倉時代

(1) 鎌倉幕府

・**壇ノ浦の戦い**で平氏一門が滅ぶ。

・源頼朝が国ごとに**守護**，荘園ごとに**地頭**を置く（1185年）。

・源頼朝が征夷大将軍に任じられ（1192年），鎌倉に幕府を開く。

・将軍と御家人は，土地を仲立ちにして**御恩**と**奉公**という主従関係で結ばれる（**封建制度**）。

(2) **執権政治**

頼朝の死後，その妻北条政子と政子の父北条時政が政治の実権を握り，北条氏が代々，執権（将軍を補佐する役）として政治を行う。

(3) **承久の乱**（1221年）

後鳥羽上皇が政権を朝廷に取り戻そうとして起こしたが，幕府軍に敗れる。西国の支配と朝廷の監視のため，京都に**六波羅探題**を設置。

(4) 御成敗式目（1232年）

北条泰時が制定。武家社会のしきたりや頼朝以来の裁判の基準など51か条からなる。その後長く武家政治の手本となった。

(5) **元寇**（**文永の役**（1274年），**弘安の役**（1281年））

二度にわたり元軍が襲来したが，武士の奮戦や暴風雨で元軍は退却。幕府は御家人に十分な恩賞を与えることができず，生活苦の御家人救済のため**徳政令**を出す。

▲元寇のようす「蒙古襲来絵詞」

(6) **鎌倉文化**

武士の気風を反映した素朴で力強い文化。

文 学	『新古今和歌集』(藤原定家編纂),**『徒然草』**(吉田兼好),**『方丈記』**(鴨長明),『平家物語』(軍記物,琵琶法師が広める)
彫 刻	東大寺南大門の金剛力士像 (運慶・快慶)
新仏教	浄土宗(法然),浄土真宗(親鸞),時宗(一遍) 日蓮宗(日蓮),臨済宗(栄西),曹洞宗(道元)

2 **室町時代**

(1) 建武の新政(1334年)

後醍醐天皇が公家と武家を従えて始めるが,公家中心の政治であったことから,武士の不満が高まる。足利尊氏の挙兵により,新政は2年あまりで失敗。

(2) **南北朝時代**(1336 ~ 92年)

後醍醐天皇が吉野に逃れ南朝を開くと,足利尊氏は京都に別の天皇を立て北朝を開く。3代将軍足利義満のときに,南北朝が統一。

(3) **室町幕府**

足利尊氏が征夷大将軍に任命され,京都に幕府を開く。3代将軍足利義満が京都の室町に「花の御所」を造営し,最盛期を迎えた。

(4) **勘合貿易(日明貿易)**

足利義満が貿易の利益を目的に明との間で開始。倭寇と区別するために勘合という合い札を使用。

(5) **応仁の乱**(1467 ~ 77年)

将軍の後継ぎ争いに有力守護大名の勢力争いがからみ起こる。京都を中心として11年間争いが続き,その戦乱が全国に波及した。

(6) **戦国大名**

下剋上(下の身分の者が実力で上の身分の者を倒す)の風潮の中で,実力で領土を支配し勢力を広げていった大名。**分国法**で領国を支配。

(7) 代表的な一揆

正長の土一揆	**1428年**	近江坂本の馬借に農民も加わり，借金の帳消しを求めて起こした
山城の国一揆	**1485年**	山城国（今の京都府）の国人と農民が守護の畠山氏を国外に追放。8年間自治を行う
加賀の一向一揆	**1488年**	加賀国の一向宗（浄土真宗）の信徒が守護を倒し，約100年間自治を行う

(8) 室町文化

公家文化と武家文化が融合。禅宗の影響で簡素で深みのある文化。

建　築	**鹿苑寺金閣**（足利義満），**慈照寺銀閣**（足利義政） 東求堂同仁斎（書院造）
その他	**水墨画（雪舟）**，能楽（観阿弥・世阿弥） 御伽草子（『一寸法師』，『浦島太郎』など）

例題 1〈鎌倉時代〉

史料Ⅰ～Ⅴを読んで，各問いに答えよ。

(1) 史料Ⅰは，何という戦乱に際して行われた演説か。

(2) 史料Ⅰの下線部Aに対して，御家人が将軍に忠誠を誓い，戦時の軍役などの役目を果たすことを何というか。

(3) 史料Ⅱの法令を定めた人物名を答えよ。

(4) 史料Ⅲの下線部Bについて，なぜこの時期，御家人は困窮していたのか，説明せよ。

(5) 史料Ⅳには，当時の農民が荘園領主と（　C　）の二重支配に苦し

Ⅰ　頼朝公が朝敵を征討して鎌倉幕府を開いて以来，皆が得た官位や俸禄などを考え合わせると，その A恩は山よりも高く，海よりも深いものです。

Ⅱ　諸国の守護の職務は，頼朝公の時代に定められたように，京都の御所の警護と，謀反や殺人などの犯罪人の取り締まりに限る。

Ⅲ　質入れや売買された土地のこと。所領を質に入れ流したり，売買したりすることは，B御家人の困窮のもとである。今後はやめるように。

んでいた様子が訴えられている。(C)にあてはまる語句を答えよ。

(6) 史料Ⅴの教えを説いた僧を選び，記号で答えよ。

ア．日蓮　イ．法然

ウ．栄西　エ．道元

Ⅳ　御材木の納入が遅れている件につきましては，(C)が京へ上る，京から帰るといって，人夫としてこき使われ，全く暇などありません。

Ⅴ　往生極楽のためには，南無阿弥陀仏と唱えれば疑いなく往生できる，と思って念仏を唱える。その他に別の手段はないのである。

解答 (1) 承久の乱　(2) 奉公　(3) 北条泰時　(4) 分割相続により領地が細分化したから。(元の襲来に備えるために費用がかかったから。)　(5) 地頭　(6) イ

解説 史料Ⅰは北条政子の演説。Ⅱは御成敗式目。Ⅲは永仁の徳政令。

例題 2〈室町時代〉

(1) 次の①～③の文は，室町幕府の将軍に関するものである。空欄にあてはまる人名または語句を答えよ。

① 初代将軍(　　)は，夢窓疎石の勧めで天竜寺を建立しようとし，その造営費調達のために天竜寺船を元に派遣した。

② 3代将軍義満は，倭寇を禁じるとともに，正式の貿易船に(　　)という合い札の証明書を用いて，明との貿易を始めた。

③ 8代将軍義政のとき，東山山荘の造営などにより幕府財政が悪化する一方，将軍家の家督継承問題をめぐって(　　)が起きた。

(2) 次の①～③の文は，室町時代に起きた一揆に関するものである。それぞれの一揆の名称を答えよ。

① 国内で戦っていた畠山政長・義就の軍を国外に退去させ，8年間に及ぶ自治的支配を実現した。

② 近江坂本の馬借の蜂起を契機に起こり，農民も参加して畿内一帯に波及した。

③ 浄土真宗本願寺派の勢力を背景に加賀の門徒が国人と手を結び，

守護の富樫氏を倒した。

(3) 次の①～④に関係の深い人名・語句を，下のア～クから1つずつ選び，記号で答えよ。

① 鹿苑寺金閣　② 慈照寺銀閣　③ 水墨画　④ 能楽

ア．書院造　イ．運慶　ウ．風姿花伝　エ．狩野永徳

オ．千利休　カ．雪舟　キ．足利義満　ク．足利義昭

解答 (1) ① (足利) 尊氏　② 勘合　③ 応仁の乱

(2) ① 山城の国一揆　② 正長の土 (徳政) 一揆

③ 加賀の一向一揆　(3) ① キ　② ア　③ カ

④ ウ

解説 (3) ウは世阿弥が著した能楽論書。なお，イは鎌倉時代。エ・オは安土桃山時代。クは室町幕府15代将軍。

社会科 歴史【近世】

ポイント

1 安土桃山時代

(1) ヨーロッパ人の来航

・鉄砲の伝来…1543年，種子島に漂着したポルトガル人が伝える。

・キリスト教の伝来…1549年，イエズス会の宣教師**フランシスコ＝ザビエル**が鹿児島に来航して伝える。西日本を中心に信者を獲得。

(2) **織田信長**

・桶狭間の戦いで今川義元を破る。

・足利義昭を京都から追放して，室町幕府を滅ぼす。

・**長篠の戦い**で，徳川家康との連合軍が鉄砲隊を有効に使い武田勝頼軍を破る。

・**楽市・楽座**を安土城下で実施。

▲「長篠合戦図屏風」

(3) **豊臣秀吉**

・全国の田畑の面積やよしあしを調べ石高を検地帳に記録し年貢を徴収する**太閤検地**を実施。

・農民から武器を取り上げる**刀狩令**で，兵農分離を進める。

・1590年，大坂城を拠点に全国を統一。関白・太政大臣となる。

・朝鮮侵略を企て，1592年（文禄の役）と1597年（慶長の役）の2度にわたり出兵したが失敗。

> **〈刀狩令〉**
> 一，諸国百姓，刀，脇差，弓，やり，てつはう，
> 　其外武具のたぐい所持候事，堅御停止候。

(4) 桃山文化

大名や大商人の気風を反映した，豪華・雄大で活気にあふれた文化。

建　築	天守閣を備えた豪壮な城（安土城，大坂城，姫路城）
障壁画	狩野永徳「唐獅子図屏風」
茶の湯	千利休が大成。茶器・茶室建築が発達
芸　能	出雲阿国が，かぶき踊りを始める
工　芸	朝鮮の陶工によって有田焼，萩焼，薩摩焼などが誕生

2 江戸時代

(1) 江戸幕府

・関ヶ原の戦い⇒**徳川家康**が征夷大将軍に⇒江戸幕府成立（1603年）
・**武家諸法度**により，大名を統制。
・3代将軍徳川家光のときに**参勤交代**を制度化。大名の経済的負担大。
・親藩（徳川氏の一門），譜代大名（関ヶ原の戦い以前からの家臣）と外様大名（関ヶ原の戦い以降の家臣）に分けて配置。
・年貢の納入や犯罪の取り締まりで共同責任を負わせる**五人組**で農民や町人を統制。

> **〈武家諸法度〉**
> 一，文武弓馬の道，専ら相嗜むべき事。
> 一，諸国の居城，修補をなすと雖も，必ず言上すべし。
> 一，私に婚姻を締（むす）ぶべからざる事。

(2) **鎖国**（1639年完成）

キリスト教禁止の徹底と幕府による貿易の独占が目的。ポルトガル船の来航が禁止され，海外との交易はオランダ，清，朝鮮に限られた。

(3) 幕府政治の改革

享保の改革	1716〜45	〔8代将軍〕**徳川吉宗**	目安箱の設置，公事方御定書の制定，新田開発の奨励，上げ米の制
田沼意次の政治	1767〜86	〔老中〕**田沼意次**	株仲間の奨励，印旛沼の干拓による新田開発，長崎貿易の奨励
寛政の改革	1787〜93	〔老中〕**松平定信**	囲い米，棄捐令（旗本や御家人の借金帳消し），昌平坂学問所
天保の改革	1841〜43	〔老中〕**水野忠邦**	株仲間の解散，人返しの法（農民の出稼ぎ禁止），上知令（天領化構想）

(4) 元禄文化と化政文化

元禄文化		**化政文化**
上方（京都・大坂）を中心とした，はなやかな町人文化	特色	**江戸**を中心とした，庶民性の強い成熟した文化
井原西鶴『日本永代蔵』（浮世草子） 松尾芭蕉『奥の細道』（俳諧） 近松門左衛門『曽根崎心中』（人形浄瑠璃）	文学	十返舎一九『東海道中膝栗毛』 滝沢馬琴『南総里見八犬伝』 与謝蕪村，小林一茶（俳諧）
俵屋宗達「風神雷神図屛風」 尾形光琳「紅白梅図屛風」 菱川師宣「見返り美人図」	絵画	喜多川歌麿「婦女人相十品」（美人画） 葛飾北斎「富嶽三十六景」 歌川(安藤)広重「東海道五十三次」

例題 1〈安土桃山時代〉

右の年表を見て，各問いに答えよ。

西暦	できごと
1543	ポルトガル人が漂着する…………A
	↓ア
1550	ポルトガル船が平戸に来航する
	↓イ
1563	ルイス＝フロイスが来日する ……B
	↓ウ
1582	天正遣欧使節が出発する…………C
	↓エ
1587	バテレン追放令が出される
	↓オ
1600	オランダ船リーフデ号が漂着する

(1) 次の①～③のできごとがあてはまる時期を，年表中のア～オからそれぞれ選び，記号で答えよ。

① 室町幕府が滅びる。

② フランシスコ＝ザビエルによってキリスト教が伝えられる。

③ 慶長の役が起こる。

(2) 年表中のAのとき，日本にもたらされたものを選び，記号で答えよ。

ア．活版印刷術　　イ．絹織物　　ウ．ガラス製品　　エ．鉄砲

(3) 織田信長は年表中のBのころ，各地の関所を廃止した。これと同じ目的で信長が行った政策を選び，記号で答えよ。

ア．指出検地　　イ．刀狩　　ウ．楽市・楽座　　エ．身分統制令

(4) 年表中のBのころ，織田信長に屈服した自治都市はどこか。

(5) 年表中のCのころ，豊臣秀吉は全国の田畑の広さや土地の良し悪しを調べ，予想される生産量を石高で表した。この政策が行われた結果を，「土地の権利」という語句を用いて説明せよ。

解答　(1) ①　ウ　　②　ア　　③　オ　　(2) エ　　(3) ウ
(4) 堺　　(5) 荘園領主などが持っていた複雑な土地の権利が否定され，直接耕作する農民に土地の権利が認められた。

解説　(1) ①は1573年，②は1549年，③は1597年。

例題 2〈江戸時代〉

(1) 次の文を読んで，各問いに答えよ。

a徳川家康は，関ヶ原の戦いで（　A　）を破り，江戸幕府を開き，その孫の（　B　）の時代には，幕府の職制が整備された。政務統括の職としては（　C　）があり，それを補佐する職として若年寄が設けられた。その他，一般政務にはb寺社奉行・町奉行・（　D　）奉行の三奉行があたった。c1635年には幕府の最高司法機関として評定所が定められた。地方では，京都所司代が朝廷や西国大名の監視を行った。

① 文中の空欄にあてはまる語句・人名を答えよ。

② 下線部aについて，家康はある国との国交の実務を対馬藩に担当させるとともに貿易を許した。この国はどこか。

③ 下線部bには，1万石以上の譜代大名が任命されていた。譜代大名に関する説明を選び，記号で答えよ。

ア．徳川氏一門の大名

イ．関ヶ原の戦い以前から徳川氏の家臣であった大名

ウ．関ヶ原の戦い以後に徳川氏に臣従した大名

④ 下線部cの年に実施された外交政策を1つ選び，記号で答えよ。

ア．平戸のオランダ商館を長崎の出島に移した。

イ．ポルトガル船の来航を禁止した。

ウ．日本人の海外渡航と海外からの帰国を全面禁止した。

エ．スペイン船の来航を禁止した。

(2) 次の①・②の下線部ア～ウから誤っている語句・人名をそれぞれ選び，その記号および正しい語句・人名を答えよ。

① 幕府の財政を支えたのは，ア水呑百姓とよばれる自営農民が耕作する田畑の収穫に課せられたイ年貢であったので，幕府は1643年にウ田畑永代売買の禁令を出し，自営農民の没落を防いだ。

② 幕府や藩はア新田開発を積極的に進めた。それとともに耕作具としてイ備中ぐわなどが普及し，福岡藩士ウ安藤昌益の著した『農業全書』による農業技術の普及などが農業生産の向上をもたらした。

(3) 江戸時代の文化について，次の①～④の説明にあたる人物を選び，記号で答えよ。

① 「風神雷神図屛風」などで装飾画への道を開いた。

ア．菱川師宣　イ．尾形光琳　ウ．俵屋宗達　エ．狩野探幽

② 『猿蓑』などの句集で正風（蕉風）を打ち立てた。

ア．井原西鶴　イ．与謝蕪村　ウ．松尾芭蕉　エ．西山宗因

③ 風景画に優れ，「富嶽三十六景」などの名作を残した。

ア．鈴木春信　イ．葛飾北斎　ウ．安藤広重

エ．喜多川歌麿

④ 勧善懲悪的な読本の『南総里見八犬伝』を著した。

ア．十返舎一九　イ．為永春水　ウ．式亭三馬

エ．滝沢馬琴

(4) 次のA～Dの史料に関連の深い人物を，下のア～クからそれぞれ選び，記号で答えよ。また，A～Dを年代の古い順に並べよ。

A.「株仲間成員証の鑑札行使はもちろん，その他総て問屋仲間や問屋組合の名称を使うことを禁止する。」

B.「日本人に対して犯罪を犯したアメリカ人は，アメリカの領事裁判所において取り調べのうえ，アメリカの法律によって罰する。」

C.「必ず門下生の異学修得を禁止し，朱子学の講義や研究をして，人材を養育するように心がけなさい。」

D.「持高1万石当たり米100石の率で提出しなさい。これにより，参勤交代の江戸在府期間を半年ずつ免除する。」

ア．新井白石　イ．徳川吉宗　ウ．徳川慶喜　エ．松平定信
オ．井伊直弼　カ．徳川綱吉　キ．水野忠邦　ク．田沼意次

解答 (1) ① A．石田三成　B．（徳川）家光　C．老中
D．勘定　② 朝鮮（国）　③ イ　④ ウ
(2) ① ア，本百姓　② ウ，宮崎安貞
(3) ① ウ　② ウ　③ イ　④ エ　(4) A．キ
B．オ　C．エ　D．イ　D→C→A→B

解説 (4) Bは日米修好通商条約，Cは寛政異学の禁，Dは上げ米の制。

社会科 歴史【近代・現代】

ポイント

1 近代

(1) 日本の開国

・アメリカ使節**ペリー**が浦賀に来航し，開国を要求（1853年）。
・**日米和親条約**（1854年）で**下田・箱館**を開港（事実上の開国）。
・**日米修好通商条約**（1858年）を大老井伊直弼と総領事ハリスが締結。**箱館・神奈川・長崎・新潟・兵庫**の5港を開き貿易を開始。アメリカの**治外法権（領事裁判権）**を認め，**関税自主権**のない不平等条約。

(2) 新政府の政策

五箇条の御誓文	1868	新政府の政治の基本方針
版籍奉還	1869	大名が所有する土地と人民を天皇に返上
廃藩置県	1871	藩を廃止して府・県をおき，中央から府知事・県令（のちの知事）を派遣
学制	1872	6歳以上の男女すべてが小学校教育を受ける
徴兵令	1873	富国強兵の考えに沿って**満20歳以上の男子**に兵役の義務
地租改正	1873	土地の所有者と地価を定め，地券を発行し，所有者に税金として**地価の3%**を現金で納めさせる

(3) **自由民権運動**

・新政府に不満をもつ士族が西郷隆盛を中心として**西南戦争**を起こす。
・板垣退助らが**民撰議院設立の建白書**を政府に提出。
・自由民権派が国会開設に備えて政党を結成。

自由党	**板垣退助**	フランス流の民権思想（急進的）
立憲改進党	**大隈重信**	イギリス流の立憲思想（穏健的）

(4) 大日本帝国憲法と帝国議会

・内閣制度を創設し，**伊藤博文**が**初代内閣総理大臣**に就任。

・君主権の強いドイツ憲法を手本に天皇主権の**大日本帝国憲法**を制定。
・第1回衆議院議員総選挙の有権者は，**直接国税15円以上**を納める**25歳以上の男子**に限られ，総人口の約1.1％にすぎなかった。

(5) 条約改正
・1894年，**陸奥宗光**が**治外法権（領事裁判権）**の撤廃に成功。
・1911年，**小村寿太郎**が**関税自主権の回復**に成功。

(6) 日清戦争と日露戦争

戦争	背景	講和条約	講和条約の内容
日清戦争(1894～95年)	**甲午農民戦争**がきっかけ	**下関条約**	・清は朝鮮の独立を認める ・清は遼東半島・台湾を日本に譲る ・清は2億両の賠償金を日本に支払う
日露戦争(1904～05年)	ロシアの南下に対抗し，**日英同盟**締結	**ポーツマス条約**	・樺太の南半分を日本に割譲 ・南満州鉄道の権利を日本に譲る ・朝鮮における日本の優越権を認める ・旅順・大連の租借権を日本に譲る

・**三国干渉…ロシア，ドイツ，フランス**が日本に遼東半島返還を要求。

(7) 第一次世界大戦と日本

三国協商（イギリス，フランス，ロシア）と三国同盟（ドイツ，オーストリア，イタリア）がバルカン半島で対立。**サラエボ事件**をきっかけに世界大戦となる。日本は日英同盟を理由に参戦し，その後中国に**二十一か条の要求**を認めさせる。ベルサイユ条約で終戦となり，**国際連盟**が成立。

(8) **大正デモクラシー**

護憲運動や**民本主義**（吉野作造）。原敬が初の本格的な**政党内閣**を組織。加藤高明内閣のとき**普通選挙法**により25歳以上のすべての男子に選挙権を付与。

(9) 日本の大陸侵略
・柳条湖事件をきっかけとする**満州事変**で国際連盟脱退。盧溝橋事件から**日中戦争**に突入し南京を占領。国家総動員法で戦時体制強化。
・政党政治が終わり，軍部が政治を支配。

五・一五事件	1932年	海軍将校が**犬養毅首相ら**を暗殺
二・二六事件	1936年	陸軍将校が首相官邸などを襲撃

2 現代

(1) 日本の民主化

・マッカーサーを最高司令官とする連合国軍最高司令官総司令部(GHQ)が，**ポツダム宣言**に基づき民主化政策を進める。

・普通選挙法改正により**満20歳以上のすべての男女**に選挙権を付与。

・**財閥解体**（独占禁止法制定など），農地改革，日本国憲法制定。

(2) 日本の独立

・**サンフランシスコ平和条約**で独立を回復。日米安全保障条約も調印。

・**日ソ共同宣言**によりソ連と国交を回復。**国際連合**への加盟が実現。

例題 1〈明治維新〉

(1) 次の史料を読んで，各問いに答えよ。

ア　A広ク会議ヲ興シ，万機公論ニ決スヘシ
イ　上下心ヲ一ニシテ盛ニ経綸ヲ行ナフヘシ
ウ　切支丹邪宗門ハ旧ニ仍（よ）リテ之ヲ厳禁ス
エ　旧来ノ陋習（ろうしゅう）ヲ破リ，天地ノ公道ニ基クヘシ
オ　B知識ヲ世界ニ求メ，大ニ皇基ヲ振起スヘシ

① 下線部Aについて，後に国民の政治参加を求めて民撰議院設立の建白書を提出し，立志社を設立した人物名を答えよ。

② 下線部Bについて，岩倉具視を全権大使として欧米に派遣された使節団に参加しなかった人物を選び，記号で答えよ。

ア．大久保利通　イ．西郷隆盛　ウ．木戸孝允
エ．伊藤博文

③ 史料中のア～オのうち，五箇条の御誓文の内容としてあてはまらないものを選び，記号で答えよ。

(2) 中津藩（大分県）の出身で，後に慶應義塾を創設して人材の育成にあたり，「天は人の上に人を造らず，人の下に人を造らずと云へり」の書き出しで始まる書物を著した人物名とその書物名を答えよ。

(3) 次の文A・Bを読んで，各問いに答えよ。

A. 日本は1875年のア江華島事件を契機に，イ日朝修好条規を結び，朝鮮を開国させた。これにより清と日本の緊張は高まったが，朝鮮国内でも親清派と親日派の争いが生じた。日本は親日派のウ独立党に加勢して勢力の伸長をはかった。1894年にエ義和団が蜂起して甲午農民戦争が起こると，日清両国は出兵し，a日清戦争が始まった。

B. bポーツマス条約の結果，日本はカ山東半島の一部の租借権やキ南満州鉄道の利権を得た。韓国に対する保護権が認められた日本は，ク統監府を置き，韓国の軍隊を解散させ，韓国国内の義兵運動を弾圧した。韓国統監ケ伊藤博文がハルビンで暗殺されると，それを口実に韓国併合を行い，朝鮮総督府を設置した。

① 文Aの下線部ア～エ，文Bの下線部カ～ケから，誤っている語句をそれぞれ1つずつ選び，記号で答えよ。

② 下線部aの結果，清から得た賠償金をもとに，北九州に建設された官営工場を何というか。

③ 下線部bの条約は，何という戦争の講和条約か。

④ 文Aの時期と文Bの時期の間に起きたできごとを選び，記号で答えよ。

ア．日清修好条規の締結　　イ．徴兵令の布告
ウ．関税自主権の回復　　エ．日英同盟の締結

解答　(1) ①　板垣退助　②　イ　③　ウ　(2) 福沢諭吉，学問のすゝめ　(3) ①　A．エ　B．カ　②　八幡製鉄所　③　日露戦争　④　エ

解説 (1) ③ 資料中のウは五榜の掲示の第三札。 (3) ① Aのエは東学党，Bのカは遼東半島（日本は遼東半島南部の港市，旅順と大連の租借権を得た）が正しい。 ④ ア．1871年 イ．1873年 ウ．1911年 エ．1902年

例題 2〈近現代〉

(1) 次の①～③の説明にあてはまる内閣総理大臣の名前を答えよ。

① 立憲政友会の創設に参加し，1918年に米騒動で寺内正毅内閣が倒れた後，内閣総理大臣に就任した。ほとんどの大臣が政党出身者で構成される，日本で初めての本格的な政党内閣を組閣した。

② 首相に就任すると，協調外交の方針を復活させ，ロンドン海軍軍縮条約の調印に踏み切り，補助艦の保有量を取り決めた。この外交が統帥権干犯だと非難され，東京駅で狙撃されて重傷を負った。

③ 第三次近衛文麿内閣崩壊後，現役の陸軍大将として内閣総理大臣に就任し，太平洋戦争を開始した。国内では大政翼賛選挙を実施し，国民の思想取り締まりを強化した。

(2) 次の文章中の空欄にあてはまる語句を答えよ。

敗戦後の日本では，（ A ）最高司令官総司令部（GHQ）の指令・勧告に基づいて財閥解体，農地改革などの民主化政策が実施された。冷戦と東アジアにおける社会主義勢力の伸張により，GHQは占領政策を転換し始め，（ B ）戦争が始まると日本を早期に独立させ西側の一員としようとした。

1951年，サンフランシスコ平和条約の締結により独立を回復した日本は，同時にアメリカと（ C ）を結び，アメリカの軍の駐留を認めた。アメリカ軍がベトナム北爆を開始した1965年には，日本は（ D ）との国交を正常化し，東アジアにおける資本主義陣営の結束を強めた。その後まもなく小笠原諸島が日本に返還され，祖国復帰運動が続けられた（ E ）も1972年に復帰を果たした。

ベトナム戦争の長期化で財政的に苦しんだアメリカの経済は，1973年の（ F ）でさらに打撃を受けた。一方，アフガニスタン侵攻に失

敗したソ連は，ゴルバチョフのもとで改革を行うが混乱は収まらず，構成共和国の離脱により解体に追い込まれた。米ソ間の冷戦は1980年代に終結するが，以後，民族紛争や宗教紛争が噴出し始めた。1990年代には日本の自衛隊も国際連合の（　G　）に参加するようになり，カンボジアや東ティモールなどに派遣され，国際貢献を行ってきた。

解答 (1) ①　原敬　②　浜口雄幸　③　東条英機　(2) A. 連合国軍　B. 朝鮮　C. 日米安全保障条約　D. 大韓民国(韓国)　E. 沖縄　F. 石油危機（石油ショック）　G. 平和維持活動（PKO）

解説 (1) ①　華族の爵位のない最初の首相で，平民宰相と呼ばれた。
②「ライオン宰相」と呼ばれ，庶民の人気が高かった。
③　戦後，A級戦犯として絞首刑となった。

社会科 公民【日本国憲法】

ポイント

1 日本国憲法の内容

(1) **三大原理**

・**国民主権**…天皇は日本国と日本国民統合の**象徴**。内閣総理大臣の任命などの**天皇の国事行為**は，内閣の助言と承認が必要

・**基本的人権の尊重**…「侵すことのできない永久の権利」として保障

・**平和主義**…非核三原則「持たず，作らず，持ち込ませず」

(2) 国民の三大義務

子女に教育を受けさせる義務，勤労の義務，納税の義務

2 基本的人権

(1) 基本的人権の分類

自由権	**精神的自由**	思想・良心の自由，集会・結社の自由　など
	経済的自由	居住・移転・職業選択の自由，財産権の保障
	人身の自由	奴隷的拘束・苦役からの自由，住居の不可侵　など
社会権	生存権，教育を受ける権利 勤労の権利，労働三権（団結権・団体交渉権・団体行動権）	
平等権	法の下の平等，両性の本質的平等 選挙の平等	
参政権	選挙権・被選挙権，公務員の選定・罷免権 最高裁判所裁判官国民審査，憲法改正の国民投票　など	
受益権（請求権）	裁判を受ける権利，刑事補償請求権 国家賠償請求権，請願権	

(2) **新しい人権**

日本国憲法に明文規定はないが，人権に対する考え方の深まりや社会・経済の変革に伴い新たに主張されるようになった人権。

プライバシーの権利	私事・私生活をみだりに公開されず，かつ自己に関する情報を自分でコントロールする権利
環境権	健康で快適な環境の回復・保全を求める権利
知る権利	国民が国家に対し政府情報などの公開を求める権利
アクセス権	国民がマス・メディアに対し，自己の意見について発表の場を提供することを要求する権利

3 地方自治

(1) 地方自治の構成

首長 (任期**4**年)	被選挙権は**知事が満30歳以上**，**市町村長は満25歳以上**。議会の議決に対しては拒否権，**不信任決議には議会の解散権**を有する。
地方議会議員 (任期**4**年)	被選挙権は**満25歳以上**。**条例**の制定・改廃，予算の議決，首長に対する不信任決議などを行う。

※**条例**…憲法・法律の範囲内で地方議会の議決によって制定されるきまり。その地方公共団体のみに適用される。

(2) **直接請求権**

地方自治法によって住民に認められた，地方自治に直接参加する権利。

分類	請求の種類	必要署名数	請求先	処理手続
イニシアティブ	**条例の制定・改廃**	有権者の50分の1以上	**首長**	議会の過半数で議決
	監査請求		**監査委員**	監査結果を公表
リコール	**議会の解散**	有権者の3分の1以上	**選挙管理委員会**	住民投票で過半数の賛成で解散（解職）
	議員・首長の解職			
	主要公務員の解職		**首長**	議会で総議員の３分の２以上出席，その４分の３以上の賛成で解職

(3) 地方財政

地方交付税交付金	地方公共団体間の財政格差の是正を目的として，国が交付。**使途に制限はない**。
国庫支出金	**国が使途を限定**して地方公共団体に支出。義務教育費や生活保護費の国家負担金などがある。

(4) **オンブズマン制度**

行政に対する住民の苦情を処理したり，行政が適正に行われているかどうかを監視したりする行政監察官を置く制度。

4 **憲法改正**

日本国憲法は，法律改正手続きよりも厳格な手続きが必要な**硬性憲法**。

各議院の総議員の**3分の2以上**の賛成で**国会が発議**⇒**国民投票**で**過半数**の賛成⇒天皇により国民の名で公布

例題 1〈三大原理〉

(1) 次の①～③で示した日本国憲法の三大原理は，ア～ウのような理念で表すことができる。①～③にあてはまる理念をア～ウからそれぞれ選び，記号で答えよ。

① 国民主権　② 基本的人権の尊重　③ 平和主義

ア．国民のための政治　イ．国際協調　ウ．国民による政治

(2) 日本国憲法では，国民がなすべき義務として，子女に（ A ）を受けさせる義務，（ B ）の義務，（ C ）の義務の3つをあげている。このうち,（ A ）と（ B ）の義務は，同時に国民の権利でもある。空欄にあてはまる語句を答えよ。

解答 (1) ① ウ　② ア　③ イ　(2) A．教育　B．勤労　C．納税

解説 (2) 子女に教育を受けさせる義務は第26条第2項，勤労の義務は第27条，納税の義務は第30条。

例題２〈基本的人権〉

(1) 次の日本国憲法条文中の空欄にあてはまる語句を答えよ。

第11条　国民は，すべての基本的人権の享有を妨げられない。この憲法が国民に保障する基本的人権は，侵すことのできない（　　）の権利として，現在及び将来の国民に与へられる。

(2) 次の日本国憲法条文のうち，社会権に含まれるものをすべて選び，記号で答えよ。

ア．何人も，外国に移住し，又は国籍を離脱する自由を侵されない。
イ．何人も，いかなる奴隷的拘束も受けない。
ウ．すべて国民は，健康で文化的な最低限度の生活を営む権利を有する。
エ．何人も，裁判所において裁判を受ける権利を奪はれない。
オ．勤労者の団結する権利及び団体交渉その他の団体行動をする権利は，これを保障する。

(3) 次の事例において問題となった人権を，下のア～エから選び，記号で答えよ。

小説の主人公のモデルが実在の人物であることが明らかとなり，作家は損害賠償と謝罪広告を求める訴えをおこされた。

ア．プライバシーの権利　　イ．知る権利
ウ．環境権　　エ．アクセス権

(4) 男女差別を人権侵害として禁止し，家事や育児などへの男性の参加を促した，1999年施行の法律を何というか。

解答　(1) 永久　(2) ウ・オ　(3) ア　(4) 男女共同参画社会基本法

解説　(2) ア・イ．自由権　エ．受益権（請求権）(3) イ．国民は必要な情報を自由に知ることができるという権利。　ウ．きれいな水や空気，日照など，人間の生存にとって必要な生活環境を享受する権利。　エ．国民の言論の自由を実現するため，国民がマスメディアに参入し利用する権利。

例題 3〈地方自治〉

(1) 次の文章を読んで，各問いに答えよ。

> A民主政治を実現するために，地方自治は重要な役割を持っている。地方公共団体の運営について定めた地方自治法では，さまざまなB直接請求権を認めている。地方自治を進めていくためには，住民がC自分たちの手で地域をつくり，自ら支えていくという自覚が必要である。1999年には地方自治法など数百の法律改正案からなる（　D　）一括法が成立し，E中央政府と地方政府の関係は対等の関係に変わりつつある。

① 下線部Aについて，「地方自治は民主主義の（　　）」とよばれている。空欄にあてはまる語句を答えよ。

② 下線部Bについて，有権者の3分の1以上の署名を必要とし，選挙管理委員会に対して請求するものを選び，記号で答えよ。

ア．条例の制定　　　　イ．首長や議員の解職

ウ．条例の改正・廃止　エ．事務の監査

③ 下線部Cについて，行政に対する住民の苦情を処理したり，行政が適正に行われているかどうかを監視する人を何というか。

④ 文中の（　D　）にあてはまる語句を答えよ。

⑤ 下線部Eについて，地方公共団体ごとの財政の不均衡を正すため国から支給されているものをア～エから選び，記号で答えよ。

ア．地方税　　イ．地方交付税　　ウ．地方債　　エ．国庫支出金

(2) 現在の選挙は，普通選挙，一人一票の平等選挙，議員を直接選出する直接選挙，無記名で投票を行う（　　）の4原則で行われている。空欄にあてはまる語句を答えよ。

(3) 日本の選挙制度についての記述として誤っているものを選び，記号で答えよ。

ア．衆議院議員選挙は小選挙区比例代表並立制で行われる。

イ．都道府県知事の選挙権は18歳以上，被選挙権は30歳以上である。

ウ．参議院議員は都道府県を選挙区とする選挙区選出議員選挙と，全

国を11のブロックに分けた比例代表選挙で行われている。
エ．都道府県および市町村議会の議員の選挙権は18歳以上，被選挙権は25歳以上である。

解答 (1) ① 学校　② イ　③ オンブズマン（オンブズパーソン）　④ 地方分権　⑤ イ　(2) 秘密選挙　(3) ウ

解説 (1) ② ア・ウ．有権者の50分の1以上の署名により首長に請求する。　エ．有権者の50分の1以上の署名により監査委員に請求。⑤ ア．地方公共団体が徴収する租税で，地方財政の本来の財源。　ウ．地方公共団体が発行する債券。　エ．国が使途を限定して地方公共団体に支給するもの。　(3) ウ．全国を11ブロックに分けるのは衆議院議員の選挙方法。参議院議員選挙では全国を1つの選挙区として政党名か名簿に掲載されている候補者個人名のどちらかに投票する。

社会科 公民【国際社会】

ポイント

1 国際連合

(1) 設立

サンフランシスコ会議で調印された**国際連合憲章**に基づき，1945年に発足。**本部はニューヨーク**。加盟は193カ国（2022年5月16日現在）。

(2) 主要機関

総会	国連の中心機関で，すべての加盟国によって構成される。議決に際しては，一国一票制の原則が採られる。
安全保障理事会	国際平和と安全の維持に関する主要な責任を負う機関。**アメリカ，ロシア，イギリス，フランス，中国の5常任理事国**と，任期2年の10非常任理事国の計15ヵ国で構成される。常任理事国には**拒否権**が与えられ，一国でも反対すると議決ができない。
経済社会理事会	経済・社会・文化・教育・保健などの分野で，研究・報告・勧告などを行う。国連専門機関やNGO（非政府組織）などと連携して広範な活動を行っている。
国際司法裁判所	加盟国間における紛争の法律的処理に当たる機関。訴えを提起できるのは国家に限られ，当事国はその判決に従う義務がある。

(3) 国連NGO

人権問題や地球環境問題など地球規模の問題に取り組む民間の国際的な非政府組織。赤十字社，国境なき医師団，国際アムネスティなどがある。

(4) **PKO（国連平和維持活動）**

加盟国から自発的に提供された要員を安全保障理事会が編成し，停戦合意後の紛争現地などに派遣して，**PKF（国連平和維持軍）**による停戦や軍の撤退の監視，選挙監視，難民帰還支援などを行う活動。

日本は1992年に成立したPKO協力法（国際連合平和維持活動等に対

する協力に関する法律）により，カンボジアやイラクなどに自衛隊を派遣。

2 国連機関

専門機関	国際労働機関（ILO）	世界の労働者の労働条件や生活水準の改善を目的として，労働問題や社会保障などを取り扱う。
	国際通貨基金（IMF）	国際通貨の安定を図ることを目的とし，国際収支赤字国に対する短期融資が主な業務。
	国際復興開発銀行（IBRD）	発展途上国の経済構造改革を目的とし，発展途上国に対する長期融資が主な業務。
	国連教育科学文化機関（UNESCO）	一般教育の普及，世界遺産の保存などの国際協力の促進により，世界の平和と人類の福祉に寄与。
	世界保健機関（WHO）	諸国民の健康の保持と増進を目的とし，伝染病・風土病の撲滅や公衆衛生の向上などを図る。
計画と基金	国連児童基金（UNICEF）	発展途上国や災害被災地の児童に対し，保健，栄養，教育などの支援事業を実施。
関連機関	世界貿易機関（WTO）	**GATT（関税及び貿易に関する一般協定）**を発展解消し発足。国際ルールの確立により自由貿易を促進。
	国際原子力機関（IAEA）	原子力の平和利用の促進や原子力安全の確保を目的とする。
その他の国連機関	国連難民高等弁務官事務所（UNHCR）	難民の自発的帰還や新しい国の社会への同化を促進させ，難民問題の恒久的な解決を図る。
	国連貿易開発会議（UNCTAD）	南北問題を解決することを目的とし，発展途上国の開発と貿易の促進を図る。

3 地域的統合

東南アジア諸国連合 (ASEAN)	東南アジア諸国における経済・社会・政治分野にわたる地域協力機構。10か国が加盟。
アジア太平洋経済協力会議 (APEC)	アジア太平洋地域における経済協力のための会議。貿易・投資の自由化，技術協力を実施。
北米自由貿易協定 (NAFTA)	アメリカ，カナダ，メキシコ間における包括的自由貿易協定。
南米南部共同市場 (MERCOSUR)	ブラジル，アルゼンチン，ウルグアイ，パラグアイ，ベネズエラ間における関税同盟。
欧州連合 (EU)	政治的・経済的統合を推進するヨーロッパの地域統合で，27カ国が加盟。2002年より単一通貨ユーロの紙幣・硬貨の市場流通開始。
環太平洋 戦略的経済連携協定 (TPP)	環太平洋地域の国々による経済の自由化を目的とした経済連携協定。2006年に4カ国で締約されたTPSEP（環太平洋戦略的経済連携協定）を拡大していく形で交渉開始。2016年に日本を含む12カ国が署名し，のちにアメリカが離脱した。2021年に入って，中国と台湾が加盟の申請をしたことで注目されている。
地域的な包括的経済連携 (RCEP) 協定	ASEAN10カ国，日本，中国，韓国，オーストラリア，ニュージーランドの15カ国が参加する協定で，2020年11月に署名された。世界のGDP，貿易総額及び人口の約3割，我が国の貿易総額のうち約5割を占める地域の経済連携協定である。

例題 1〈国際連合〉

(1) 国際連合の中心機関である国連総会における議決方法を選び，記号で答えよ。

ア．全加盟国が平等の投票権を持ち，全会一致制をとっている。

イ．全加盟国が平等の投票権を持ち，多数決制をとっている。

ウ．先進工業国が投票権を持ち，多数決制をとっている。

エ．全加盟国が投票権を持ち，原則多数決制をとっているが，拒否権を持つ国が5カ国ある。

(2) 1960年代に多くの国々が国際連合に加盟した地域を選び，記号で答えよ。

ア．旧ソ連　　イ．アフリカ　　ウ．南アメリカ　　エ．東南アジア

解答 (1) イ　　(2) イ

解説 (1) エ　拒否権の制度があるのは総会ではなく，安全保障理事会。　(2) ア　ソ連崩壊後の1990年代のこと。

例題 2〈国際機関〉

次の表の空欄にあてはまる語句を答えよ。

正式名称	略称	内　容
国際通貨基金	IMF	国際通貨の安定を図ることを目的とし，国際収支赤字国へは（　A　）を行う。
（　B　）	FAO	食糧の増産や各国民の栄養の向上などを目的とする。
国際労働機関	（　C　）	労働条件の改善を国際的に実現することを目標とする。
（　D　）	UNEP	国連人間環境会議の決議に基づいて設立された。環境保護を目的とする。
国際原子力機関	IAEA	原子力の（　E　）に関して，促進・援助・監視活動などを行う。

解答 A 短期融資 B 国連食糧農業機関 C ILO D 国連環境計画 E 平和利用

解説 正式名称と略称，その内容はセットにして覚えておくこと。

例題3〈地域的統合〉

(1) 次の地図中の■で示された国・地域が参加し，当該地域内における貿易投資の自由化・円滑化，経済・技術協力などを主要な活動とするフォーラムを何というか。アルファベット4文字で答えよ。

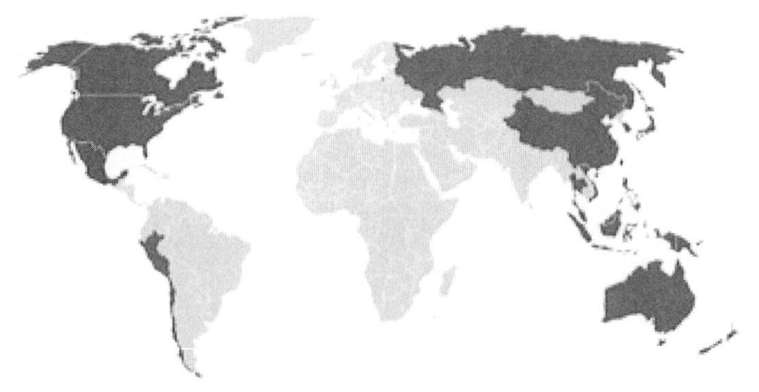

(2) リージョナリズムの動きに関して，経済ブロックと地域名が正しく組み合わされているものを選び，記号で答えよ。

ア．ASEAN：中央アジア　　イ．AU：南アメリカ
ウ．SAARC：南アジア　　エ．MERCOSUR：アフリカ

(3) 1995年，世界に自由貿易を進めてきたGATTを改組して，国家間の貿易に関する争いを解決する機能を強化した機関が設立された。この機関を何というか。

解答 (1) APEC　(2) ウ　(3) 世界貿易機関（WTO）

解説 (1) 日本語の名称はアジア太平洋経済協力（アジア太平洋経済協力会議ともいう）。　(2) ア 東南アジア諸国連合　イ アフリカ連合　ウ 南アジア地域協力連合　エ 南米南部共同市場

社会科 学習指導要領

ポイント

平成29年改訂の要点

1 目標の改善について

(1) 教科の目標

社会科において育成を目指す資質・能力については，中央教育審議会答申（平成28年12月21日）にて「公民としての資質・能力」を育成することを目指すとされ，「知識・技能」，「思考力・判断力・表現力等」，「学びに向かう力・人間性等」の三つの柱に沿った整理が行われた。これを受け，教科の目標は次のように示された。

社会的な見方・考え方を働かせ，課題を追究したり解決したりする活動を通して，グローバル化する国際社会を主体的に生きる平和で民主的な国家及び社会の形成者に必要な公民としての資質・能力の基礎を次のとおり育成することを目指す。

(1) 地域や我が国の国土の地理的環境，現代社会の仕組みや働き，地域や我が国の歴史や伝統と文化を通して社会生活について理解するとともに，様々な資料や調査活動を通して情報を適切に調べまとめる技能を身に付けるようにする。

(2) 社会的事象の特色や相互の関連，意味を多角的に考えたり，社会に見られる課題を把握して，その解決に向けて社会への関わり方を選択・判断したりする力，考えたことや選択・判断したことを適切に表現する力を養う。

(3) 社会的事象について，よりよい社会を考え主体的に問題解決しようとする態度を養うとともに，多角的な思考や理解を通して，地域社会に対する誇りと愛情，地域社会の一員としての自覚，我が国の国土と歴史に対する愛情，我が国の将来を担う国民としての自覚，世界の国々の人々と共に生きていくことの大切さについての自覚などを養う。

従前より示し方が変更され，先述の3つの柱に対応して(1)～(3)の目標が示された。それぞれ(1)が「知識・技能」，(2)が「思考力・判断力・表現力等」，(3)が「学びに向かう力・人間性等」による。

(2) 各学年の目標

〔第3学年〕

社会的事象の見方・考え方を働かせ，学習の問題を追究・解決する活動を通して，次のとおり資質・能力を育成することを目指す。

(1) 身近な地域や市区町村の地理的環境，地域の安全を守るための諸活動や地域の産業と消費生活の様子，地域の様子の移り変わりについて，人々の生活との関連を踏まえて理解するとともに，調査活動，地図帳や各種の具体的資料を通して，必要な情報を調べまとめる技能を身に付けるようにする。

(2) 社会的事象の特色や相互の関連，意味を考える力，社会に見られる課題を把握して，その解決に向けて社会への関わり方を選択・判断する力，考えたことや選択・判断したことを表現する力を養う。

(3) 社会的事象について，主体的に学習の問題を解決しようとする態度や，よりよい社会を考え学習したことを社会生活に生かそうとする態度を養うとともに，思考や理解を通して，地域社会に対する誇りと愛情，地域社会の一員としての自覚を養う。

〔第4学年〕

社会的事象の見方・考え方を働かせ，学習の問題を追究・解決する活動を通して，次のとおり資質・能力を育成することを目指す。

(1) 自分たちの都道府県の地理的環境の特色，地域の人々の健康と生活環境を支える働きや自然災害から地域の安全を守るための諸活動，地域の伝統と文化や地域の発展に尽くした先人の働きなどについて，人々の生活との関連を踏まえて理解するとともに，調査活動，地図帳や各種の具体的資料を通して，必要な情報を調べまとめる技能を身に付けるようにする。

(2) 社会的事象の特色や相互の関連，意味を考える力，社会に見られる課題を把握して，その解決に向けて社会への関わり方を選択・判断する力，考えたことや選択・判断したことを表現する力を養う。
(3) 社会的事象について，主体的に学習の問題を解決しようとする態度や，よりよい社会を考え学習したことを社会生活に生かそうとする態度を養うとともに，思考や理解を通して，地域社会に対する誇りと愛情，地域社会の一員としての自覚を養う。

〔第5学年〕

社会的事象の見方・考え方を働かせ，学習の問題を追究・解決する活動を通して，次のとおり資質・能力を育成することを目指す。
(1) 我が国の国土の地理的環境の特色や産業の現状，社会の情報化と産業の関わりについて，国民生活との関連を踏まえて理解するとともに，地図帳や地球儀，統計などの各種の基礎的資料を通して，情報を適切に調べまとめる技能を身に付けるようにする。
(2) 社会的事象の特色や相互の関連，意味を多角的に考える力，社会に見られる課題を把握して，その解決に向けて社会への関わり方を選択・判断する力，考えたことや選択・判断したことを説明したり，それらを基に議論したりする力を養う。
(3) 社会的事象について，主体的に学習の問題を解決しようとする態度や，よりよい社会を考え学習したことを社会生活に生かそうとする態度を養うとともに，多角的な思考や理解を通して，我が国の国土に対する愛情，我が国の産業の発展を願い我が国の将来を担う国民としての自覚を養う。

〔第6学年〕

社会的事象の見方・考え方を働かせ，学習の問題を追究・解決する活動を通して，次のとおり資質・能力を育成することを目指す。
(1) 我が国の政治の考え方と仕組みや働き，国家及び社会の発展に大きな働きをした先人の業績や優れた文化遺産，我が国と関係の深い国の生活やグローバル化する国際社会における我が国の役割について理解するとともに，地図帳や地球儀，統計や年表などの各種の基礎的資料を通して，情報を適切に調べまとめる技能を身に付けるようにする。
(2) 社会的事象の特色や相互の関連，意味を多角的に考える力，社会に見られる課題を把握して，その解決に向けて社会への関わり方を選択・判断する力，考えたことや選択・判断したことを説明したり，それらを基に議論したりする力を養う。
(3) 社会的事象について，主体的に学習の問題を解決しようとする態度や，よりよい社会を考え学習したことを社会生活に生かそうとする態度を養うとともに，多角的な思考や理解を通して，我が国の歴史や伝統を大切にして国を愛する心情，我が国の将来を担う国民としての自覚や平和を願う日本人として世界の国々の人々と共に生きることの大切さについての自覚を養う。

冒頭の「社会的事象の見方・考え方～を目指す。」は全学年共通の文章である。各学年の(1)は答申で示された「知識・技能」の内容を，同様に各学年の(2)は「思考力・判断力・表現力等」の内容を，(3)は「学びに向かう力・人間性等」の内容を反映している。また，従前の学習指導要領では第3学年と第4学年の目標及び内容は共通で述べられていたが，現行の学習指導要領では個別に目標及び内容が示された。

2 内容の改善について

各学年について3～5つの領域が設定され，領域ごとに〔知識及び技能〕及び〔思考力・判断力・表現力等〕に関する指導事項を示す構成となっている。

例題 1〈学習指導要領〉

小学校学習指導要領（平成29年3月告示）「社会」について，次の各問いに答えよ。

(1) 次の文は，社会科の目標である。文中の各空欄に適する語句の組合せを下のア～エから1つ選び，記号で答えよ。

社会的事象について，よりよい社会を考え主体的に問題解決しようとする態度を養うとともに，多角的な思考や理解を通して，地域社会に対する誇りと愛情，地域社会の一員としての自覚，我が国の（　①　）に対する愛情，我が国の将来を担う（　②　）の自覚，世界の国々の人々と共に生きていくことの大切さについての自覚などを養う。

ア．①　地理と歴史　　②　国民として
イ．①　地理と歴史　　②　公民として
ウ．①　国土と歴史　　②　国民として
エ．①　国土と歴史　　②　公民として

(2) 次の文は，各学年の目標の一部である。文中の各空欄に適する語句をあとのア～コから1つずつ選び，記号で答えよ。

〔第3学年〕

(1) 身近な地域や市区町村の地理的環境，地域の安全を守るための諸活動や地域の産業と消費生活の様子，地域の様子の移り変わりについて，人々の生活との関連を踏まえて理解するとともに，調査活動，（　①　）や各種の具体的資料を通して，必要な情報を調べまとめる技能を身に付けるようにする。

〔第4学年〕

(3) 社会的事象について，主体的に学習の問題を解決しようとする態度や，よりよい社会を考え学習したことを社会生活に生かそうとする態度を養うとともに，思考や理解を通して，地域社会に対する（　②　），地域社会の一員としての自覚を養う。

〔第5学年〕

(1) 我が国の国土の地理的環境の特色や産業の現状，社会の（　③　）と産業の関わりについて，国民生活との関連を踏まえて理解するとともに，地図帳や地球儀，統計などの各種の基礎的資料を通して，情報を適切に調べまとめる技能を身に付けるようにする。

〔第6学年〕

(1) 我が国の政治の考え方と仕組みや働き，国家及び社会の発展に大きな働きをした先人の業績や優れた文化遺産，我が国と関係の深い国の生活やグローバル化する国際社会における我が国の役割について理解するとともに，地図帳や地球儀，統計や年表などの各種の基礎的資料を通して，情報を適切に調べ（　④　）を身に付けるようにする。

ア．表現する技能　　イ．理解と敬愛　　ウ．地図帳
エ．国際化　　オ．情報化　　カ．まとめる技能
キ．敬意と愛着　　ク．地球儀　　ケ．発表する技能
コ．誇りと愛情

解答　(1) ウ　(2) ① ウ　② コ　③ オ　④ カ

解説　(2) ①　現行の学習指導要領では，第3学年から地図帳を取り扱うことが目標に示されている。なお地図帳は従前では第4学年から配布されていたが，グローバル化などへの対応を図る目的で繰り上げられた。　②「地域社会に対する誇りと愛情を養う」とは，現在及び過去の地域の人々の工夫や努力によって生み出された，地域社会の特色やよさへの理解に基づいて，自分たちの住んでいる地域社会に対する誇りと愛情を育てるようにすることである。　③　中央教育審議会答申にて，教育内容の見直しの一例として「情報化等による産業構造の変化やその中での起業」が挙げられている。従前の第5学年の目標には「我が国の産業の発展や社会の情報化の進展に関心をもつようにする」とあったが，今回は「産業の現状，社会の情報化と産業の関わりについて国民生活との関連を踏まえて理解する」と改訂されていることから，社会の情報化についてより深い学習を求められていると考えられる。④　図表を適切に用い分かりやすさに留意してまとめることや，基礎的資料を目的に応じて分類・整理してまとめることが重要である。

例題2〈学習指導要領〉

次のA～Dは，小学校学習指導要領「社会」の「各学年の目標及び内容」における「内容の取扱い」の一部である。下の各問いに答えよ。

A 「主な国」については，名称についても扱うようにし，近隣の諸国を含めて取り上げること。その際，我が国や諸外国には（ ① ）があることを理解し，それを尊重する態度を養うよう配慮すること。

B 児童の興味・関心を重視し，取り上げる人物や（ ② ）の重点の置き方に工夫を加えるなど，精選して具体的に理解できるようにすること。

C 「公共施設」については，市が公共施設の整備を進めてきたことを取り上げること。その際，（ ③ ）の役割に触れること。

D 「関係機関」については，県庁や市役所の働きなどを中心に取り上げ，（ ④ ）情報の発信，（ ⑤ ）体制の確保などの働き，自衛隊など国の機関との関わりを取り上げること。

(1) （ ① ）～（ ⑤ ）にあてはまる語句を次のa～jから1つずつ選び，記号で答えよ。

a 防災　b 地域社会　c 救助　d 領土　e 国旗
f 災害　g 行政　h 避難　i 文化遺産　j 租税

(2) A～Dは，それぞれ何学年のものか，あてはまる学年を次のア～エから選び，記号で答えよ。

ア．第3学年　イ．第4学年　ウ．第5学年　エ．第6学年

解答 (1) ① e　② i　③ j　④ a　⑤ h
(2) A ウ　B エ　C ア　D イ

解説 小学校社会科の特徴の1つとして，学年ごとで学習内容が異なる点があげられる。それぞれの特徴を踏まえながら，学習したい。

例題 3〈学習指導要領〉

小学校学習指導要領「社会」の「第3　指導計画の作成と内容の取扱い」における指導計画上の配慮事項には，身近な地域及び国土の遺跡や文化財などの観察や調査を取り入れるようにすることが示されている。次の各問いに答えよ。

(1) 国宝・重要文化財をあわせて一番多く有する都道府県を①～⑤から1つ選べ。

① 東京　② 京都　③ 大阪　④ 奈良　⑤ 愛知

(2) 京都市・宇治市では，古都京都の世界文化遺産として17件が登録されている。次の中から，世界文化遺産に登録されていないものを①～⑤から1つ選べ。

① 賀茂別雷神社　② 三十三間堂　③ 清水寺
④ 教王護国寺　⑤ 高山寺

(3) 世界文化遺産に登録されている枯山水で有名な龍安寺を創立したのは誰か。①～⑤から1つ選べ。

① 足利義政　② 山名持豊　③ 足利義満　④ 畠山政長
⑤ 細川勝元

解答　(1) ①　(2) ②　(3) ⑤

解説　(1) 1位：東京2834件，2位：京都2201件となる。(2023年6月現在)　(2) 京都市東山区にある蓮華王院本堂の別称。　(3) 京都市右京区にある臨済宗妙心寺派の寺院。

●小学校学習指導要領(平成29年3月告示)

社会科 学習指導法

ポイント

指導法に関する設問に対しては，各学年に応じた具体的な指導法や学習への配慮を答えることが求められる。それには，各学年の指導目標及び指導内容を正確に把握しておく必要がある。

小学校の社会科では，学年によって指導目標・指導内容がかなり異なる。そのため，各学年の指導目標・指導内容に応じて，指導法を工夫することが求められる。例えば第3学年では，生活科の学習を踏まえ，具体的な体験的学習や活動を取り入れる必要がある。なお現行の学習指導要領から第3学年から地図帳を使用することとなった点には留意したい。第4学年においては，従前では第3学年と共通して指導目標・指導内容が示されていたが，現行の学習指導要領から個別に示されるようになったことに注意する。第3学年の内容と第4学年の内容の接続について自分なりに確認しておくとよい。第5学年の産業学習においては，児童の生活に密着していながらも，その生産過程が見えにくい産業の問題をいかに身近なものとしてとらえさせるかがポイントとなる。第6学年の歴史学習においては，網羅的な歴史的事象の取り上げを避け，人物や文化遺産を精選して具体的に理解させる必要がある。また政治学習では，政治の制度や機構に深入りすることのないように配慮し，政治の動きを国民生活と関連させて具体的に指導するようにしたい。また国際理解学習では，観念的・抽象的な指導にならないように留意し，具体的に2，3カ国を取り上げ，正しい国際理解と世界平和への努力が大切であることを理解させるように配慮したい。

小学校社会科では，各学年に応じた具体的な指導法に応えることが求められるが，学年を通しての児童の発達段階を考慮して，社会的事象を公正に判断できるようにするとともに，個々の児童に社会的なものの見方や考え方が現れるようにしたい。具体的な方法としては，博物館・郷土資料館の活用，地域や国の遺跡・文化財の観察・調査及び，内容に関わる専門家や関係者・関係の諸機関との連携，地図の活用などが行われるよう配慮する必要がある。

例題1〈学習指導法〉

小学校学習指導要領(平成29年3月告示)「社会」の第6学年の内容(2)「我が国の歴史上の主な事象」について指導を行うとき，身に付けさせるべき知識及び技能について2つ書け。

解答 ・狩猟・採集や農耕の生活，古墳，大和朝廷（大和政権）による統一の様子を手掛かりに，むらからくにへと変化したことを理解すること。　・大陸文化の摂取，大化の改新，大仏造営の様子を手掛かりに，天皇を中心とした政治が確立されたことを理解すること。

解説 歴史上の主な事象における「知識及び技能」については（ア）～(シ)の12項目が挙げられている。また，それらの内容を総括して，「我が国の歴史上の主な事象を手掛かりに，大まかな歴史を理解するとともに，関連する先人の業績，優れた文化遺産を理解すること。」と示されていることにも留意する。

例題 2〈学習指導法〉

第4学年の「廃棄物の処理」の学習について，次の（1），（2）の問いに答えよ。

(1) この学習で扱う廃棄物の例を2つ書け。

(2) この学習では，地域の人々が法やきまりを守って生活していることを取り上げる。その際に児童に気付かせたいことは何か，書け。

解答 (1) ごみ，下水　　(2) 法や自分たちが決めたきまりを守ることが，地域の健康な生活や良好な生活環境の維持と向上を図る上で大切であること。

解説 (1) ごみ，下水のいずれかを選択して取り扱う旨が，「3　内容の取扱い」に示されている。なお従前では「ごみ，下水のいずれかを選択して取り上げ，廃棄物を資源として活用していることについても扱うこと。」とされていたが，改訂後では廃棄物に関する資源活用について削除されている。これは，「2　内容」の中で廃棄物の資源活用について触れることを明記したためで，取り扱わなくなったということではない。　(2) ここでいう法には地方自治体が決める条例などが含まれる。また，「自分たちが決めたきまり」には町内会や管理組合が決めたルール等がある。

例題 3〈学習指導法〉

地図帳を問題解決のための教材として必要に応じて活用できるようにするために，日常の指導の中で何について指導し，どのような力を身に付けさせることが大切か書け。

解答　自分たちの住んでいる県（都・道・府）だけでなく，様々な県が出てくるたびに，その都度その県などの位置を確認させる。まずは，自分たちの住んでいる都道府県の市町村等を調べさせ，親しみを覚えさせる。次に，47都道府県についての構成を理解させる。その際に，地図記号を成り立ちから教え，それらを覚えさせる。そして，資料活用能力を培う。

解説　現行の学習指導要領から，第3学年から地図帳を扱うこととなったため，同学年で方位や主な地図記号について取り扱うこととされている。方位や地図記号，地図帳の引き方についての知識を身に付けさせることで，各種の資料と組み合わせて必要な情報を調べる学習が可能になる。

●小学校学習指導要領(平成29年告示)解説「社会編」(平成29年7月)

第 3 章

算数科

算数科 数と式

ポイント

1 分数式

(1) 乗法・除法

$$\frac{A}{B}\times\frac{C}{D}=\frac{AC}{BD} \qquad \frac{A}{B}\div\frac{C}{D}=\frac{A}{B}\times\frac{D}{C}=\frac{AD}{BC}$$

(2) 加法・減法

$$\frac{A}{B}+\frac{C}{D}=\frac{AD+BC}{BD} \qquad \frac{A}{B}-\frac{C}{D}=\frac{AD-BC}{BD}$$

2 因数分解

(1) 共通因数をくくり出す

$ma+mb=m(a+b)$

(2) 乗法公式

① $a^2+2ab+b^2=(a+b)^2$

② $a^2-2ab+b^2=(a-b)^2$

③ $a^2-b^2=(a+b)(a-b)$

④ $x^2+(a+b)x+ab=(x+a)(x+b)$

⑤ $acx^2+(ad+bc)x+bd=(ax+b)(cx+d)$

(3) 因数分解の手順

共通因数でくくる

↓

置き換えができないか

↓

乗法公式が利用できないか

↓

まだ因数分解できないか

例	$2x^5+6x^3-8x$	共通因数 $2x$ でくくる
	$=2x(x^4+3x^2-4)$	$x^2=A$ に置きかえ
	$=2x(\underline{A^2+3A-4})$	乗法公式④を利用
	$=2x(A+4)(A-1)$	$A=x^2$ に戻す
	$=2x(x^2+4)(x^2-1)$	因数分解する
	$=2x(x^2+4)(x+1)(x-1)$	

3 平方根

(1) 平方根の乗法・除法

$$\sqrt{a}\times\sqrt{b}=\sqrt{ab} \qquad \frac{\sqrt{b}}{\sqrt{a}}=\sqrt{\frac{b}{a}} \qquad (a>0,\ b>0)$$

(2) $a\sqrt{b}$ の形への変形

$$\sqrt{a^2b}=a\sqrt{b} \qquad (a>0,\ b>0)$$

(3) 分母の有理化

$$\frac{a}{\sqrt{b}}=\frac{a\sqrt{b}}{\sqrt{b}\times\sqrt{b}}=\frac{a\sqrt{b}}{b} \qquad (b>0)$$

$$\frac{c}{\sqrt{a}\pm\sqrt{b}}=\frac{c}{\sqrt{a}\pm\sqrt{b}}\times\frac{\sqrt{a}\mp\sqrt{b}}{\sqrt{a}\mp\sqrt{b}}=\frac{c(\sqrt{a}\mp\sqrt{b})}{a-b} \qquad (a>0,\ b>0)$$

(4) 根号を含む式の計算のポイント

① $\sqrt{\ }$ の中をできるだけ簡単な数にする。

例 $\sqrt{48}=\sqrt{16\times3}=\sqrt{4^2\times3}=4\sqrt{3}$

② 分母に $\sqrt{\ }$ を含まない形にする。

例 $\dfrac{\sqrt{3}}{\sqrt{5}}=\dfrac{\sqrt{3}\times\sqrt{5}}{\sqrt{5}\times\sqrt{5}}=\dfrac{\sqrt{15}}{5}$

③ 分配法則や乗法の公式を使って（　　）をはずし，整理する。

例 $\sqrt{3}(\sqrt{3}-2)=\sqrt{3}\times\sqrt{3}-2\sqrt{3}=3-2\sqrt{3}$

例 $(\sqrt{2}+\sqrt{3})^2=(\sqrt{2})^2+2\times\sqrt{2}\times\sqrt{3}+(\sqrt{3})^2$

$=2+2\sqrt{6}+3=5+2\sqrt{6}$

4 数の性質

(1) 素因数分解

整数を素数の積に分解する。

例 $60=2^2\times3\times5$

(2) 最大公約数と最小公倍数

ある2つの整数a，bの最大公約数をG，最小公倍数をLとすると，

$ab=GL$

例 $12=2^2\times3$と$18=2\times3^2$の最大公約数は$2\times3=6$，最小公倍数は$2^2\times3^2=36$で，$12\times18=6\times36$ が成り立つ。

例題 1〈四則混合計算〉

$(-2x)^3\div(-4x^2y)\times(-3xy^2)$ を計算せよ。

解答 $-6x^2y$

解説 $(-2x)^3\div(-4x^2y)\times(-3xy^2)$

$=(-8x^3)\div(-4x^2y)\times(-3xy^2)$

$=-\dfrac{8x^3\times3xy^2}{4x^2y}$

$=-6x^2y$

例題 2〈分数式〉

$\dfrac{1}{x}+\dfrac{1}{y}=2$のとき，$\dfrac{5x+2xy+5y}{x+y}$の値を求めよ。

解答 6

解説 $\dfrac{1}{x}+\dfrac{1}{y}=2 \Leftrightarrow \dfrac{x+y}{xy}=2 \Leftrightarrow x+y=2xy$ のとき，

$\dfrac{5x+2xy+5y}{x+y}=\dfrac{5(x+y)+2xy}{x+y}$

$=\dfrac{5\times2xy+2xy}{2xy}$

$$= \frac{12xy}{2xy}$$

$$=6$$

例題 3〈因数分解〉

$ax^2-axy-6ay^2$を因数分解せよ。

解答 $a(x+2y)(x-3y)$

解説 共通因数をくくり出し，因数分解の公式を利用する。

$ax^2-axy-6ay^2$

$=a(x^2-xy-6y^2)$

$=a(x+2y)(x-3y)$

例題 4〈平方根〉

$\sqrt{7}$の小数部分をaとするとき，a^2+4a+5の値を求めよ。

解答 8

解説 $2^2<7<3^2$だから　$\sqrt{7}$の整数部分は2

よって　$a=\sqrt{7}-2$

このとき

$a^2+4a+5=(a+2)^2+1$

$=(\sqrt{7}-2+2)^2+1$

$=8$

算数科 方程式・不等式

ポイント

1 方程式の応用

(1) 速さの問題

道のり＝速さ×時間

(2) 濃度の問題

$$食塩水の濃度〔\%〕=\frac{食塩の重さ}{食塩水の重さ}\times 100$$

⇒a％の食塩水x〔g〕に含まれている食塩の量…$x\times\frac{a}{100}$〔g〕

(3) 比率の問題

xのa割増 … $\left(1+\frac{a}{10}\right)x$

xのa％減 … $(1-0.01a)x$

(4) 整数の問題

2けたの自然数 … $10x+y$（xは1から9まで，yは0から9までの整数）

(5) 仕事算

① 1人で仕事をするとき

仕上げるのにかかる日数＝全仕事量÷1日の仕事量

② A，Bの2人で仕事をするとき

2人で仕上げるのにかかる日数

$$=1\div\left(\frac{1}{\text{A1人の場合にかかる日数}}+\frac{1}{\text{B1人の場合にかかる日数}}\right)$$

2 不等式

$ax>b$において，$\begin{cases} a>0のとき，x>\frac{b}{a} \\ a<0のとき，x<\frac{b}{a} \end{cases}$

例　$2x-3<4x+7$

$2x-4x<7+3$	移項する
$-2x<10$	両辺を－2で割る
$x>-5$	負の数で割ると， 不等号の向きが変わる

3　連立方程式

(1) 代入法 … 一方の方程式を他方の方程式に代入して文字を消去

例

$$\begin{cases} -x+y=1 & \cdots\cdots① \\ x+2y=5 & \cdots\cdots② \end{cases}$$

①を$y=x+1$に変形して，これを②に代入

$x+2(x+1)=5$

$3x=3$　　$x=1$

①より，$y=2$

(2) 加減法 … 2つの方程式の辺々を加減して文字を消去

例

$$\begin{cases} 2x+3y=1 & \cdots\cdots① \\ 3x-y=7 & \cdots\cdots② \end{cases}$$

$$\begin{array}{lrl} ① & & 2x+3y=1 \\ ②\times3 & +) & 9x-3y=21 \\ \hline & & 11x \quad\ =22 \end{array} \qquad x=2$$

①より，$4+3y=1$　　$y=-1$

4　2次方程式の解き方

(1) 完全平方式の利用

$(x+m)^2=n$　…　$x+m$を1つのものとみる。

$x+m=\pm\sqrt{n}$

$x=-m\pm\sqrt{n}$

(2) 因数分解の利用

$x^2+px+q=0$の左辺を，$(x-a)(x-b)$の形に因数分解する。

例	$x^2-6x+8=0$
	$(x-2)(x-4)=0$
	$x=2,\ 4$

(3) 式の変形

$x^2+px+q=0$ … 式を変形して，$(x+m)^2=n$の形にする。

例 $x^2+6x+3=0$

x^2+6x	$=-3$	数の項を右辺に移項
x^2+6x+3^2	$=-3+3^2$	xの係数の半分の2乗を両辺に加える
$(x+3)^2$	$=6$	
$x+3$	$=\pm\sqrt{6}$	$x=-3\pm\sqrt{6}$

(4) 解の公式の利用

$ax^2+bx+c=0$の解　$x=\dfrac{-b\pm\sqrt{b^2-4ac}}{2a}$　$(a\neq0)$

例題 1〈1次方程式の応用①―速さの問題〉

弟が家を出発して駅に向かった。その5分後に，姉が家を出発して自転車で弟を追いかけた。弟の歩く速さを毎分60m，姉の自転車の速さを毎分210mとする。姉は家を出発してから何分後に弟に追いつくか。

解答 2分後

解説 姉が出発してからx分後に弟に追いつくとすると

$$60(5+x)=210x$$

これを解くと

$$300+60x=210x$$
$$-150x=-300$$
$$x=2$$

姉が弟に追いつくのは，弟の進んだ道のりと姉の進んだ道のりが等しくなるときである。

例題 2〈1次方程式の応用②—比率の問題〉

ある商品に原価の3割の利益を見込んで定価をつけたが売れなかったので，定価の2割引きで売ったら売れて1200円の利益を得た。この商品の原価は何円か。

解答 30000円

解説 この商品の原価をx円とすると

$1.3x \times 0.8 - x = 1200$

これを解くと

$$104x - 100x = 120000$$
$$4x = 120000$$
$$x = 30000$$

定価は$x \times (1+0.3) = 1.3x$〔円〕

売価は$1.3x \times (1-0.2) = 1.04x$〔円〕

例題 3〈1次方程式の応用③—整数の問題〉

画用紙を何人かの子どもに配るのに，1人に5枚ずつ配るには10枚足りない。また，1人に4枚ずつ配ると3枚余る。画用紙の枚数は何枚か。

解答 55枚

解説 子どもの人数をx人とすると

$5x - 10 = 4x + 3$

これを解くと

$x = 13$

よって，画用紙の枚数は

$5 \times 13 - 10 = 55$〔枚〕

子どもの人数をx人として，画用紙の枚数を2通りに表す。

別解　画用紙の枚数をx枚として子どもの人数を2通りに表すと

$$\frac{x+10}{5}=\frac{x-3}{4}$$

これを解くと　$x=55$

例題 4〈1次方程式の応用④—不等式の問題〉

1個140円のりんごと1個80円のみかんを合わせて20個買って箱につめてもらい，代金は箱代210円を含めて2500円以下にしたい。りんごをできるだけ多く買うことにすると，りんごは何個まで買うことができるか。

解答　11個まで

解説　りんごをx個買うとすると

$$140x+80(20-x)+210\leqq 2500$$

これを解くと

$$140x-80x\leqq 2500-1600-210$$

$$60x\leqq 690$$

$$x\leqq 11\frac{1}{2}$$

これを満たす最大の整数xは11

よって，りんごは11個まで買える。

りんごをx個買うとすると，みかんは$(20-x)$個買うことになる。

例題 5〈連立方程式〉

4%の食塩水と7%の食塩水を混ぜ合わせて，5%の食塩水を600gつくりたい。それぞれ何gずつ混ぜ合わせればよいか。

解答　4%の食塩水400g，7%の食塩水200g

解説 4%の食塩水をx〔g〕，7%の食塩水をy〔g〕混ぜ合わせるとすると

$$\begin{cases} x+y=600 & \cdots\cdots① \\ \frac{4}{100}x+\frac{7}{100}y=\frac{5}{100}\times 600 & \cdots\cdots② \end{cases}$$

②を整理すると　$4x+7y=3000$　……③

③－①×4より　$3y=600$

$y=200$

これを①に代入すると　$x=400$

4%の食塩水x〔g〕，7%の食塩水y〔g〕に含まれる食塩の重さはそれぞれ$\frac{4}{100}x$〔g〕，$\frac{7}{100}y$〔g〕である。

例題 6〈連立方程式の応用〉

A町から峠をこえて26km離れたB町まで行くのに，A町から峠までは時速4km，峠からB町までは時速5kmで歩いて合計で6時間かかった。A町から峠までの道のり，峠からB町までの道のりはそれぞれ何kmか。

解答 A町から峠まで16km，峠からB町まで10km

解説 A町から峠までの道のりをx〔km〕，峠からB町までの道のりをy〔km〕とすると

$$\begin{cases} x+y=26 & \cdots\cdots① \\ \frac{x}{4}+\frac{y}{5}=6 & \cdots\cdots② \end{cases}$$

②の両辺を20倍すると　$5x+4y=120$　……③

①×5－③より　$y=10$

これを①に代入すると　$x=16$

A町から峠まで，峠からB町まで行くのにかかった時間はそれぞれ$\frac{x}{4}$時間，$\frac{y}{5}$時間である。

例題 7〈2次方程式〉

連続する2つの奇数があり，小さい方の奇数を2乗して24を加えた数は，大きい方の奇数を7倍した数に等しい。小さい方の奇数を求めよ。

解答 5

解説 小さい方の奇数をxとすると

$x^2+24=7(x+2)$

これを解くと

$x^2-7x+10=0$

$(x-2)(x-5)=0$

$x=2$または$x=5$

xは奇数だから，$x=2$は適さないが，$x=5$は適する。

例題 8〈2次方程式の応用〉

縦の長さが横の長さより短い長方形の土地がある。この長方形の周の長さが26m，面積が36m^{2}であるとき，縦の長さは何mか。

解答 4m

解説 縦の長さをx〔m〕とすると

$0<x<\frac{13}{2}$ ……①

であり

$x(13-x)=36$

これを解くと

$x^2-13x+36=0$

$(x-4)(x-9)=0$

$x=4$または$x=9$

$x=4$は①を満たすが，$x=9$は①を満たさない。

算数科 図形

ポイント

1 角と平行線

(1) 平行線と角

2つの直線 l, mが平行なとき,

$\angle a=\angle c$（同位角は等しい）

$\angle b=\angle c$（錯角は等しい）

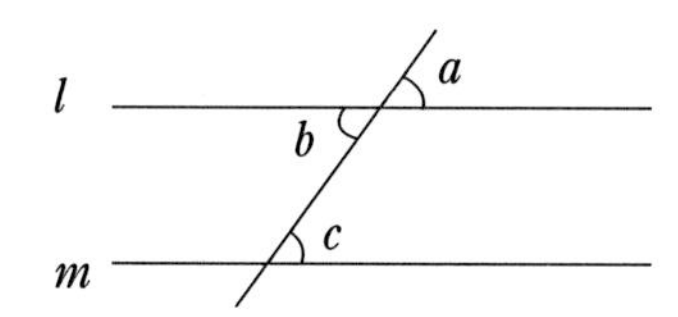

(2) 三角形と角

① 内角の和は180°

② 外角は，他の内角の和に等しい。

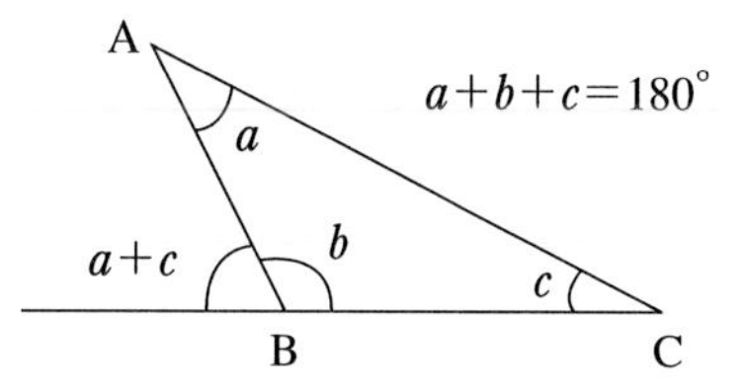

(3) 多角形

① n角形の内角の和 … $180° \times (n-2)$

② n角形の外角の和 … 360°

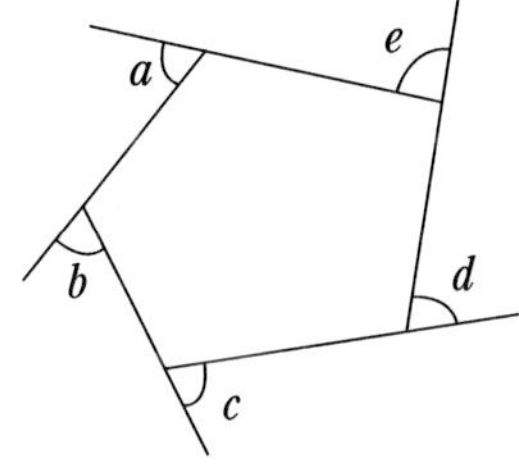

$a+b+c+d+e=360°$

② 三角形の性質

(1) 三角形と線分の比

△ABCにおいて，点D，Eを辺AB，AC上にとるとき，DE//BCならば，△ABC∽△ADEで，

$$\frac{AD}{AB}=\frac{AE}{AC}=\frac{DE}{BC},\quad \frac{AD}{DB}=\frac{AE}{EC}$$

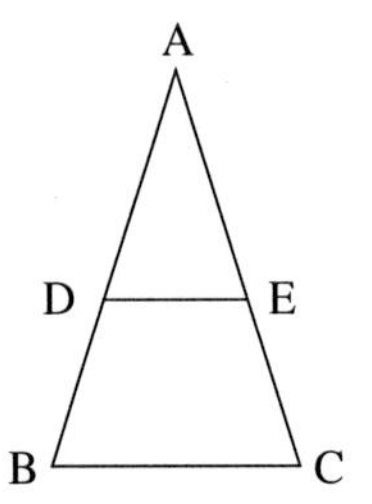

(2) 中点連結定理

三角形の2辺の中点をそれぞれM，Nとすると，

$MN//BC$　　　$MN=\frac{1}{2}BC$

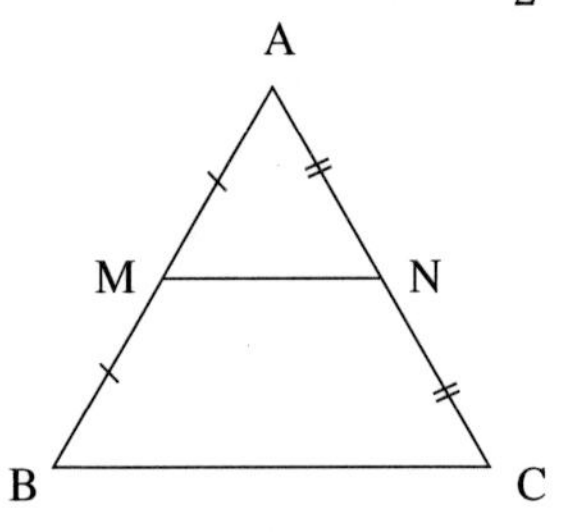

(3) 三角形と面積の比

三角形において高さが等しいとき，面積の比は，底辺の比に等しい。

△ABC：△ACD：△ABD＝BC：CD：BD

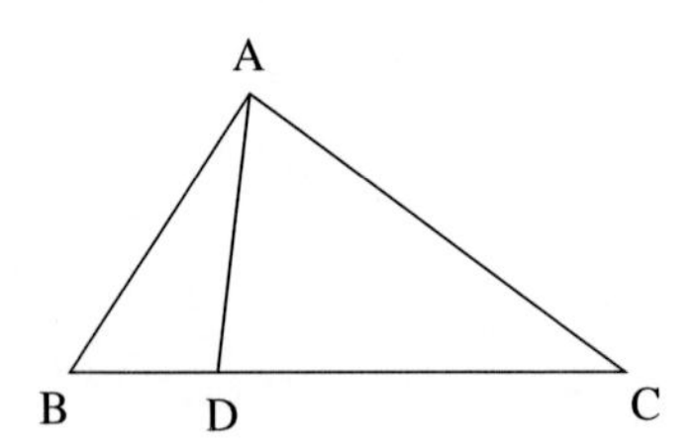

(4) 三平方の定理

直角三角形の直角をはさむ2辺の長さをa, b, 斜辺の長さをcとすると,

$a^2+b^2=c^2$

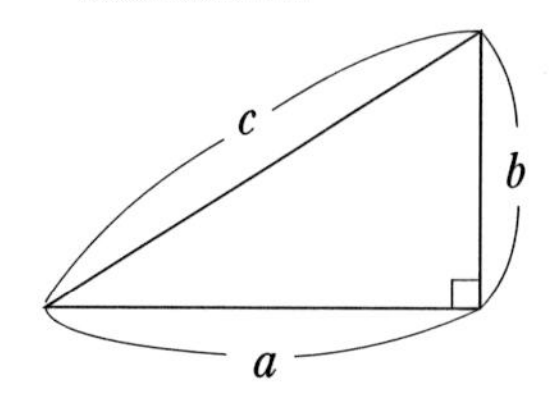

3 円の性質

(1) 円周角と中心角

① 円周角は中心角の半分に等しい。

$\angle APB=\frac{1}{2}\angle AOB$

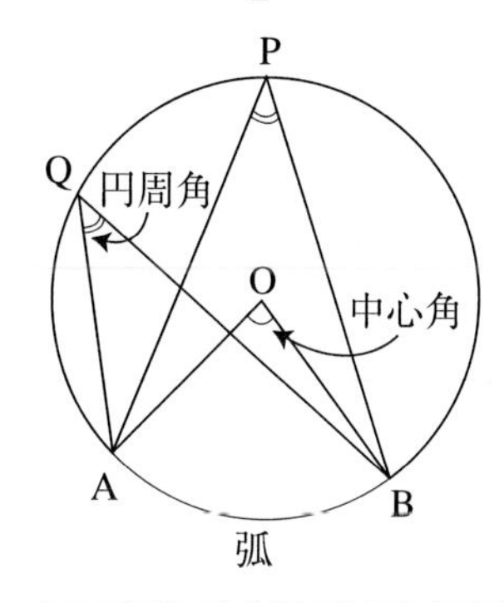

② 同じ弧に対する円周角は等しい。

$\angle APB=\angle AQB$

③ 直径に対する円周角は90°

(2) 円と接線

① 接線は,接点を通る半径に垂直。

② 1点から引いた2本の接線の長さは等しい。

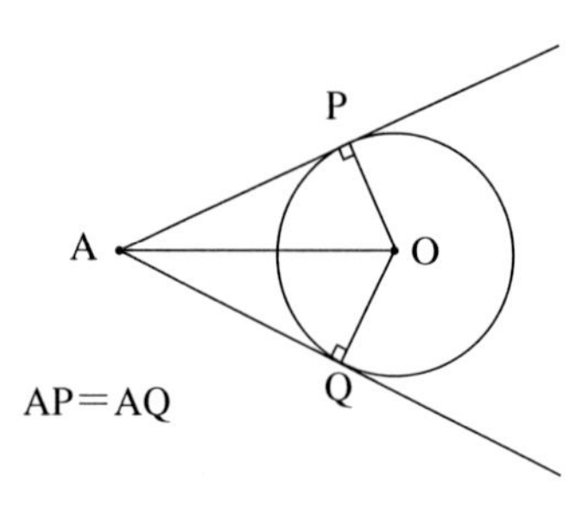

④ **求積**

(1) 扇形の弧の長さと面積

半径 r, 中心角a°の扇形の弧の長さをl, 面積をS, 円周率を π とすると,

$l=2\pi r\times\frac{a}{360}$　　　$S=\pi r^2\times\frac{a}{360}=\frac{1}{2}lr$

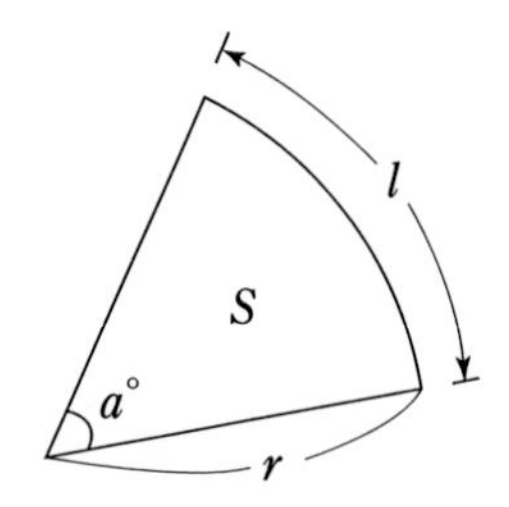

(2) 立体図形の求積

体積をV, 表面積をA, 底面積をSとする。

① 円すい（高さh, 半径r, 母線l）

$V=\frac{1}{3}Sh=\frac{1}{3}\pi r^2h$

側面積 $=\pi l^2\times\frac{中心角}{360}=\pi rl$

$A=\pi r^2+\pi rl$

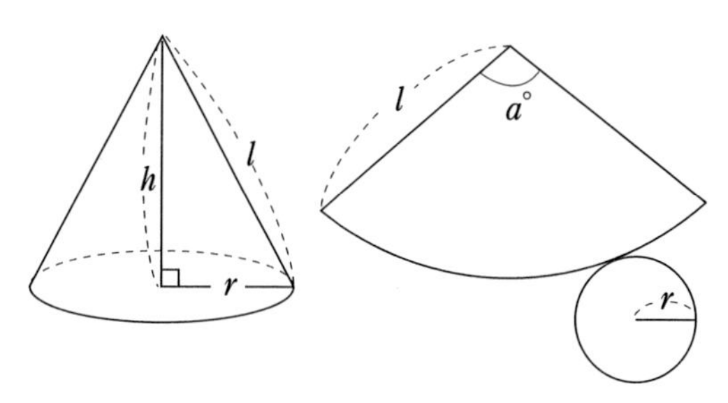

$l：r=360：a$
(中心角a)

② 角すい（底面が長方形のとき）

$$V=\frac{1}{3}Sh=\frac{1}{3}abh$$

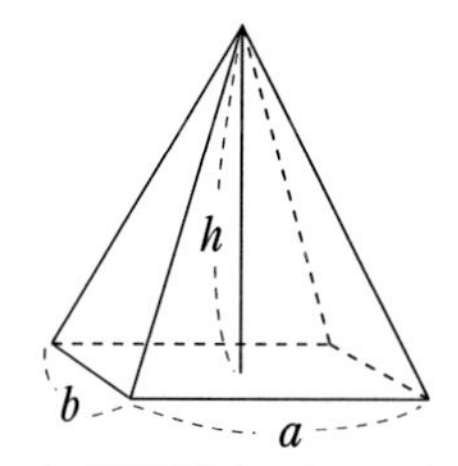

(3) 相似な図形の面積比・体積比
辺の比が$m：n$の相似な図形のとき，
面積比＝$m^2：n^2$
体積比－$m^3：n^3$

例題１〈平行線と角〉

次の図において，2直線 l，mは平行であり，△ABCは正三角形である。このとき，$\angle x$の大きさを求めよ。

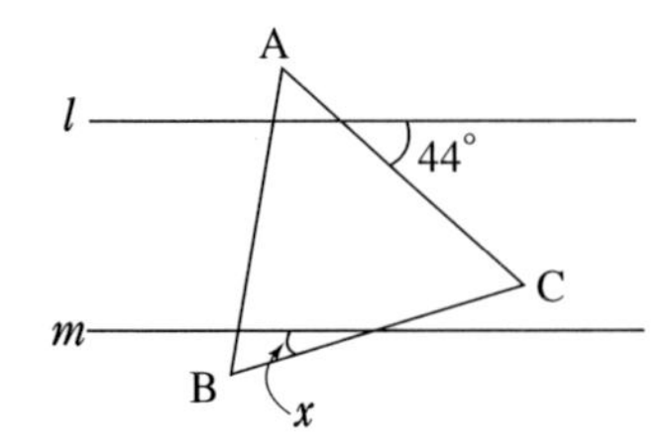

解答 16°

解説 右の図のように，点Cを通り，直線lに平行な直線 nをひき，点D～Hを定める。

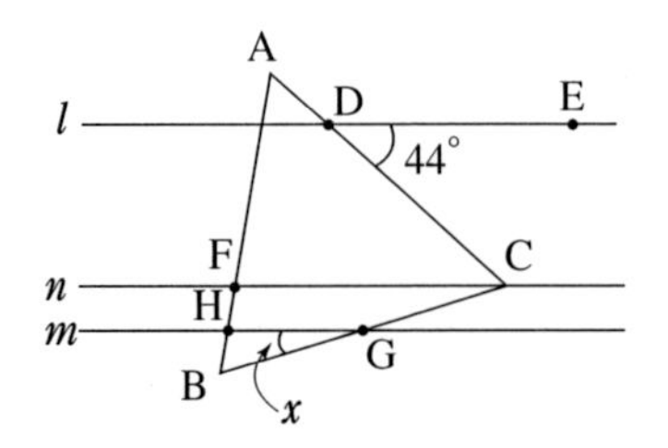

平行線の錯角は等しいから，
$l//n$より
$\angle DCF = \angle EDC = 44°$
平行線の同位角は等しいから，
$n//m$より
$\angle GCF = \angle BGH = \angle x$
正三角形の内角は60°だから
$\angle DCF + \angle GCF = 60°$
$44° + \angle x = 60°$
したがって　$\angle x = 60° - 44° = 16°$

例題 2〈多角形〉

1つの内角が135°である正多角形は正何角形か。

解答 正八角形

解説 正n角形であるとすると，1つの内角が135°だから
$180° \times (n-2) = 135° \times n$
これを解くと　$n=8$　　よって　正八角形

例題３〈三角形と線分の比〉

次の図で，AB//PQ//CDであるとき，線分PQの長さを求めよ。

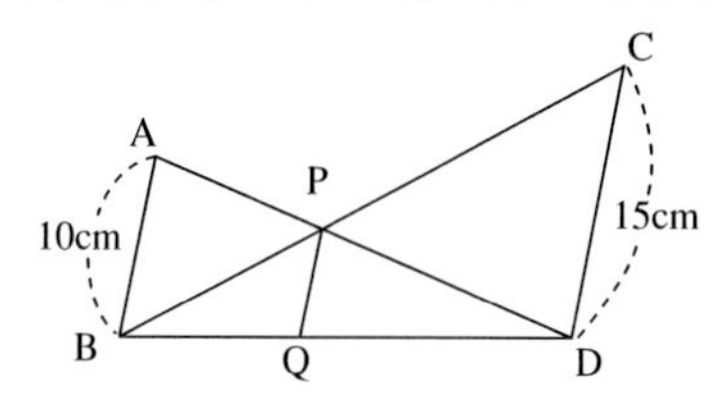

解答　6cm

解説　AB//CDだから

　AP：DP＝AB：DC

　　　　＝10：15＝2：3

PQ//ABだから

　PQ：AB＝DP：DA

　　　　＝3：(3＋2)＝3：5

PQ＝x〔cm〕とすると

　x：10＝3：5

これを解くと　x＝6

したがって　PQ＝6〔cm〕

例題４〈中点連結定理〉

次の図の四角形ABCDは，AD//BCの台形であり，AD＝6cm，BC＝10cmである。辺ABの中点をEとし，Eから辺BCに平行な直線をひき，対角線DB，AC，辺DCとの交点をそれぞれF，G，Hとするとき，FGの長さを求めよ。

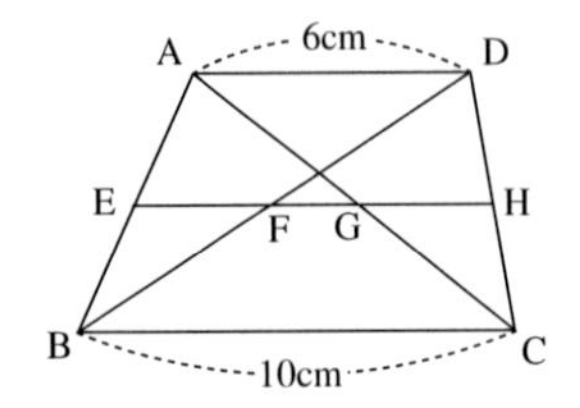

解答 2cm

解説 △BADにおいて，EF//ADより

BE：EA＝BF：FD

BE＝EAだから　BF＝FD

よって，点E，FはBA，BDの中点だから，中点連結定理より

$EF=\frac{1}{2}AD=\frac{1}{2}\times 6=3$〔cm〕　……①

△ABCにおいて，EG//BCより

AE：EB＝AG：GC

AE＝EBだから　AG＝GC

よって，点E，GはAB，ACの中点だから，中点連結定理より

$EG=\frac{1}{2}BC=\frac{1}{2}\times 10=5$〔cm〕　……②

①，②より

$FG=EG-EF=5-3=2$〔cm〕

〈別解〉台形の中点連結定理より

$EH=\frac{10+6}{2}=8$〔cm〕

$FG=\frac{10-6}{2}=2$〔cm〕

例題 5〈相似な三角形の面積の比〉

次の図の△ABCで，点D，Eはそれぞれ辺AB，AC上の点であり，AD＝6cm，DB＝8cm，AE＝7cm，EC＝5cmである。△ADEの面積が19cm²であるとき，△ABCの面積を求めよ。

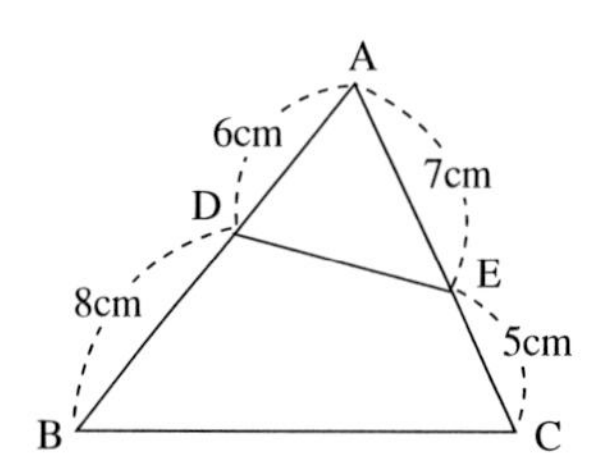

解答　76cm^2

解説　△ABCと△AEDにおいて

AB：AE＝AC：AD＝2：1　……①

∠BAC＝∠EAD　……②

①，②より，2組の辺の比が等しく，その間の角が等しいから

△ABC∽△AED

であり，相似比は2：1である。

したがって

$\triangle ABC : \triangle AED = 2^2 : 1^2 = 4 : 1$

△AEDの面積が19cm^2のとき

$\triangle ABC = 4\triangle AED = 4 \times 19 = 76$〔$\text{cm}^2$〕

〈別解〉高さが等しい2つの三角形の面積比は底辺の比に等しいから，線分BEをひくと

$\triangle ABE = \dfrac{6+8}{6}\triangle ADE$

$\triangle ABC = \dfrac{7+5}{7}\triangle ABE$

したがって

$\triangle ABC = \dfrac{7+5}{7} \times \dfrac{6+8}{6}\triangle ADE = 4 \times 19 = 76$〔$\text{cm}^2$〕

例題 6〈三平方の定理〉

次の図の平行四辺形ABCDで，AB＝6cm，BC＝7cm，∠C＝120°である。平行四辺形ABCDの面積を求めよ。

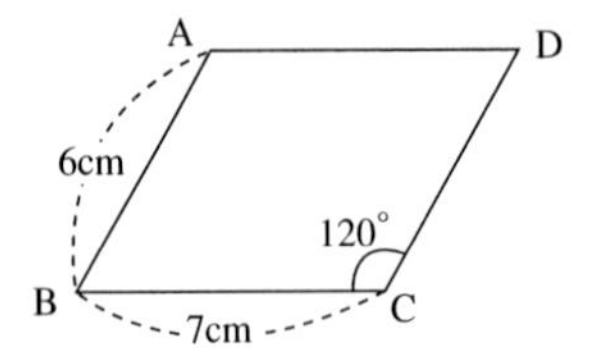

解答 $21\sqrt{3}\,\mathrm{cm}^2$

解説 次の図のように，頂点Dから辺BCの延長に垂線をひき，その交点をHとすると，△DCHは∠DCH＝180°－120°＝60°，∠DHC＝90°の直角三角形である。

よって　$DH=\frac{\sqrt{3}}{2}DC=3\sqrt{3}$〔cm〕

したがって，平行四辺形ABCDの面積は

$BC\times DH=7\times 3\sqrt{3}=21\sqrt{3}$〔$\mathrm{cm}^2$〕

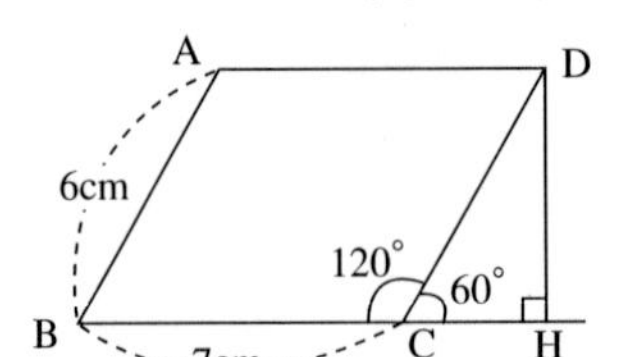

例題 7〈円に内接する四角形〉

次の図の円Oで，4点A，B，C，Dは円周上の点であり，点Eは線分BCの延長上の点である。∠BAC＝56°，∠CBD＝41°のとき，∠DCEの大きさを求めよ。

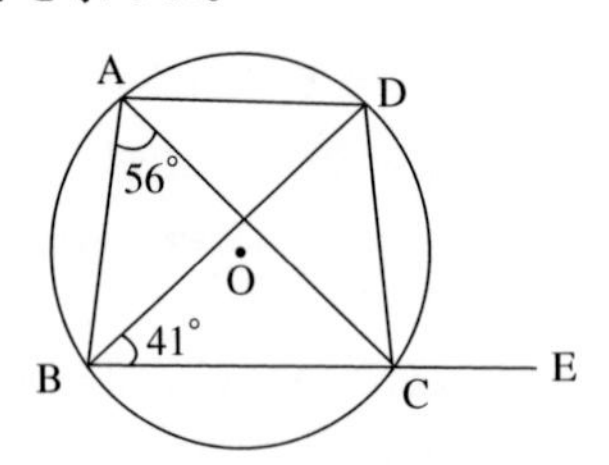

解答 97°

解説 ∠CAD，∠CBDはいずれも$\overset{\frown}{DC}$に対する円周角だから

∠CAD＝∠CBD＝41°

したがって

∠BAD＝∠BAC＋∠CAD

＝56°＋41°＝97°

四角形ABCDは円に内接しているので，円に内接する四角形の外角はそれととなり合う内角の対角に等しいことより

∠DCE＝∠BAD＝97°

例題8〈円と接線〉

次の図のように，円Oが∠A＝90°の直角三角形ABCの辺AB，BC，CAそれぞれに点P，Q，Rで接している。AB＝12cm，CA＝5cmであるとき，円Oの半径を求めよ。

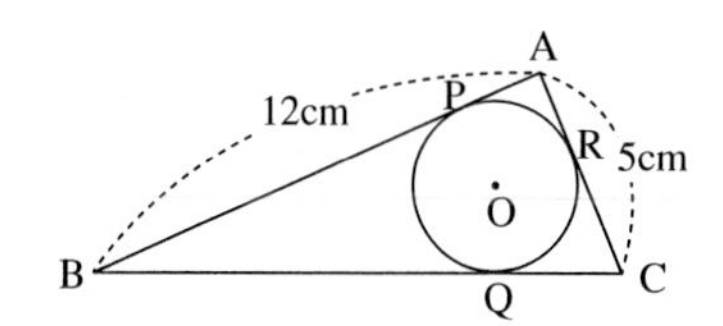

解答 2cm

解説 △ABCは∠A＝90°の直角三角形だから，三平方の定理より

$$BC=\sqrt{AB^2+CA^2}$$

$$=\sqrt{12^2+5^2}=13〔cm〕$$

内接円の中心OとA，B，Cをそれぞれ結ぶ。

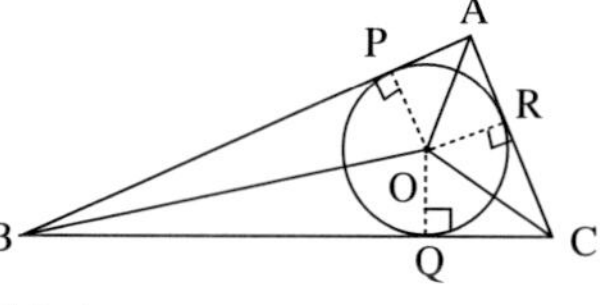

円の接線は接点を通る半径に垂直だから

△OAB＋△OBC＋△OCA＝△ABC

円Oの半径をr〔cm〕とすると

$$\frac{1}{2}r\times 12+\frac{1}{2}r\times 13+\frac{1}{2}r\times 5=\frac{1}{2}\times 12\times 5$$

これを解くと　$r=2$
したがって，円Oの半径は2cm

例題 9〈円すい〉

次の図は，円すいの展開図であり，側面は半径9cm，中心角240°の扇形である。これを組み立ててできる円すいの体積を求めよ。

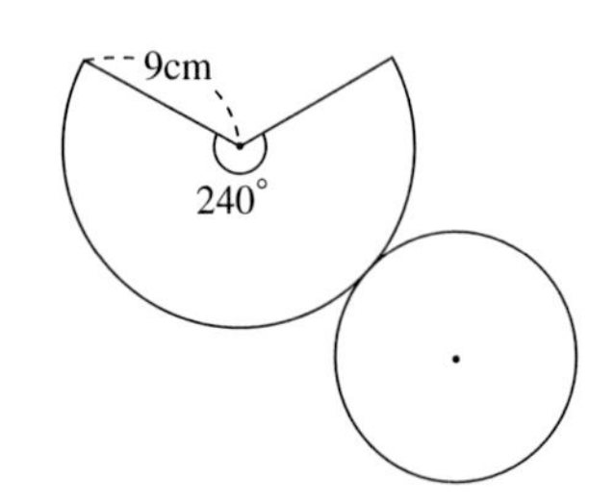

解答　$36\sqrt{5}\pi$〔cm³〕

解説　側面の扇形の弧の長さと底面の円周の長さは等しいから，底面の半径をr〔cm〕とすると

$$2\pi\times9\times\frac{240}{360}=2\pi\times r$$

これを解くと　$r=6$

組み立ててできる円すいの高さをh〔cm〕とすると，三平方の定理より

$$h=\sqrt{9^2-6^2}=3\sqrt{5}\text{〔cm〕}$$

したがって，円すいの体積は

$$\frac{1}{3}\pi\times6^2\times3\sqrt{5}=36\sqrt{5}\pi\text{〔cm}^3\text{〕}$$

例題 10〈角すい〉

次の図の正四角すいOABCDにおいて，底面は1辺が6cmの正方形であり，4つの側面は面積が18cm²の合同な二等辺三角形である。正四角すい

OABCDの体積を求めよ。

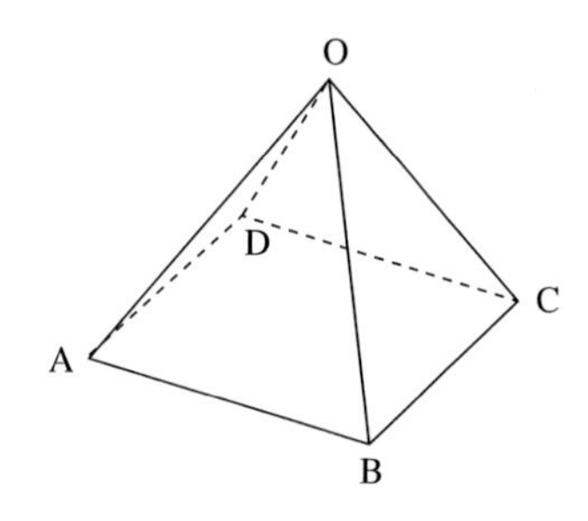

解答　$36\sqrt{3}$ cm^3

解説　辺ABの中点をMとすると，二等辺三角形OABの面積が18cm^{2}だから

$$OM=\frac{2\times18}{AB}=\frac{2\times18}{6}=6〔cm〕$$

底面の正方形ABCDの対角線の交点をHとすると，△OMHは∠OHM＝90°の直角三角形だから，三平方の定理より

$$OH=\sqrt{OM^2-MH^2}$$
$$=\sqrt{6^2-3^2}=3\sqrt{3}〔cm〕$$

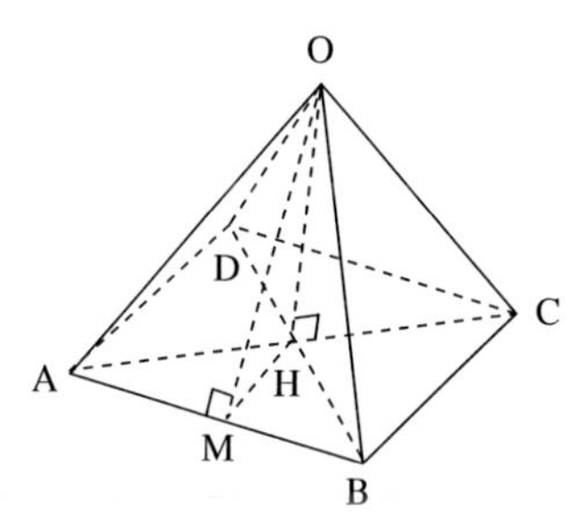

正四角すいOABCDの体積は

$$\frac{1}{3}\times AB^2\times OH=\frac{1}{3}\times6^2\times3\sqrt{3}=36\sqrt{3}〔cm^3〕$$

例題 11〈回転体の体積〉

次の図のようなAD//BCである台形ABCDを，直線lを軸として1回転させてできる円すい台の体積を求めよ。

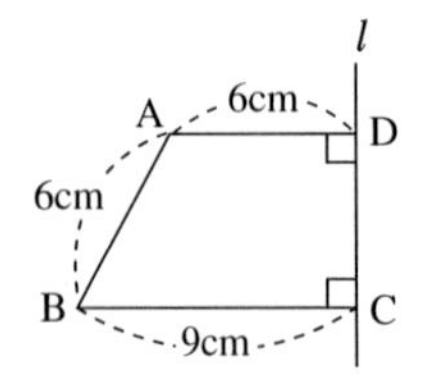

解答 $171\sqrt{3}\pi$ 〔cm³〕

解説 次の図のように，頂点Aから辺BCに垂線AHをひくと，△ABHは辺の比が

AB：BH＝6：(9－6)＝2：1 の直角三角形だから

$AH=\sqrt{3}BH=\sqrt{3}\times3$

$=3\sqrt{3}$〔cm〕

辺BAの延長とCDの延長との交点をEとすると，

AD//BCだから

△EAD∽△EBC

よって　ED：EC＝AD：BC

EC＝x〔cm〕とすると

$(x-3\sqrt{3}):x=2:3$

これを解くと　$x=9\sqrt{3}$

求める円すい台の体積は

$\frac{1}{3}\pi\times9^2\times9\sqrt{3}-\frac{1}{3}\pi\times6^2\times6\sqrt{3}$

$=171\sqrt{3}\pi$〔cm³〕

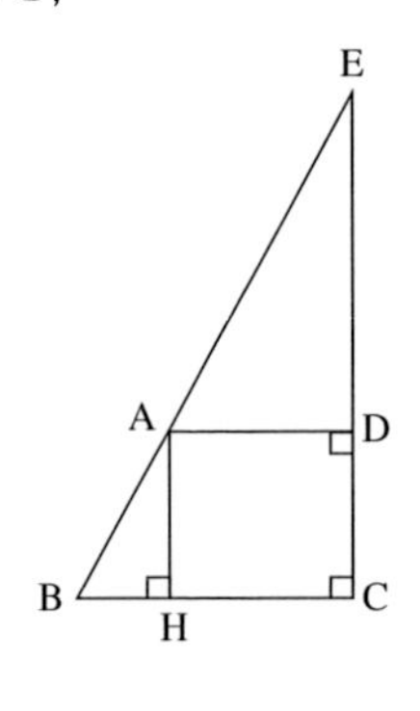

例題 12〈相似な図形の面積比〉

次の図のように，平行四辺形ABCDの辺BCの延長上に点Eをとり，線分AEと辺DCとの交点をFとする。さらに，点DとEを結ぶ。△DEFの面積が6cm²，△CEFの面積が4cm²であるとき，平行四辺形ABCDの面積を求めよ。

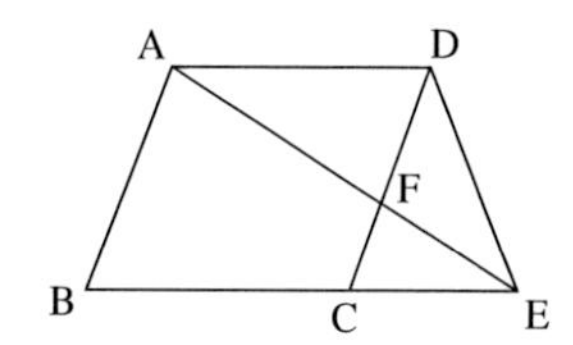

解答 30cm^2

解説 高さが等しい2つの三角形の面積比は底辺の比に等しいから

　DF：CF＝△DEF：△CEF＝6：4＝3：2

△DAFと△CEFにおいて

対頂角は等しいから　∠DFA＝∠CFE　……①

AD//CEだから　∠FDA＝∠FCE　……②

①，②より，2組の角がそれぞれ等しいから

　△DAF∽△CEF

で，相似比は

　DF：CF＝3：2

よって　$\triangle DAF : \triangle CEF = 3^2 : 2^2 = 9 : 4$

ゆえに　$\triangle DAF = \frac{9}{4}\triangle CEF = \frac{9}{4} \times 4 = 9$〔$\text{cm}^2$〕

△BEAと△CEFにおいて

共通な角だから　∠BEA＝∠CEF　……③

AB//FCだから　∠BAE＝∠CFE　……④

③，④より，2組の角がそれぞれ等しいから

　△BEA∽△CEF

で，相似比は

　BA：CF＝(2＋3)：2＝5：2

よって　$\triangle BEA : \triangle CEF = 5^2 : 2^2 = 25 : 4$

ゆえに　$\triangle BEA = \frac{25}{4}\triangle CEF = \frac{25}{4} \times 4 = 25$〔$\text{cm}^2$〕

したがって ▱ABCD＝△DAF＋四角形ABCF

　　　　　　　＝9＋(25－4)＝30〔cm^2〕

算数科 確率・数列

ポイント

1 場合の数

(1) 数えあげの原則

① 和の法則

ことがらA, Bがあって, A, Bが同時に起こることはないとき, Aの起こり方がm通り, Bの起こり方がn通りあるとき, AまたはBの起こる場合の数は,

$m+n$〔通り〕

> 例 大小2個のサイコロを投げるとき, 出る目の数の和が5の倍数の場合の数
>
> 和が5になる場合は, (1, 4), (2, 3), (3, 2), (4, 1) の4通り
>
> 和が10になる場合は, (4, 6), (5, 5), (6, 4) の3通り
>
> 和の法則により, $4+3=7$〔通り〕

② 積の法則

ことがらA, Bについて, Aの起こり方がm通りで, その各々の起こり方に対して, Bの起こり方がn通りあるとき, A, Bがともに起こる場合の数は,

$m\times n$〔通り〕

> 例 大小2個のサイコロを投げるとき, 出る目の数の積が奇数となる場合の数
>
> 積が奇数となるのは, 目の数がともに奇数の場合である。
>
> 奇数の目の出方はそれぞれ3通り
>
> 積の法則により, $3\times3=9$〔通り〕

(2) 順列

① 順列

異なるn個のものからr個取り出して1列に並べたものの総数は,

$${}_{n}P_{r}=n(n-1)(n-2)\ \cdots\ (n-r+1)=\frac{n!}{(n-r)!}$$

└── r個の積 ──┘

特に異なるn個のものすべてを並べる順列の総数は，

$${}_{n}P_{n}=n!=n(n-1)(n-2)\ \cdots 3\cdot 2\cdot 1$$

例 ${}_{5}P_{3}=5\times 4\times 3=60$
${}_{4}P_{4}=4\,!=4\times 3\times 2\times 1=24$

② 円順列

n個の異なるものの円順列の総数は，

$$(n-1)\,!$$

(3) 組合せ

n個の異なるものからr個取った組合せの総数は，

$${}_{n}C_{r}=\frac{{}_{n}P_{r}}{r!}=\frac{n(n-1)(n-2)\cdots\cdots(n-r+1)}{r(r-1)(r-2)\cdots\cdots 3\cdot 2\cdot 1}=\frac{n!}{(n-r)!r!}$$

例 ${}_{6}C_{3}=\frac{{}_{6}P_{3}}{3!}=\frac{6\cdot 5\cdot 4}{3\cdot 2\cdot 1}=20$

(4) 同じものを含む順列

n個のもののうち，同じものがそれぞれ，p個，q個，r個，……あるとき，これらを一列に並べる総数は，

$$\frac{n!}{p!q!r!\cdots\cdots}$$

2 確率

(1) 確率の定義

起こりうるすべての場合の数がNで，どの場合の起こることも同様に確からしいとする。そのうち，事象Aの起こる場合の数がaならば，Aの起こる確率は，

$$P(A)=\frac{a}{N}\ (0\leqq P(A)\leqq 1)$$

例　1個のサイコロを投げるとき，偶数の目が出る確率
$\frac{3}{6}=\frac{1}{2}$

(2)　余事象の確率

Aの余事象$\overline{A}$（事象Aの起こらない事象）の確率は，

$$P(\overline{A})=1-P(A)$$

3　規則性（自然数の列）

(1)　三角数

1からnまでの自然数の和

（自然数の列1，2，3，4，……の第1番目から第n番目までの和）

$$1+2+3+\cdots\cdots+n=\frac{1}{2}n(n+1)$$

例　5番目の三角数
$=1+2+3+4+5=\frac{1}{2}\times 5\times(5+1)=15$

(2)　四角数

1から$2n-1$までの奇数の和

（奇数の列1，3，5，7，……の第1番目から第n番目までの和）

$$1+3+5+\cdots\cdots+(2n-1)=n^2$$

例題 1〈和の法則〉

1～9のカードがそれぞれ1枚ずつある。2枚以上選ぶ場合に，数の和が9になるカードの選び方は何通りあるか。

解答　7通り

解説 (i) 2枚選ぶときは (1, 8) (2, 7) (3, 6) (4, 5) の4通り。
(ii) 3枚選ぶときは (1, 2, 6) (1, 3, 5) (2, 3, 4) の3通り。
(i) (ii) より4+3=7〔通り〕

例題 2〈積の法則〉

大小2個のサイコロを同時に投げるとき，出る目の積が奇数になる場合は何通りあるか。

解答 9通り
解説 大小2個のサイコロを同時に投げるとき，出る目の積が奇数になるのは，大小両方のサイコロの出る目が奇数1，3，5の場合だから，求める場合の数は，積の法則より，
3×3=9〔通り〕

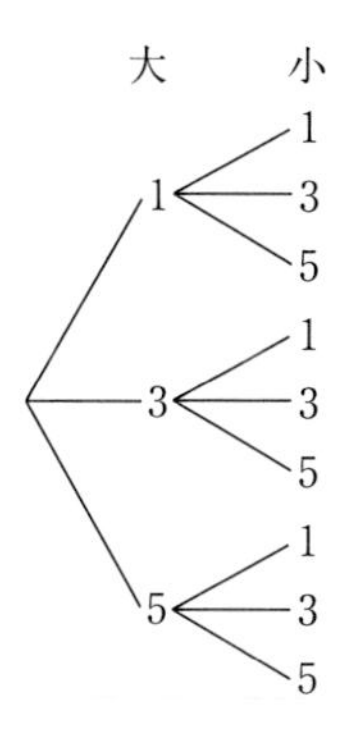

例題 3〈順列〉

0，1，2，3，4，5の6個の数字のなかから，異なる4個の数字を用いてつくられる4けたの偶数は全部で何個あるか。

解答 156個
解説 偶数の一の位の数字は偶数である。よって，題意の4けたの偶数の一の位の数字は0，2，4の場合がある。
(i) 一の位が0の場合
千, 百, 十の位は，0を除く1～5の5個のなかから3個を選んで1列に並べればよい。その個数は
$_5P_3=5\times4\times3=60$〔個〕

（ii）一の位が2または4の場合

一の位は2，4の2通りあり，その各々に対して，千の位は，0と一の位の数字を除く4通りある。百，十の位は，千，一の位の数字を除く4個のなかから2個を選んで1列に並べればよい。その個数は，$2\times4\times{}_4P_2=2\times4\times(4\times3)=96$〔個〕

（i），（ii）より，求める個数は

$60+96=156$〔個〕

例題 4〈組合せ〉

男子5人と女子7人の合計12人のなかから4人の代表を選ぶとき，次の選び方は何通りあるか。

(1) 男子1人と女子3人が選ばれる

(2) 男子が少なくとも1人選ばれる

解答 (1) 175通り　(2) 460通り

解説 (1) 男子5人から1人を選ぶ方法は　${}_5C_1$通り

その各々に対して，女子7人から3人を選ぶ方法は　${}_7C_3$通り

したがって，求める選び方の総数は

$${}_5C_1\times{}_7C_3=5\cdot\frac{7\cdot6\cdot5}{3\cdot2\cdot1}=175\text{〔通り〕}$$

(2) 男女12人から4人を選ぶ方法は　${}_{12}C_4$通り

男子が1人も選ばれない場合は，4人とも女子が選ばれる場合で，その方法は　${}_7C_4$通り

したがって，求める選び方の総数は

$${}_{12}C_4-{}_7C_4=\frac{12\cdot11\cdot10\cdot9}{4\cdot3\cdot2\cdot1}-\frac{7\cdot6\cdot5\cdot4}{4\cdot3\cdot2\cdot1}=460\text{〔通り〕}$$

例題 5〈確率〉

袋の中に赤球が3個，白球が4個，青球が5個入っている。この袋の中から3個の球を同時に取り出すとき，次の確率を求めよ。

(1) 赤球が2個，白球が1個取り出される確率

(2) 全部同じ色の球が取り出される確率

解答 (1) $\frac{3}{55}$ (2) $\frac{3}{44}$

解説 合計12個の球のなかから3個を取り出す場合の数は全部で

$${}_{12}C_3=\frac{12\cdot11\cdot10}{3\cdot2\cdot1}=220〔通り〕$$

(1) 赤球が2個，白球が1個取り出される場合の数は

$${}_3C_2\times{}_4C_1={}_3C_1\times{}_4C_1=3\cdot4=12〔通り〕$$

したがって，求める確率は

$$\frac{12}{220}=\frac{3}{55}$$

(2) 全部同じ色の球が取り出される場合は，全部が赤球，全部が白球，全部が青球の場合があり，その場合の数は

$${}_3C_3+{}_4C_3+{}_5C_3=1+4+\frac{5\cdot4}{2\cdot1}=15〔通り〕$$

したがって，求める確率は

$$\frac{15}{220}=\frac{3}{44}$$

例題 6〈余事象の確率〉

15本のくじのなかに当たりくじが5本ある。このなかから2本のくじを同時に引くとき，少なくとも1本が当たる確率を求めよ。

解答 $\frac{4}{7}$

解説 「少なくとも1本が当たる」という事象は，「2本ともはずれる」という事象の余事象である。2本ともはずれる確率は

$$\frac{{}_{10}C_2}{{}_{15}C_2} = \frac{10 \cdot 9}{2 \cdot 1} \cdot \frac{2 \cdot 1}{15 \cdot 14} = \frac{3}{7}$$

したがって，求める確率は

$$1 - \frac{3}{7} = \frac{4}{7}$$

例題 7〈自然数の列〉

1から99までの連続する奇数の和を求めよ。

解答 2500

解説 1から99までの連続する奇数を並べると

1，3，5，……，99

となる。ここで，$99 = 2 \times 50 - 1$だから，奇数の列の第1番目から第50番目までの和となるので，

$$50^2 = 2500$$

例題 8〈規則性〉

次の図は，自然数を1から順に，ある規則にしたがって並べたものである。たとえば，上から2行目，左から3列目にある数は8で，数18は上から5行目，左から2列目にある。この規則にしたがって自然数を並べていくとき，次の問いに答えよ。

(1) 上から1行目，左から8列目にある数を求めよ。

(2) 1000は上から何行目，左から何列目にあるか。

	1列目	2列目	3列目	4列目	5列目	6列目	……
1行目	1	4	9	16			
2行目	2	3	8	15	24		
3行目	5	6	7	14	23		
4行目	10	11	12	13	22		
5行目	17	18	19	20	21		
6行目							
⋮							

解答　(1) 64　　(2) 上から25行目，左から32列目

解説　(1) 1行目にある数を並べると

1列目は$1=1^2$，2列目は$4=2^2$，3列目は$9=3^2$，4列目は$16=4^2$，……

だから，上から1行目，左から8列目の数は

$8^2=64$

(2) 1行目のn列目にある数はn^2だから，n行目のn列目にある数は

n^2-n+1

である。

$31^2=961$，$32^2=1024$であり，$32^2-32+1=993$だから，1000は上から$1024-1000+1=25$（行目），左から32列目にある。

算数科 データの活用

ポイント

1 データの整理

(1) 変量とデータ

・変量：ある集団を構成する人やものの特性を数量的に表したもの。

・データ：変量の観測値や測定値の集まりのこと。

(2) 資料

・階級：データの値の範囲を区切った区間のこと。

・階級の幅：区間の幅のこと。

・階級値：階級の真ん中の値。

・度数：各階級に入るデータの個数。

・度数分布表：各階級に階級値を対応させて整理した表。

・相対度数：各階級の度数の全体に占める割合。

・相対度数分布表：度数を相対度数で表した分布表。各段階の相対度数の総和は1となる。

・累積度数：各階級の度数を，最初の階級からある階級まで合計したもの。

・累積度数分布表：階級とその累積度数を表にしたもの。

・ヒストグラム：階級の幅を横，度数を縦として度数分布表の値を柱状グラフで表したもの。

度数分布表

階級			度数
以上		未満	
0	～	10	3
10	～	20	4
20	～	30	6
30	～	40	18
40	～	50	10
50	～	60	3
60	～	70	1
合計			45

相対度数分布表

階級			相対度数
以上		未満	
0	～	10	0.07
10	～	20	0.09
20	～	30	0.13
30	～	40	0.4
40	～	50	0.22
50	～	60	0.07
60	～	70	0.02
合計			1

累積度数分布表

階級			累積度数
以上		未満	
0	～	10	0.07
10	～	20	0.16
20	～	30	0.29
30	～	40	0.69
40	～	50	0.91
50	～	60	0.98
60	～	70	1.00
合計			4.1

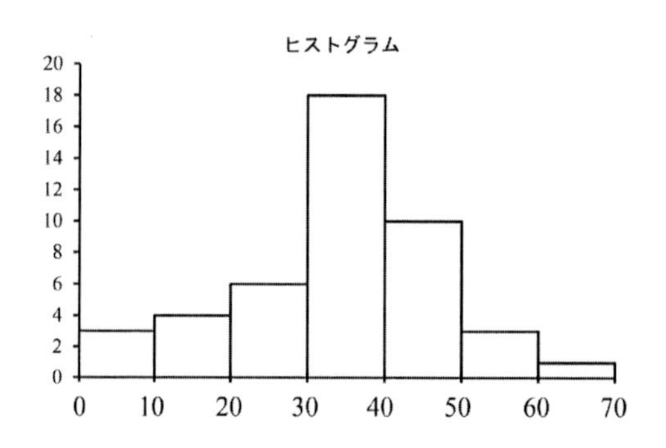

2 データの代表値

・最大値：データの値の中で最も大きな値
・最小値：データの値の中で最も小さな値
・範囲　：データの最大値と最小値の差
・平均値：データの合計値をデータの数で割った値
・中央値：データを小さい順に並べたときの真ん中の値
・最頻値：データの値の中で最も多く現れる値

3 箱ひげ図

・範囲：データの最大値と最小値の差
・四分位数：データの値を小さい順に並べたとき，4等分した値
・第1四分位数：前半のデータの中央値
・第2四分位数：データ全体の中央値
・第3四分位数：後半のデータの中央値
・四分位範囲：(第3四分位数) − (第1四分位数)
・箱ひげ図：最小値，第1四分位数，中央値，第3四分位数，最大値を1つの図にまとめたもの

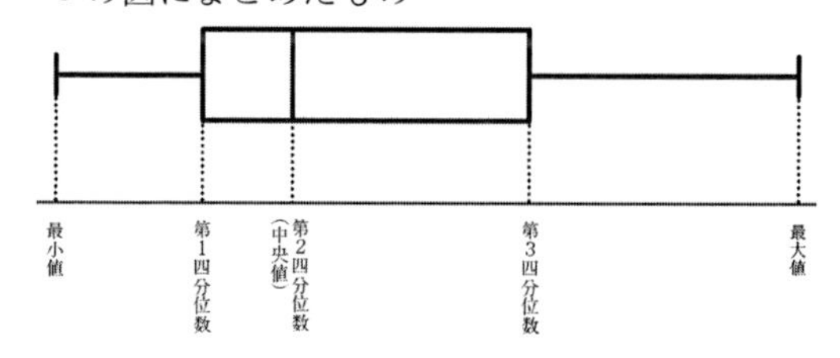

例題 1〈データの整理〉

あるクラスで通学時間について調査し，次の相対度数分布表にまとめた。このクラスの通学時間の中央値が含まれる階級と平均の組合せとして正しいものを，下の1～5から1つ選べ。

通学時間

時間(分)	相対度数
0以上 ～ 10未満	0.1
10 ～ 20	0.24
20 ～ 30	0.2
30 ～ 40	0.1
40 ～ 50	0.14
50 ～ 60	0.12
60 ～ 70	0.1
計	1

	階級	平均
1	10～20	32
2	20～30	27
3	20～30	32
4	30～40	27
5	30～40	32

解答 3

解説 中央値は，データを順番に並べた際の真ん中に位置する値である。したがって，中央値が含まれる階級は，累積相対度数が0.5を含む階級となる。10分以上20分未満の階級の累積相対度数は$0.1+0.24=0.34$, 20分以上30分未満の階級の累積相対度数は$0.34+0.2=0.54$だから，中央値が含まれる階級は20分以上30分未満の階級である。また，平均$=(5\times0.1+15\times0.24+25\times0.2+35\times0.1+45\times0.14+55\times0.12+65\times0.1)\div1=32$〔分〕

例題 2〈データの代表値〉

次の表は，児童A ～ Eの5人が受けたテストの得点について，60点を基準として，それより高い場合を正の数，低い場合を負の数で表したものである。このとき，下の（1），（2）の問いに答えよ。

児童	A	B	C	D	E
基準との差(点)	+8	−12	+9	+3	−2

（1）得点が最も高い児童と最も低い児童との得点差を求めよ。

（2）この児童5人の得点の平均を求めよ。

解答　（1）21〔点〕　（2）61.2〔点〕

解説　（1）得点が最も高い児童は＋9点のCで，得点が最も低い児童は－12点のBなので，得点が最も高い児童と得点が最も低い児童との得点差は（＋9）－（－12）＝21〔点〕　（2）（得点の平均）＝(基準とした得点）＋{(基準との差）の平均}＝60＋{(＋8)＋(－12)＋(＋9)＋(＋3)＋(－2)}÷5＝60＋(＋6)÷5＝61.2〔点〕

例題 3〈データの代表値〉

次の表は，ある野球チームが昨年度行った20試合について，試合ごとの得点をまとめたものである。この資料の中央値，最頻値をそれぞれ求めよ。

3,	9,	2,	4,	1,	1,	2,	2,	3,	1,
2,	0,	11,	5,	4,	2,	3,	0,	3,	6

解答　中央値：2.5点　　最頻値：2点

解説　試合ごとの得点を低い順に並べると，0，0，1，1，1，2，2，2，2，2，3，3，3，3，4，4，5，6，9，11。中央値は資料の値を大きさの順に並べたときの中央の値。試合の数は20試合で偶数だから，得点の低い方から10番目と11番目の平均値$\frac{2+3}{2}=2.5$〔点〕が中央値。最頻値は資料の値の中で最も頻繁に現れる値だから，5試合で最も多く現れる2点が最頻値。

例題4〈箱ひげ図〉

Aさんと Bさんは，それぞれが所属する学級の図書の貸し出し数を調べた。このとき，次の(1)，(2)の各問いに答えなさい。

(1) Aさんが7日間調べた図書の貸し出し数は次のとおりである。これをもとに作成した箱ひげ図として正しいものを，下の1～5から1つ選べ。

	1日目	2日目	3日目	4日目	5日目	6日目	7日目
貸し出し数（冊）	19	8	13	16	12	24	20

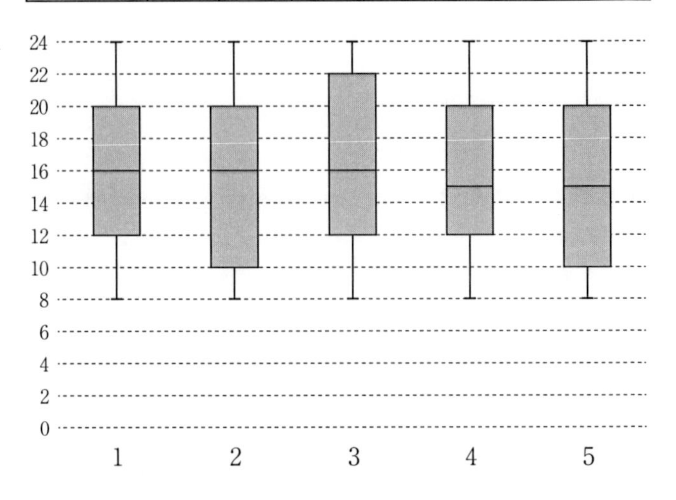

(2) Bさんは図書の貸し出し数を9日間調べて箱ひげ図を作成したところ，Aさんが作成した箱ひげ図と同じ図になった。7日間の図書の貸し出し数が次のとおりであるとき，残り2日間の貸し出し数として正しいものを，あとの1～5から1つ選べ。

	1日目	2日目	3日目	4日目	5日目	6日目	7日目	8日目	9日目
貸し出し数(冊)	15	9	16	24	19	18	8		

1　13，19　　2　14，19　　3　14，20　　4　15，20　　5　15，21

解答　(1) 1　(2) 5

解説　(1) 箱ひげ図とは，下の図のように，最小値，第1四分位数，第2四分位数（中央値），第3四分位数，最大値を箱と線（ひげ）を用いて1つの図に表したものである。Aさんが7日間調べた図書の貸し出し数を小さい順に並べると8，12，13，16，19，20，24　これより，最小値は8冊，第1四分位数は小さい方から2番目の12冊，第2四分位数（中央値）は小さい方から4番目の16冊，第3四分位数は小さい方から6番目の20冊，最大値は24冊。これらを表す図を選択する。　(2) Bさんが調べた貸し出し数のうちの7日目までを小さい順に並べると，⑧，9，15，⑯，18，19，㉔で，最小値は8，第2四分位数（中央値）は16，最大値は24である。第1四分位数は，小さい方から2番目と3番目の平均で，12になる数だから，12×2－9＝15　第3四分位数は，小さい方から7番目と8番目の平均で，20になる数。それが18と19とすると平均が20にならないから，7番目が19の場合で8番目の数を求めると，20×2－19＝21

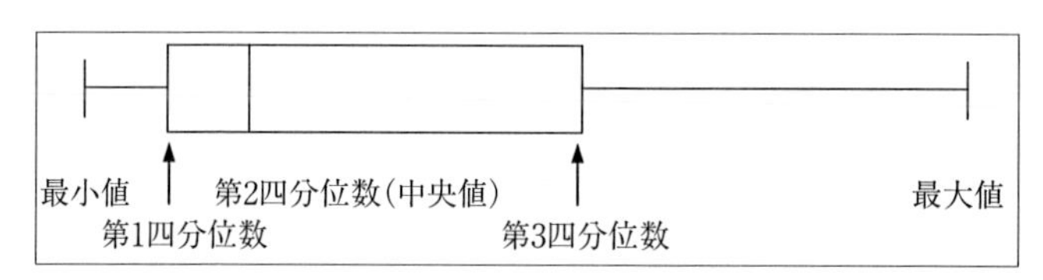

算数科 学習指導要領

ポイント

平成29年改訂の要点

1 目標の改善について

(1) 教科の目標

算数科において育成を目指す資質・能力については，中央教育審議会答申（平成28年12月21日）にて「知識・技能」,「思考力・判断力・表現力等」,「学びに向かう力・人間性等」の3つの柱に沿った整理が行われた。これを受け，教科の目標は次のように示された。

数学的な見方・考え方を働かせ，数学的活動を通して，数学的に考える資質・能力を次のとおり育成することを目指す。
(1) 数量や図形などについての基礎的・基本的な概念や性質などを理解するとともに，日常の事象を数理的に処理する技能を身に付けるようにする。
(2) 日常の事象を数理的に捉え見通しをもち筋道を立てて考察する力，基礎的・基本的な数量や図形の性質などを見いだし統合的・発展的に考察する力，数学的な表現を用いて事象を簡潔・明瞭・的確に表したり目的に応じて柔軟に表したりする力を養う。
(3) 数学的活動の楽しさや数学のよさに気付き，学習を振り返ってよりよく問題解決しようとする態度，算数で学んだことを生活や学習に活用しようとする態度を養う。

従前より示し方が変更され，先述の3つの柱に対応して (1) ～ (3) の目標が示された。それぞれ (1) が「知識・技能」, (2) が「思考力・判断力・表現力等」, (3) が「学びに向かう力・人間性等」による。

また,「数学的な見方・考え方」とは，中央教育審議会答申では「事象を数量や図形及びそれらの関係などに着目して捉え，論理的，統合的・発展的に考えること」として示している。

(2) 各学年の目標

〔第1学年〕

(1) 数の概念とその表し方及び計算の意味を理解し，量，図形及び数量の関係についての理解の基礎となる経験を重ね，数量や図形についての感覚を豊かにするとともに，加法及び減法の計算をしたり，形を構成したり，身の回りにある量の大きさを比べたり，簡単な絵や図などに表したりすることなどについての技能を身に付けるようにする。

(2) ものの数に着目し，具体物や図などを用いて数の数え方や計算の仕方を考える力，ものの形に着目して特徴を捉えたり，具体的な操作を通して形の構成について考えたりする力，身の回りにあるものの特徴を量に着目して捉え，量の大きさの比べ方を考える力，データの個数に着目して身の回りの事象の特徴を捉える力などを養う。

(3) 数量や図形に親しみ，算数で学んだことのよさや楽しさを感じながら学ぶ態度を養う。

〔第2学年〕

(1) 数の概念についての理解を深め，計算の意味と性質，基本的な図形の概念，量の概念，簡単な表とグラフなどについて理解し，数量や図形についての感覚を豊かにするとともに，加法，減法及び乗法の計算をしたり，図形を構成したり，長さやかさなどを測定したり，表やグラフに表したりすることなどについての技能を身に付けるようにする。

(2) 数とその表現や数量の関係に着目し，必要に応じて具体物や図などを用いて数の表し方や計算の仕方などを考察する力，平面図形の特徴を図形を構成する要素に着目して捉えたり，身の回りの事象を図形の性質から考察したりする力，身の回りにあるものの特徴を量に着目して捉え，量の単位を用いて的確に表現する力，身の回りの事象をデータの特徴に着目して捉え，簡潔に表現したり考察したりする力などを養う。

(3) 数量や図形に進んで関わり，数学的に表現・処理したことを振り返り，数理的な処理のよさに気付き生活や学習に活用しようとする態度を養う。

〔第3学年〕

(1) 数の表し方，整数の計算の意味と性質，小数及び分数の意味と表し方，基本的な図形の概念，量の概念，棒グラフなどについて理解し，数量や図形についての感覚を豊かにするとともに，整数などの計算をしたり，図形を構成したり，長さや重さなどを測定したり，表やグラフに表したりすることなどについての技能を身に付けるようにする。

(2) 数とその表現や数量の関係に着目し，必要に応じて具体物や図などを用いて数の表し方や計算の仕方などを考察する力，平面図形の特徴を図形を構成する要素に着目して捉えたり，身の回りの事象を図形の性質から考察したりする力，身の回りにあるものの特徴を量に着目して捉え，量の単位を用いて的確に表現する力，身の回りの事象をデータの特徴に着目して捉え，簡潔に表現したり適切に判断したりする力などを養う。

(3) 数量や図形に進んで関わり，数学的に表現・処理したことを振り返り，数理的な処理のよさに気付き生活や学習に活用しようとする態度を養う。

〔第4学年〕

(1) 小数及び分数の意味と表し方，四則の関係，平面図形と立体図形，面積，角の大きさ，折れ線グラフなどについて理解するとともに，整数，小数及び分数の計算をしたり，図形を構成したり，図形の面積や角の大きさを求めたり，表やグラフに表したりすることなどについての技能を身に付けるようにする。

(2) 数とその表現や数量の関係に着目し，目的に合った表現方法を用いて計算の仕方などを考察する力，図形を構成する要素及びそれらの位置関係に着目し，図形の性質や図形の計量について考察する力，伴って変わる二つの数量やそれらの関係に着目し，変化や対応の特徴を見いだして，二つの数量の関係を表や式を用いて考察する力，目的に応じてデータを収集し，データの特徴や傾向に着目して表やグラフに的確に表現し，それらを用いて問題解決したり，解決の過程や結果を多面的に捉え考察したりする力などを養う。

(3) 数学的に表現・処理したことを振り返り，多面的に捉え検討してよりよいものを求めて粘り強く考える態度，数学のよさに気付き学習したことを生活や学習に活用しようとする態度を養う。

〔第5学年〕

(1) 整数の性質，分数の意味，小数と分数の計算の意味，面積の公式，図形の意味と性質，図形の体積，速さ，割合，帯グラフなどについて理解するとともに，小数や分数の計算をしたり，図形の性質を調べたり，図形の面積や体積を求めたり，表やグラフに表したりすることなどについての技能を身に付けるようにする。

(2) 数とその表現や計算の意味に着目し，目的に合った表現方法を用いて数の性質や計算の仕方などを考察する力，図形を構成する要素や図形間の関係などに着目し，図形の性質や図形の計量について考察する力，伴って変わる二つの数量やそれらの関係に着目し，変化や対応の特徴を見いだして，二つの数量の関係を表や式を用いて考察する力，目的に応じてデータを収集し，データの特徴や傾向に着目して表やグラフに的確に表現し，それらを用いて問題解決したり，解決の過程や結果を多面的に捉え考察したりする力などを養う。

(3) 数学的に表現・処理したことを振り返り，多面的に捉え検討してよりよいものを求めて粘り強く考える態度，数学のよさに気付き学習したことを生活や学習に活用しようとする態度を養う。

〔第6学年〕

(1) 分数の計算の意味，文字を用いた式，図形の意味，図形の体積，比例，度数分布を表す表などについて理解するとともに，分数の計算をしたり，図形を構成したり，図形の面積や体積を求めたり，表やグラフに表したりすることなどについての技能を身に付けるようにする。

(2) 数とその表現や計算の意味に着目し，発展的に考察して問題を見いだすとともに，目的に応じて多様な表現方法を用いながら数の表し方や計算の仕方などを考察する力，図形を構成する要素や図形間の関係などに着目し，図形の性質や図形の計量について考察する力，伴って変わる二つの数量やそれらの関係に着目し，変化や対応の特徴を見いだして，二つの数量の関係を表や式，グラフを用いて考察する力，身の回りの事象から設定した問題について，目的に応じてデータを収集し，データの特徴や傾向に着目して適切な手法を選択して分析を行い，それらを用いて問題解決したり，解決の過程や結果を批判的に考察したりする力などを養う。

(3) 数学的に表現・処理したことを振り返り，多面的に捉え検討してよりよいものを求めて粘り強く考える態度，数学のよさに気付き学習したことを生活や学習に活用しようとする態度を養う。

各学年の(1)は答申で示された「知識・技能」の内容を，各学年の(2)は「思考力・判断力・表現力等」の，(3)は「学びに向かう力・人間性等」の内容を反映している。

2 内容の改善について

内容について，従前のものは「A　数と計算」「B　量と測定」「C　図形」「D　数量関係」の4領域及び〔算数的活動〕〔用語・記号〕で構成されていた。現行の学習指導要領では，「A　数と計算」「B　図形」「C　測定（第4学年以降は「変化と関係」）」「D　データの活用」の4領域及び〔数学的活動〕〔用語・記号〕に再編されている。A～Dの各領域ごとに，〔知識及び技能〕〔思考力・判断力・表現力等〕に関する事項がそれぞれ示されている。

例題 1〈学習指導要領〉

次の文は，小学校学習指導要領（平成29年3月告示）「算数」の目標である。これを読んで，下の各問いに答えよ。

(2) 日常の事象を（　ア　）に捉え見通しをもち筋道を立てて考察する力，基礎的・基本的な数量や図形の性質などを見いだし（　イ　）・発展的に考察する力，数学的な表現を用いて事象を簡潔・明瞭・的確に表したり目的に応じて柔軟に表したりする力を養う。
(3) 数学的活動の楽しさや数学のよさに気付き，学習を振り返ってよりよく（　ウ　）しようとする態度，算数で学んだことを（　エ　）や学習に活用しようとする態度を養う。

(1)（　ア　）・（　イ　）に該当する語句の組合せはどれか。次の①～⑤から1つ選べ。

① ア　数理的　　イ　総合的
② ア　数学的　　イ　統合的
③ ア　数学的　　イ　統一的
④ ア　数理的　　イ　統合的
⑤ ア　科学的　　イ　総合的

(2)（　ウ　）・（　エ　）に該当する語句の組合せはどれか。次の①～⑤から1つ選べ。

① ウ　処理　　　エ　生活
② ウ　問題解決　エ　日常
③ ウ　理解　　　エ　生活
④ ウ　処理　　　エ　日常
⑤ ウ　問題解決　エ　生活

解答　(1) ④　(2) ⑤

解説　(1) 中央教育審議会答申では，数学的に問題解決する過程として二つのサイクルを示している。一つ目が「日常生活や社会の事象を数理的に捉え，数学的に表現・処理し，問題を解決し，解決過程を振り返り得られた結果の意味を考察する」というもの，もう一つが「数学の事象について統合的・発展的に捉えて新たな問題を設定し，数学的に処理し，問題を解決し，解決過程を振り返って概念を形成したり体系化したりする」というものである。これら二つのサイクルが相互に関わり合い，学習が展開することに留意する。 (2) 算数科の内容は，児童にとって時に抽象的で分かりにくいということもある。そのため，児童の発達段階に応じて具体物を用いた活動を行うなどして，日常における数学の有用性について認識できるよう配慮する。

例題 2〈学習指導要領〉

次の文は，小学校学習指導要領（平成29年3月告示）「算数」の「第3 指導計画の作成と内容の取扱い」の一部である。（ ア ），（ イ ）の中に入る語句の組合せとして適当なものを，下の①～⑤から1つ選べ。

> 第1章総則の第3の1の (3) のイに掲げるプログラミングを体験しながら（ ア ）を身に付けるための活動を行う場合には，児童の負担に配慮しつつ，例えば第2の各学年の内容の〔第5学年〕の「B図形」の (1) における（ イ ）の作図を行う学習に関連して，正確な繰り返し作業を行う必要があり，更に一部を変えることでいろいろな（ イ ）を同様に考えることができる場面などで取り扱うこと。

① ア 問題解決能力 イ 正多角形
② ア 論理的思考力 イ 四角形
③ ア 問題解決能力 イ 円
④ ア 論理的思考力 イ 正多角形
⑤ ア 問題解決能力 イ 四角形

解答 ④

解説 現行の学習指導要領からプログラミング教育を実施することとなった。「プログラミング的思考」とは「小学校段階におけるプログラミング教育の在り方について（議論の取りまとめ）」（文部科学省内設置「小学校段階における論理的思考力や創造性，問題解決能力等の育成とプログラミング教育に関する有識者会議」，平成28年6月）によると「自分が意図する一連の活動を実現するために，どのような動きの組合せが必要であり，一つ一つの動きに対応した記号を，どのように組み合わせたらいいのか，記号の組合せをどのように改善していけば，より意図した活動に近づくのか，といったことを論理的に考えていく力」と考えられる。このような能力と，算数科で身に付ける論理的な思考とを関連付けるなどの活動を取り入れることが有効である。

例題 3〈学習指導要領〉

次の文は，小学校学習指導要領（平成29年3月）「算数」第6学年の「内容」からの抜粋である。誤っているものはどれか。①～⑤から1つ選べ。

① 乗数や除数が整数や分数である場合も含めて，分数の乗法及び除法の意味について理解すること。

② 円グラフや帯グラフの特徴とそれらの用い方を理解すること。

③ 身の回りにある形について，その概形を捉え，およその面積などを求めること。

④ 数量を表す言葉や□，△などの代わりに，a，xなどの文字を用いて式に表したり，文字に数を当てはめて調べたりすること。

⑤ 目的に応じてデータを収集したり適切な手法を選択したりするなど，統計的な問題解決の方法を知ること。

解答 ②

解説 ②は第5学年の内容である。円グラフや帯グラフについては第5学年で扱う。第6学年では，代表値の意味や求め方，度数分布を表す表やグラフの特徴などについて扱う。

例題 4〈学習指導要領〉

小学校の学習指導要領「算数」(平成29年3月告示) について，次の各空欄に適する数字を答えよ。

(1) 各学年の内容で，そろばんによる数の表し方については，第(①)学年で取り扱う。

(2) 各学年の内容で，四捨五入については，第(②)学年で取り扱う。

(3) 各学年の内容で，立方体及び直方体の体積の求め方については，第(③)学年で取り扱う。

解答 (1) ① 3　(2) ② 4　(3) ③ 5

解説 (1) そろばんを用いた数学的活動は第3学年及び第4学年で指導する。第3学年ではそろばんの数の表し方や仕組み，簡単な計算の仕方について指導する。 (2) 第4学年の内容における，概数に関わる数学的活動を通して指導する事項の1つである。
(3) 立方体及び直方体の体積の計算による求め方については第5学年で，基本的な角柱及び円柱の体積の計算による求め方については第6学年で指導する。

●小学校学習指導要領 (平成 29 年 3 月告示)

算数科 学習指導法

ポイント

指導法に関する問題で第一に押さえておきたいことは，学習指導要領に示されている算数科の目標である。現行の学習指導要領では「知識・技能」，「思考力・判断力・表現力等」，「学びに向かう力・人間性等」の3つの柱に則して目標が示されているが，解答するべき指導法がどの目標に関連するかについては常に意識し，逸脱することのないようにしたい。

また，教科の目標に「日常の事象を数理的に捉え見通しをもち筋道を立てて考察する力」や「算数で学んだことを生活や学習に活用しようとする態度」を養うとあるように，算数が児童の身の回りの事象と密接に結びついていることを指導を通して伝えることも肝要である。算数科の内容は，児童にとって時に抽象的で分かりにくいということもあるため，具体物を用いた指導法については日頃より意識し，例を収集しておくとよい。各学年の内容それぞれについて，最低一つは具体的な指導法が述べられると心強い。

算数科における問題解決は，結果が同じでも思考の手続きが異なるものが多く，そうした局面では独特の算数用語が用いられていることに留意したい。例えば，くりさがりのある引き算における「減加法」「減減法」，わり算における「包含除」「等分除」などがある。そうした算数用語とその意味についてもう一度チェックし，採用試験に臨んでほしい。

例題 1〈学習指導法〉

三角形の面積の計算による求め方を指導する時の導入として考えられる学習活動について具体的に述べよ。

解答 ・正方形（長方形）に対角線を引かせ，正方形（長方形）は直角三角形2つでできていることに気付かせる。　・方眼紙や定規を使って三角形を作らせ，マス目を数えて面積を算出させる。

解説　三角形の面積は第5学年で学ぶ項目であるが，第4学年では正方形・長方形の面積について学習していることを前提に考える。発達段階ごとの学習内容を必ず把握し，導入では既習の事項を用いて関連する学習活動を設定する。

例題 2〈学習指導法〉

第3学年の「除法」に関わる数学的活動について，除法が用いられる具体的な場合として，等分除と包含除の2つを指導します。計算式が「15÷3」となる等分除と包含除の問題を，それぞれ1つずつ作り，文章で書け。

解答　等分除の問題…りんごが15個あります。3人で同じ数ずつ分けると1人何個になるでしょう。　　包含除の問題…りんごが15個あります。3個ずつ袋に入れたら袋はいくつになるでしょう。

解説　全体をいくつかに同じように分ける場合を等分除といい，全体をいくつかずつに同じように分けるのを包含除という。これらのわり算は具体的な場面に則してその違いをわからせるように指導することが大切である。

例題 3〈学習指導法〉

第3学年の児童に，かける数またはかけられる数が0の場合の乗法の意味と計算の仕方を指導したい。そこで，あとの図のような的におはじきを入れて得点を競うゲームをした。

このとき，次のように答えた児童がいた。

Aさん：「3点のところは，入った数が0こだから，3×0と表すことができます。」

Bくん：「（　ア　）のところは，入った数が（　イ　）だから，0×3と表すことができます。」

次の（1）～（3）の問いに答えよ。

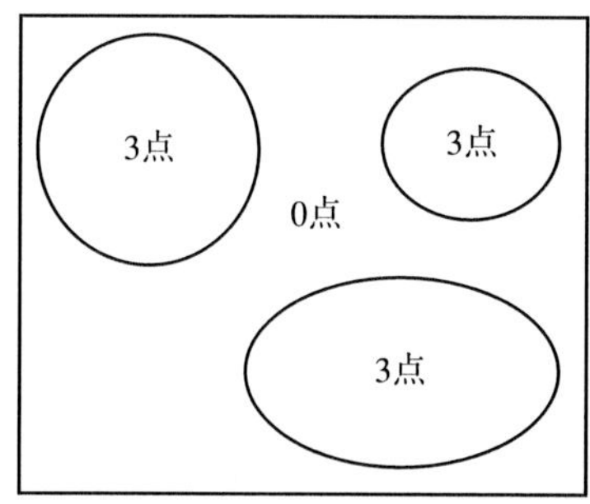

(1) 下線部のようなAさんの答え方を参考にして，（　ア　），（　イ　）に当てはまる適切な言葉を書け。

(2) 0×3が0になることを，既習事項を用いてどのように説明すればよいか，書け。

(3) 3×0が0になることを，既習事項を用いてどのように説明すればよいか，書け。

解答　(1) ア　0点　　イ　3こ　　(2) 乗法の意味に戻って0+0+0=0　　(3) 乗法の決まりを使って　3×3=9　3×2=6　3×1=3‥と並べると積が3ずつ減っていることから3×0=0

解説　(1) Aさんの答え方は，（点数）×（入った数）と表しているので，

0←（点数）×3←（入った数）

(2) 乗法の意味にもどって考える。

A+A+A=A×3

0×3=0+0+0

(3) 乗法の意味から考える。

A×3=A+A+A　←Aを3回たす

A×2=A+A　←Aを2回たす

A×1=A　←Aを1回たす

A×0=0　←Aを0回たす

例題 4〈学習指導法〉

身の回りから，伴って変わる2つの数量を見つけ，数量の関係を表や折れ線グラフを用いて表し，調べる活動を通して，そのよさや有用性を実感させる指導について，具体的に述べよ。

解答 (例) 水道を利用し，直方体の水槽に水を入れていく例でかかった時間（分）と水槽に入った水の量（水の高さ）の関係を観察し，折れ線でグラフに書いてみる。

〔実演の例〕

(1) 最初の2分間，同じ強さ（1分で水の高さが3cm増える）で水道の水を入れていく。

(2) 2分後，少し勢いを増やして（1分で6cm増える）水を入れていく。

(3) 最初から5分後，水を1分間止める。

(4) その後，なくなるまで一定の強さ（1分で水の高さが2cm減る）で排水していく。

その上で，子どもたちに①～④の問いかけをする。

① 1分ごとに水の高さを調べ，表をつくり，横軸に時間（分），縦軸に水量（水の高さ）をとり，棒グラフと折れ線グラフに書いてみる。そして，2つのグラフを比較する。

② 折れ線グラフを見て，気付いたことなどを発表させる。（折れ線の傾き，最高点がどこかなどを考えてみる）

③ 教師が見せた後，子どもたちにも入水，排水をさせてみる。初めの実演と同じ方法や，別の方法なども試してどう変わるかを考えてみる。

④ 水槽の底面積を調べ，水槽に入った水量を計算することもできることなども考えてみる。

解説 身の回りから伴って変わる2つの数量の例を見つけ，その関係を表，折れ線グラフで書くことで，折れ線グラフのよさを見つけさせることが条件となるが，4年生に合う教材であることに注意したい。そして，できるだけ子どもたち自身が活動し，発表や意見交換ができるようにしたい。そのため，グループ学習を取り入れることも有効であろう。具体的な目に見える事象と，グラフとの関係を認識できるような教材が必要であり，別の具体例について，子どもたちが考える時間を設けてもよい。

●小学校学習指導要領(平成29年告示)解説「算数編」(平成29年7月)

第 4 章

理科

理科 物理【光，力のはたらき】

ポイント

1 凸レンズによってできる像

(1) 物体を焦点距離の2倍より遠い位置に置く

⇒ **実物より小さい倒立の実像**

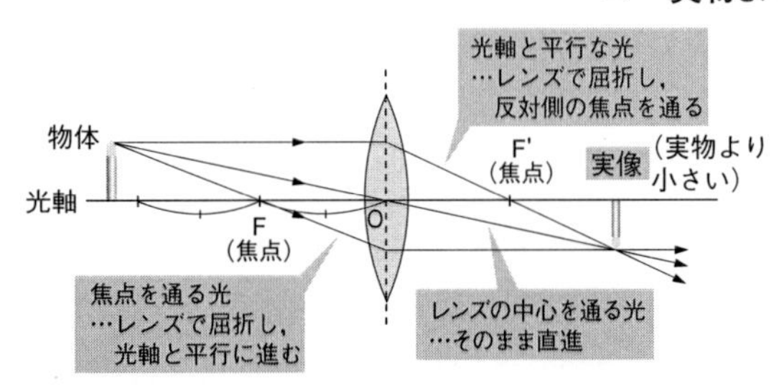

(2) 物体を焦点距離の2倍の位置に置く

⇒ **実物と同じ大きさの倒立の実像**

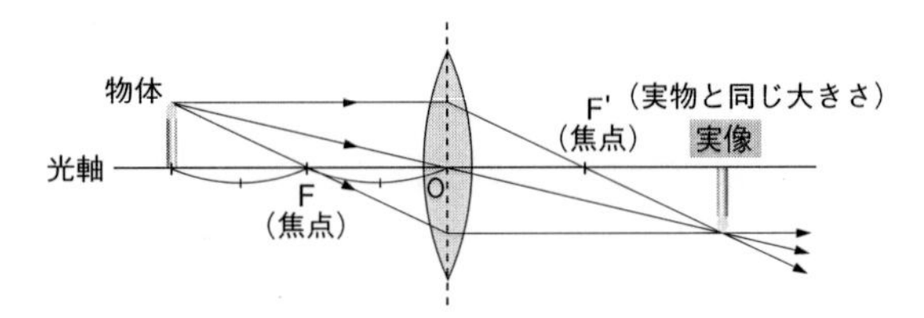

(3) 物体を焦点距離の2倍と焦点の間に置く

⇒ **実物より大きい倒立の実像**

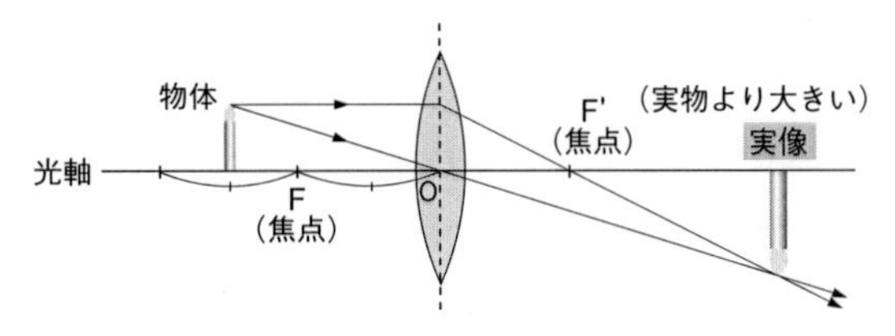

(4) 物体を焦点の内側に置く

⇒ レンズを通して見ると，**実物より大きい正立の虚像**

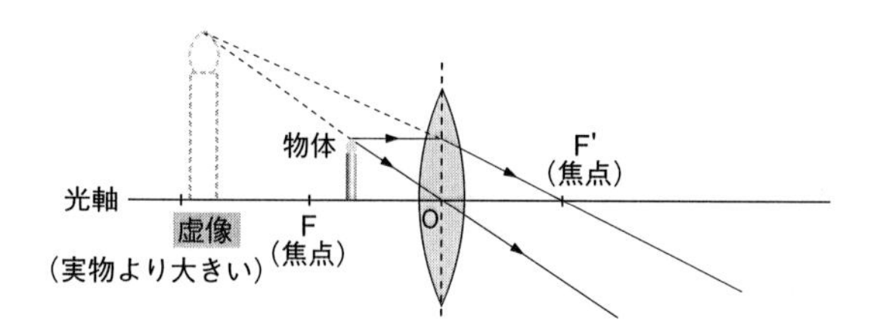

2 **力のつり合い**

(1) いろいろな力

① **重力**

質量m〔kg〕の物体にはたらく重力の大きさは，mg〔N〕($g=9.8\mathrm{m/s^2}$で重力加速度）と表す。質量1kgの物体にはたらく重力は，9.8N。

② **抗力**

面が物体に及ぼす力。特に，接触している面が物体に垂直に及ぼす力を**垂直抗力**という。

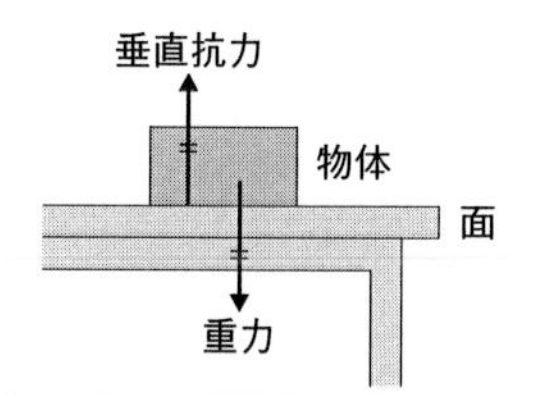

③ **張力**

ピンと張った糸やひもが物体を引く力。

おもりに糸を付けてつるすと，おもりは糸から上向きの力を受け，この力と重力がつり合って静止する。

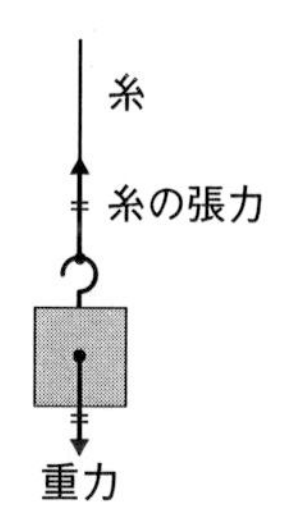

(2) 力の分解

なめらかな斜面上に置いた物体にはたらく重力は，次の2力に分解される。

・斜面に平行な方向の分力

⇒**滑り降りるはたらきをする力**

・斜面に垂直な方向の分力⇒**斜面を押す力**

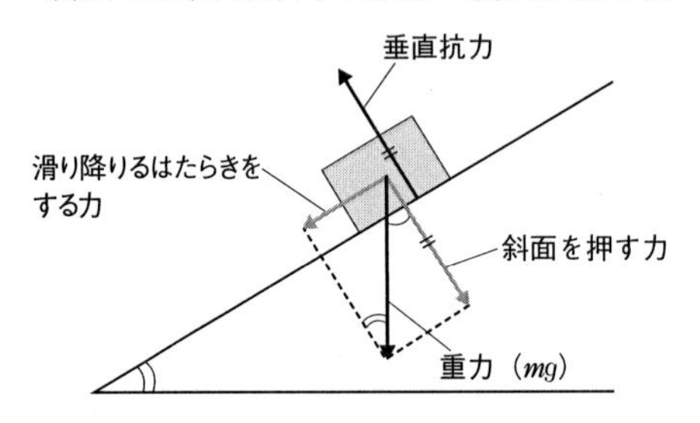

3 てこ

(1) てこの利用

てこを利用した道具は，**支点**，**力点**，**作用点**の位置によって，次の3種類に分類される。

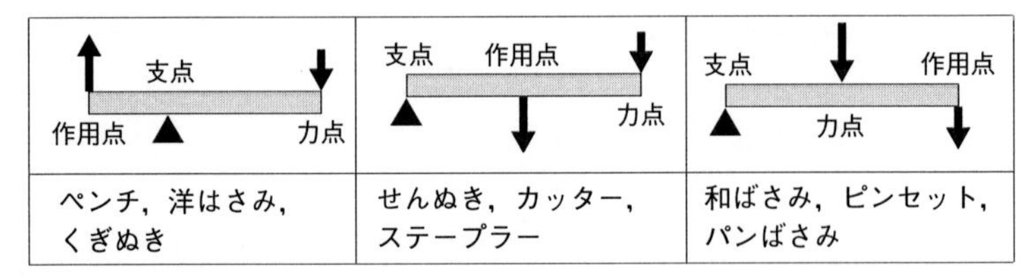

作用点　支点　力点	支点　作用点　力点	支点　力点　作用点
ペンチ，洋はさみ，くぎぬき	せんぬき，カッター，ステープラー	和ばさみ，ピンセット，パンばさみ

(2) てこのつり合いの条件

てこが水平につり合っているとき，

「右あるいは左にかたむける力(おもりの質量)」×「支点からの距離」

が支点を中心に等しくなっている。

4 ばねの伸び

(1) ばねの伸び

ばねにF〔N〕の力を加えてx〔m〕伸びたとき，

$F=kx$（k〔N/m〕は，ばね定数）

(2) ばねのつなぎ方と伸びの関係

・並列…ばね1本ののびは，**ばねの本数に反比例**

・直列…ばね全体ののびは，**ばねの本数に比例**

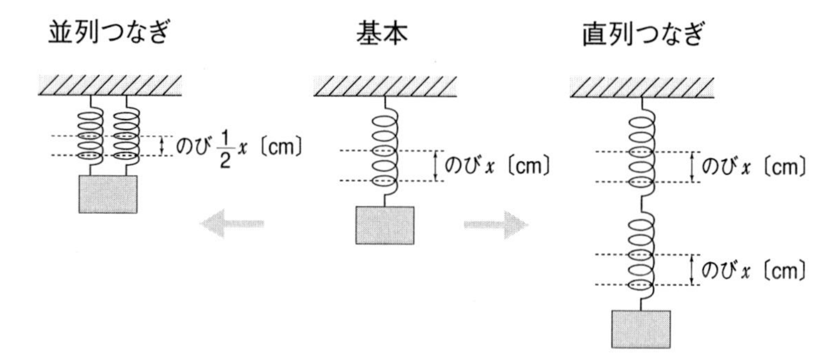

5 圧力と浮力

(1) **圧力**…単位面積あたりの面を垂直に押す力

$$圧力〔Pa〕=\frac{力の大きさ〔N〕}{力がはたらく面積〔m^2〕}$$

(2) **密度**…単位体積あたりの質量

$$密度〔g/cm^3〕=\frac{質量〔g〕}{体積〔cm^3〕}$$

(3) **水圧**

水圧を求めるには，その深さにある水平な面に対して，真上にある分の水柱の重さがかかると考えればよい。

水の密度を1g/cm^3（＝1000kg/m^3）とすると，水深1mあたり水圧は$1000\times1\times9.8=9800$〔Pa〕大きくなる。

(4) **浮力**

① アルキメデスの原理

浮力は物体が押しのけた液体の重さに等しい。

浮力〔N〕
＝液体の密度〔kg/m³〕×押しのけた体積〔m³〕×重力加速度〔m/s²〕

② 物体が浮いているときの力のつり合い

物体にはたらく浮力と重力がつり合っているとき，物体は浮く。

例題 1〈凸レンズによってできる像〉

凸レンズを使い，物体の像をスクリーンに映した。

(1) 次の図のスクリーンに，はっきりした像が映っているときの，凸レンズの焦点Fの位置を作図で求めよ。ただし，作図のために用いた線は残し，位置関係がはっきりわかるように示せ。

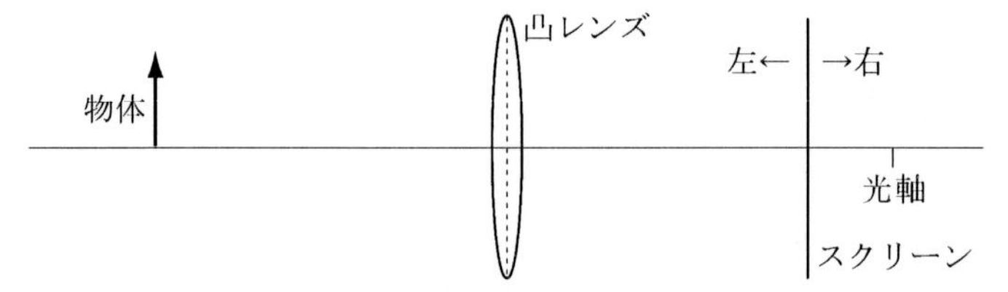

(2) (1) で，物体を凸レンズに少し近づけ，像がはっきりと映るようにスクリーンを移動させた。①スクリーンを移動させた向き，②できた像の大きさの変化は，それぞれどうなるか。

(3) 物体をさらに凸レンズに近づけたところ，スクリーンには像が映らず，スクリーン側からレンズをのぞくとはっきりした像が見えた。この像を何というか。

解答 (1)

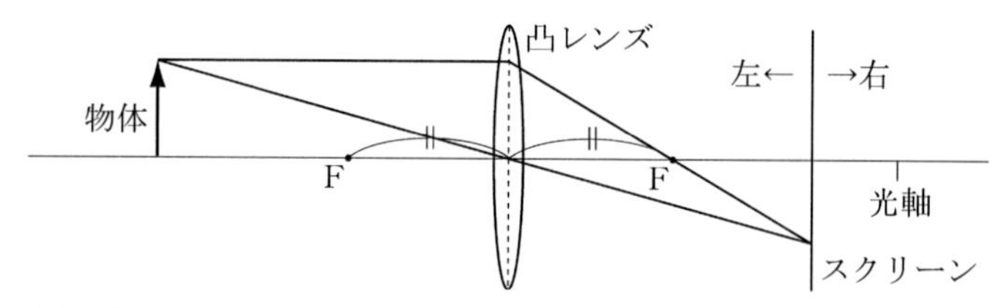

(2) ① 右　② 大きくなった　(3) 正立の虚像

解説 (1) スクリーンに像が映っているので，物体の先端から凸レンズの中心を通る直線をスクリーンまで引けば，像の先端の位置を求めることができる。 (2) 物体を凸レンズに近づけると，像は凸レンズから遠ざかり，できる像は大きくなる。 (3) 物体より大きな正立の虚像ができる。

例題 2〈力のつり合い〉

机の上に質量500gの物体が置いてある。次の図は，このとき机や物体にはたらく力を矢印で表したものである。ただし，質量100gの物体にはたらく重力を1Nとする。

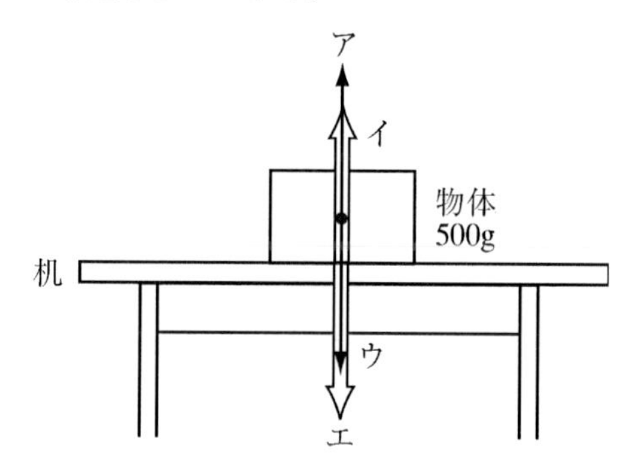

(1) 物体にはたらく重力を表している矢印はア～エのどれか。

(2) (1) の重力の大きさはいくらか。

(3) (1) の重力とつり合う力を表している矢印はア～エのどれか。

(4) (3) の力を何というか。

解答 (1) ウ　(2) 5N　(3) イ　(4) (垂直) 抗力

解説 (1) 物体にはたらく重力は，物体全体にはたらいているが，力を矢印で表す場合は，はたらく点を1つとして物体の中心（重心）から鉛直下向きの矢印で表す。 (2) 質量100gの物体にはたらく重力が1N（ニュートン）であるから，質量500gの物体にはたらく重力は，1×500÷100＝5〔N〕である。 (3) つり合う力であるから，物体にはたらく力である。つまり，机が物体を支える力で，イで表される。 (4) 机の面に物体を置くと，重力と等しい大きさの面に垂直な力が机から物体にはたらく。この力を垂直抗力という。

例題 3〈てこ〉

次の図のようなモビールを作った。おもりA，Bの質量はそれぞれ何gか。ただし，棒はどちらも長さが30cmであり，棒と糸の質量は考えないものとする。

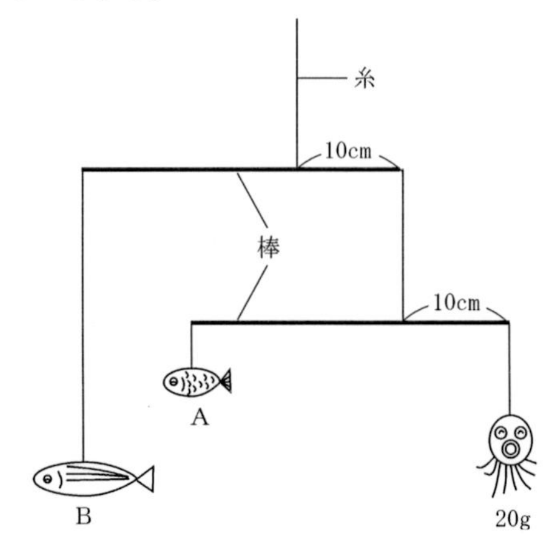

解答 A…10g　B…15g

解説 てこのつり合いは，支点の左右で（おもりの重さ(質量))×(支点からの距離）が等しいときにつり合う。まず，下の棒について考える。てこのつり合いから，A×(30－10)＝20×10の式が成り立つ。したがって，Aのおもりの質量は，200÷20＝10〔g〕である。次に，上の棒について考える。上の棒の右端には，下の棒につるしてあるおもりの重さの合計の重さが加わる。したがって，B×(30－10)＝(20＋10)×10の式が成り立つ。よって，Bのおもりの質量は，300÷20＝15〔g〕である。

例題 4〈ばね〉

質量200gのおもりを垂直につるすと4cm伸びるばねがある。このばねを2本使ってA，Bのようにつないだ。A，Bそれぞれの下端の糸に，質量100gのおもりをつるすと，A，Bそれぞれのばねの伸びの合計は何cmになるか。ただし，ばねや糸，棒の重さは考えないものとする。

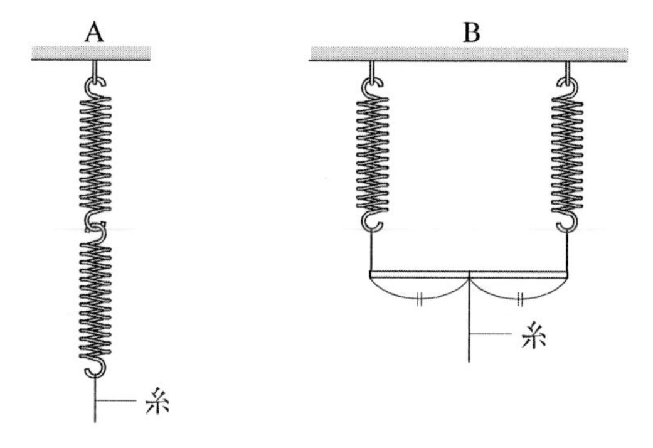

解答　A…4cm　　B…2cm

解説　ばねの伸びは，弾性限界内であれば，おもりの重さに比例して伸びる。　A…ばねを直列につなぎ，その下端の糸におもりをつるした場合，それぞれのばねにつるしたおもりの重さが加わる。したがって，2本のばねの伸びの合計は，2＋2＝4〔cm〕である。　B…ばねを並列につないだ場合は，てこのつり合いで考える。1本のばねには，つるしたおもりの重さの半分の重さが加わるから，2本のばねの伸びの合計は，1＋1＝2〔cm〕である。

例題 5〈圧力と浮力〉

ビーカーに水を入れ，台はかりでその重さをはかったところ400gを示した。この中にある物体Aを入れたところ，物体Aは水に浮き，台はかりは500gを示した。ただし，質量100gの物体にはたらく重力を1Nとする。

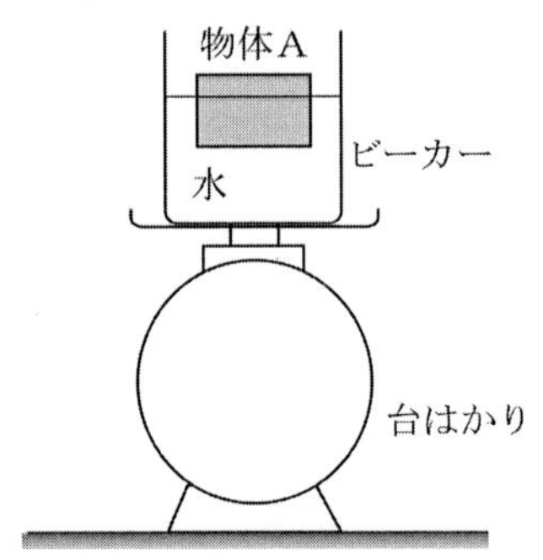

(1) 物体Aの質量は何gか。

(2) 物体Aが受けている浮力は何Nか。

解答 (1) 100g　(2) 1N

解説 物体を水の中に入れると，物体は水から上向きの力を受ける。この上向きの力を浮力といい，物体が押しのけた水の重さに等しい。　(1) 物体Aがビーカーの水に浮いているとき，台はかりが示す値は，水の入ったビーカーの重さと物体Aの重さの合計になる。したがって，500−400＝100〔g〕が物体Aの質量である。(2) 浮力の大きさは物体Aの重さに等しいから1Nとなる。

理科 物理【電流と電圧】

ポイント

1 電流と電圧

(1) オームの法則

電流をI〔A〕, 電圧をV〔V〕, 抵抗をR〔Ω〕とすると,

$$V=IR$$

(2) 直列回路と並列回路

	直列回路	並列回路
回路図	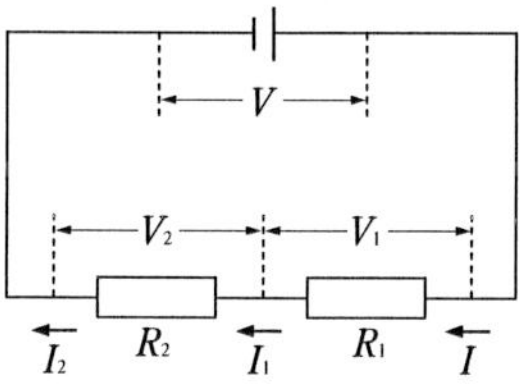	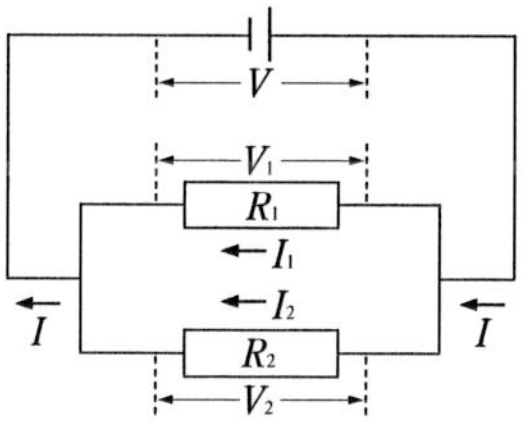
合成抵抗	$R=R_1+R_2$	$\frac{1}{R}=\frac{1}{R_1}+\frac{1}{R_2}$
電圧	各抵抗にかかる電圧の和は,電源の電圧に等しい。 $V=V_1+V_2$	各抵抗にかかる電圧は電源の電圧に等しい。 $V=V_1=V_2$
電流	どの部分でも流れる電流は等しい。 $I=I_1=I_2$	回路全体に流れる電流の大きさは,各抵抗に流れる電流の和になる $I=I_1+I_2$

(3) 電流計と電圧計の使い方

	電流計	**電圧計**
つなぎ方	回路に直列につなぐ 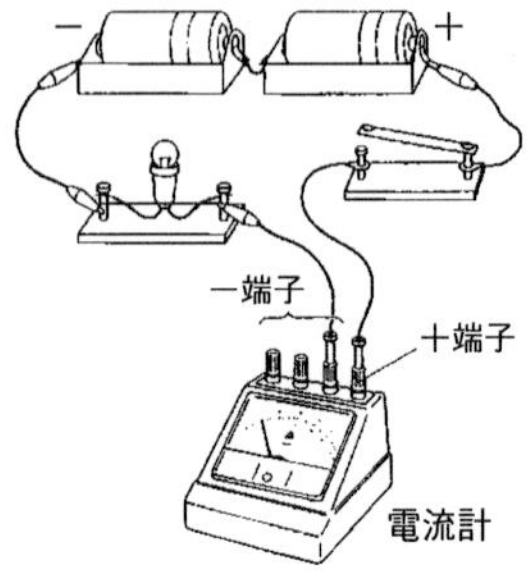 − + −端子 +端子 電流計	回路に並列につなぐ 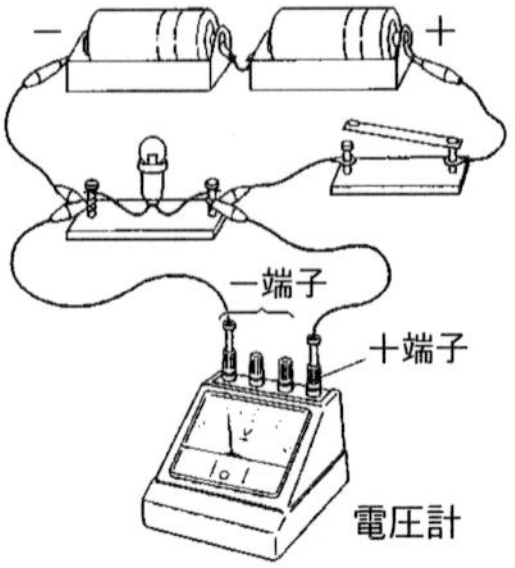 − + −端子 +端子 電圧計
−端子の つなぎ方	最初に5Aの −端子につなぐ 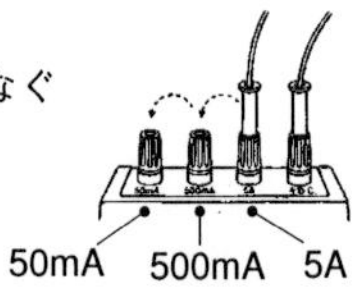 50mA 500mA 5A	最初に300Vの −端子につなぐ 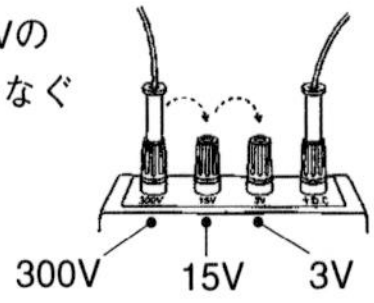 300V 15V 3V

2 電力と電力量

(1) 電力（消費電力）…電流などが単位時間あたりにする仕事（仕事率）

電力P〔W〕$=IV \quad RI^2=\frac{V^2}{R}$ （I〔A〕:電流，V〔V〕:電圧，R〔Ω〕:抵抗）

(2) 電力量…電池や電流のする仕事量。単位は〔Wh〕（ワット時），〔J〕

電力量W〔J〕$= Pt$ （P〔W〕：電力，t〔s〕：時間）

(3) ジュールの法則

熱量Q〔J〕$=Pt = VIt$ （P〔W〕：電力，t〔s〕：時間）

3 豆電球の明るさと電力

(1) 豆電球の明るさ

電力の大きさで決まり，**豆電球にかかる電圧の2乗**に比例する。

(2) 豆電球の回路による明るさ

・直列回路…電圧を等分するので，明るさは1個のときより暗い。

・並列回路…豆電球の数に関係なく，明るさは1個のときと同じ。

(3) 電池のつなぎ方と電圧

・直列つなぎ…**全体の電圧＝電池1個の電圧×個数**

・並列つなぎ…**全体の電圧＝電池1個の電圧**

4 電流と磁界

(1) 電流によってつくられる磁界

① コイルのまわりの磁界

・コイルの内側の磁界の向き…右手の親指以外の4本の指を電流の向きにあわせてコイルを握ったときの親指のさす向き。

・コイルの外側の磁界の向き…コイルの内側と反対向き。

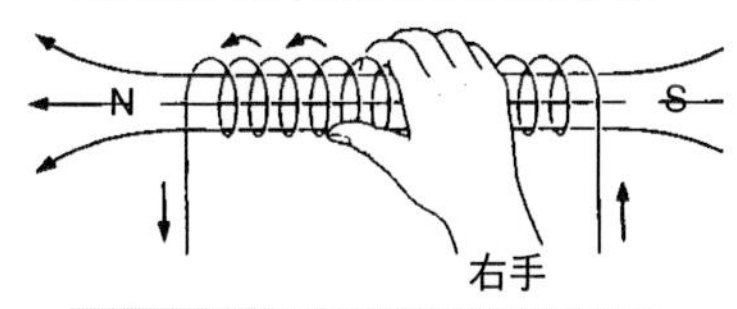

② 電流が磁界から受ける力

左手の中指から，電・磁・力（**フレミングの左手の法則**）

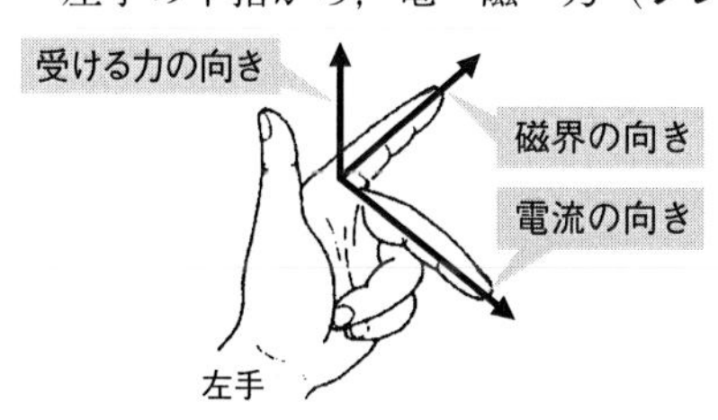

(2) **電磁誘導**

棒磁石の磁極をコイルに近づけたり遠ざけたりして，コイルの中の磁界を変化させると，コイルの両端に電圧が生じる現象。**コイルの巻き数を多くする，磁力の強い磁石を使う，磁石の出し入れを速くする**と大きな誘導電流が流れる。

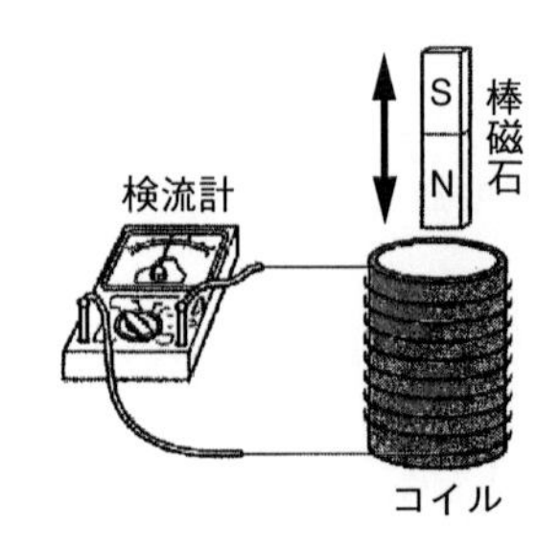

例題 1〈電流と電圧〉

抵抗値が2.0Ωの抵抗R_1と，抵抗値が6.0Ωの抵抗R_2を使ってA，Bのような回路をつくった。

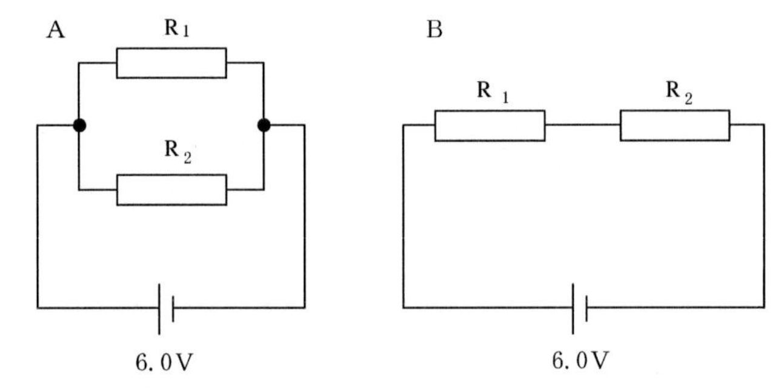

(1) 回路Aの抵抗R_1の両端の電圧は何Vか。

(2) 回路Aの電池に流れる電流は何Aか。

(3) 回路Bの抵抗R_1の両端の電圧は何Vか。

(4) 回路B全体に流れる電流は何Aか。

解答 (1) 6.0V　(2) 4.0A　(3) 1.5V　(4) 0.75A

解説 (1) Aは並列回路で各抵抗の両端に加わる電圧は電源の電圧に等しい。なお，Bの直列回路では，回路を流れる電流はどの点も等しい。　(2) 抵抗R_1に流れる電流は，6.0÷2.0＝3.0〔A〕，抵抗R_2に流れる電流は，6.0÷6.0＝1.0〔A〕だから，電池を流れる電流は，3.0＋1.0＝4.0〔A〕である。　(3) 抵抗R_1の両端の電圧は，

6.0÷(2.0+6.0)×2.0=1.5〔V〕。　(4) 抵抗R_1を流れる電流は, 1.5÷2.0=0.75〔A〕であり, この電流が回路全体の電流となる。

例題 2〈電流計と電圧計の使い方〉

電熱線に加わる電圧と, 電熱線を流れる電流を調べる実験をした。次の図はそのときの回路図である。

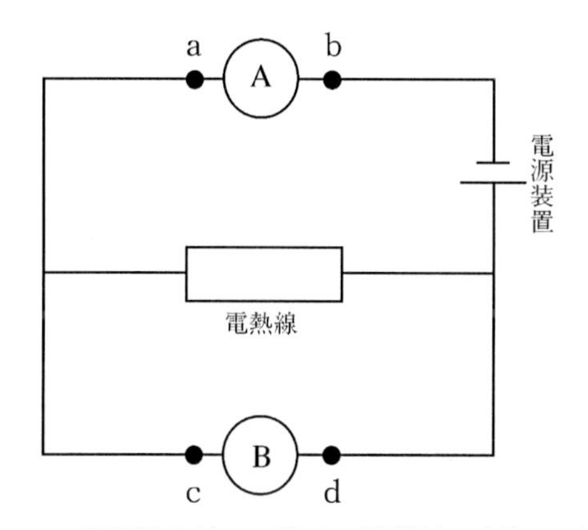

(1) 電流計とその＋端子はどれか。次から選び, 記号で答えよ。

ア．A－a　　イ．A－b　　ウ．B－c　　エ．B－d

(2) 測定の結果, 電圧計は2.6V, 電流計は250mAを示した。この電熱線の抵抗はいくらか。

解答　(1) ア　　(2) 10.4Ω

解説　(1) 電流計は電熱線に直列に接続し, 電圧計は電熱線に並列に接続する。また, 各計器の＋端子を電源の＋極側に接続する。図のA, Bのうち, 電流計は電熱線と直列につながれているAであり, ＋端子はaである。　(2) オームの法則で求めるが, 電流の単位をアンペアに換算して計算する。250mAは0.25Aである。(抵抗)=(電圧)÷(電流) より, 2.6÷0.25=10.4〔Ω〕

例題 3〈消費電力〉

100V－1kWの電熱器を100Vの電源につないだ。ただし，電熱器の抵抗は温度によって変わらないものとする。

(1) 流れる電流は何Aか。

(2) この電熱器の抵抗は何Ωか。

解答 (1) 10A　(2) 10Ω

解説 電力は，(電流)×(電圧) で求められる値で，電流などが単位時間にする仕事 (仕事率) を表す。(1) 1kWは1000Wである。また，(電力)÷(電圧)＝(電流)より，1000÷100＝10〔A〕と求められる。(2) (電圧)÷(電流)＝(抵抗)より，100÷10＝10〔Ω〕である。

例題 4〈豆電球の明るさ〉

同じ規格の豆電球と電池を使って，次の図のような回路をつくった。豆電球が同じ明るさで点灯するのはA～Eのうちどれとどれか。ただし，豆電球の明るさは消費電力に比例するものとし，電池の内部抵抗は考えなくてよいものとする。

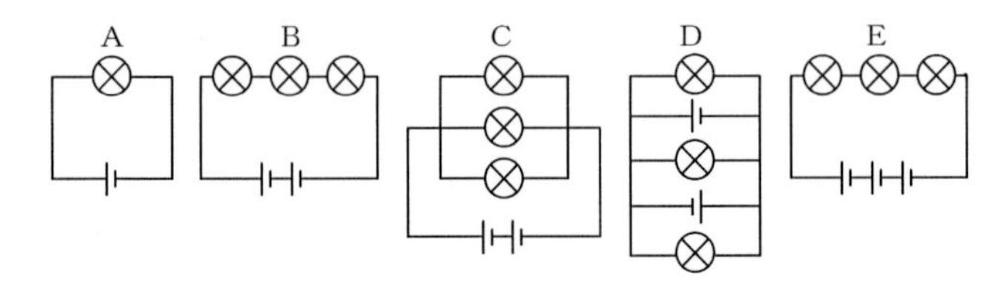

解答 AとE

解説 まず，Dはショート回路であるから豆電球は点灯しないので除外する。豆電球の明るさは電圧の2乗に比例するので，Aは豆電球1個と電池1個の回路でこの回路の豆電球の明るさを「1」とすると，Bは豆電球3個の直列つなぎと電池2個の直列つなぎであるから$\frac{4}{9}$，Cは豆電球3個の並列つなぎと電池2個の直列つなぎであるから4，Eは豆電球3個の直列つなぎと電池3個の直列つなぎなので1となり，AとEの明るさが等しくなる。

例題 5〈電力量と発熱量〉

次の図のようにして抵抗値が10Ωの電熱線の両端に12Vの電圧を加え，1分間電流を流した。ただし，電熱線の発熱による抵抗値の変化はないものとする。

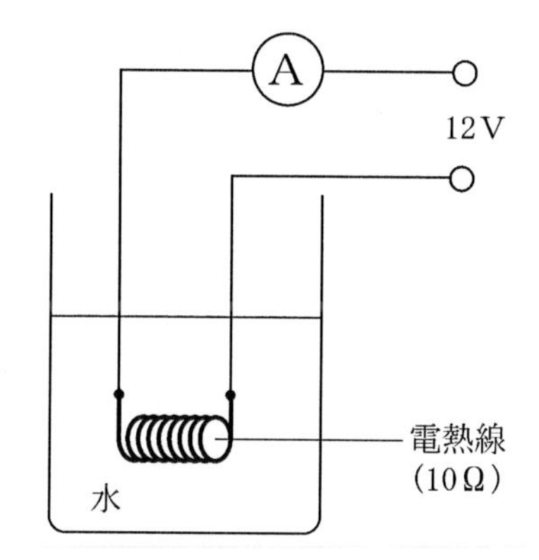

(1) 電熱線に流れる電流は何Aか。

(2) 1分間に電熱線で発生する熱量は何Jか。

(3) 水の質量を100gとすると，1分間に水の温度は何℃上昇するか。小数第1位まで求めよ。ただし，電熱線で発生した熱量はすべて水に吸収されるものとし，水の比熱は4.2〔J/g・℃〕であるものとする。

解答 (1) 1.2A　(2) 864J　(3) 2.1℃

解説 (1)（電流）=（電圧）÷（抵抗）である。電熱線の抵抗は10Ω，電熱線の両端の電圧は12Vであるから，12÷10=1.2〔A〕である。(2) 電熱線で発生する熱量は（電力）×（時間）で求められる。電力は（電流）×（電圧）であるから，1.2×12×60=864〔J〕である。 (3) 求める温度変化をx〔℃〕とすると，864=4.2×x×100より，x=2.057…≒2.1〔℃〕を得る。

例題 6〈電流と磁界〉

次の図は，直流モーターの原理を示そうとしたものである。

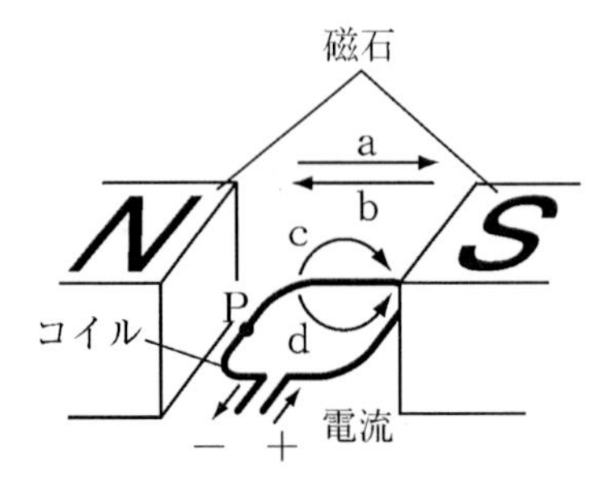

(1) 磁石のつくる磁界の向きはa，bのどちらか。

(2) 図の状態で，電流が流れると，コイルのP点はどちらの向きに力を受けるか。上・下・右・左で答えよ。

(3) (2) の結果，コイルはc，dのどちらの向きに回転するか。

(4) モーターが同じ向きに回転し続けるようにするには，半回転ごとに電流の向きを逆にする必要がある。このために用いられているものは何か。

解答 (1) a　(2) 上　(3) c　(4) 整流子

解説 (1) 磁石の磁界はN極からS極に向かう向き。 (2) フレミングの左手の法則より，P点の上側では磁界が弱まり，P点の下側では磁界が強まる。よって，P点は上向きの力を受ける。
(3) (2) より，コイルはcの向きに回転する。 (4) 図の状態のままでは，コイルに流れる電流の向きが変わらないので，コイルが半回転すると，P点は同じように上向きの力を受け，dの向きに回転することになる。このため，直流モーターでは，半回転ごとに電流の向きが変わるように整流子がついていて，ブラシによって整流子に電流を送っている。

理科 化学【物質の状態】

ポイント

1 物質の三態

(1) 状態変化

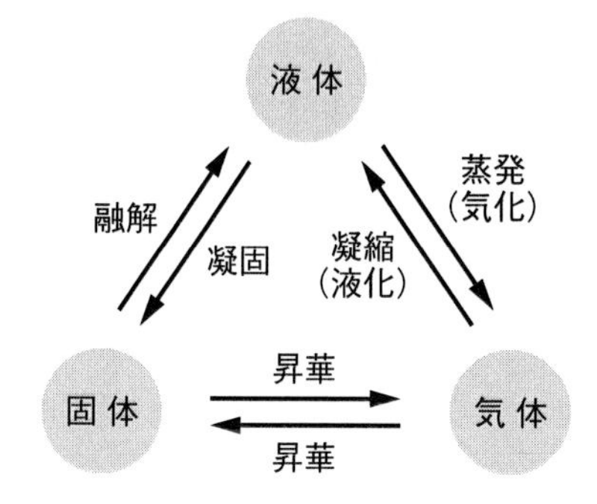

融点	固体が融解するときの温度
凝固点	液体が凝固するときの温度
沸点	液体が沸騰するときの温度

(2) 純物質における温度と状態の変化

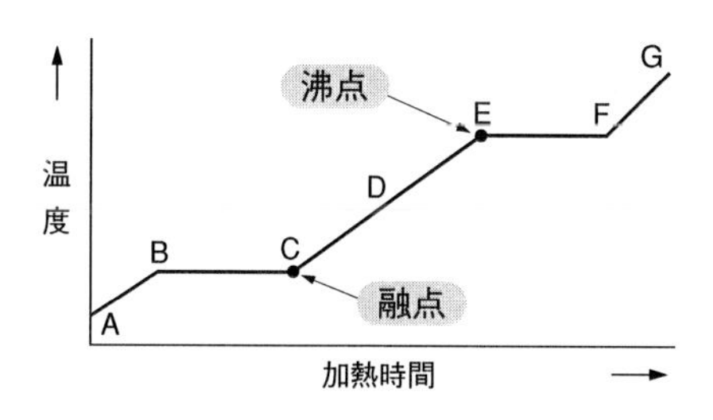

A	固体の温度上昇
B	固体が融け始める
B-C	固体と液体の混合状態
C	液体になる
D	液体の温度上昇
E	液体が沸騰を始める
E-F	液体と気体の混合状態
F	気体になる
G	気体の温度上昇

(3) 水の状態変化と体積

① 水→氷 … 体積は**1.1倍**

② 水→水蒸気 … 体積は**1700倍**

2 ものの溶け方

(1) 質量パーセント濃度〔%〕

溶液に含まれる溶質の質量を質量百分率で表した濃度

$$\text{質量パーセント濃度〔\%〕} = \frac{\text{溶質の質量〔g〕}}{\text{溶液の質量〔g〕}} \times 100$$

(2) 溶解度

① **溶解度**

溶媒100gに対し，溶質の溶ける限界量をg単位で表した数値。溶解度は，物質によって異なり，温度によっても変化する。

② **飽和溶液**

溶質が限界量まで溶けた溶液。溶媒が水のときは**飽和水溶液**という。

3 器具の取扱い

(1) ガスバーナー

〈点火するとき〉

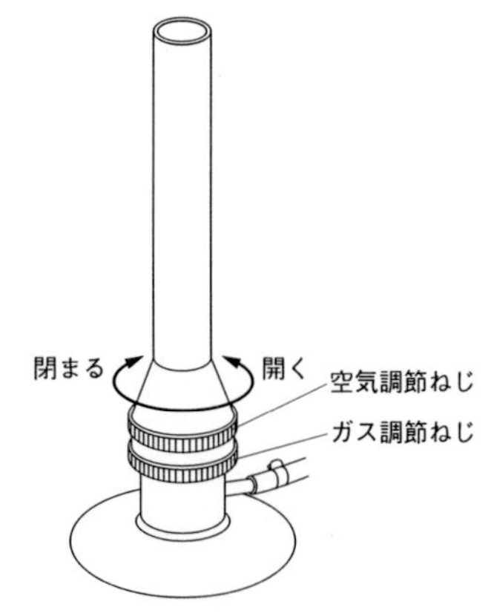

① 2つの調節ねじが閉まっているか確認する。

② ガスの元栓を開く。

③ マッチに火をつけ，**ガス調節ねじ**を開きながら点火。

④　ガス調節ねじで炎の大きさを調節する。

⑤　ガス調節ねじを押さえたまま，**空気調節ねじ**を開き青色の炎にする。

〈消火するとき〉

①　空気調節ねじを閉める。

②　ガス調節ねじを閉めて消火。

③　ガスの元栓を閉める。

(2) **アルコールランプ**

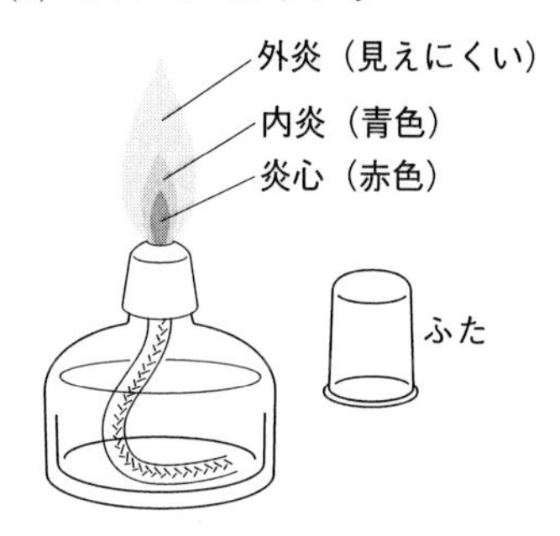

①　エタノールを容器に**7～8分目**入れる。

②　マッチの炎を**横から点火**。

③　ふたを横からかぶせて消火。いったんふたを取り，アルコールランプが冷えてから再びふたをする。

4　薬品の取扱い

- 冷暗所に密栓して保管する。
- 液体の薬品は，薬品びんのラベルを上にして持ち，ガラス棒を伝わせて取り出す。
- 廃棄するときは，薬品ごとに適切な廃棄方法に従う。
- 薬品が手についたときは，すぐに流水で洗い流す。
- 濃塩酸を薄めるときは，水に濃塩酸を少しずつ加えていく。
- 水酸化ナトリウム水溶液を作るときは，水に少しずつ水酸化ナトリウムを加えて溶かす。
- 水酸化ナトリウムはガラスに溶着することがあるため，ゴム栓で密栓して保管する。

・水酸化ナトリウムは空気中に放置すると，空気中の水分を吸収して潮解する。

例題 1〈物質の三態〉

次の図は，物質の状態とその変化を表したものである。

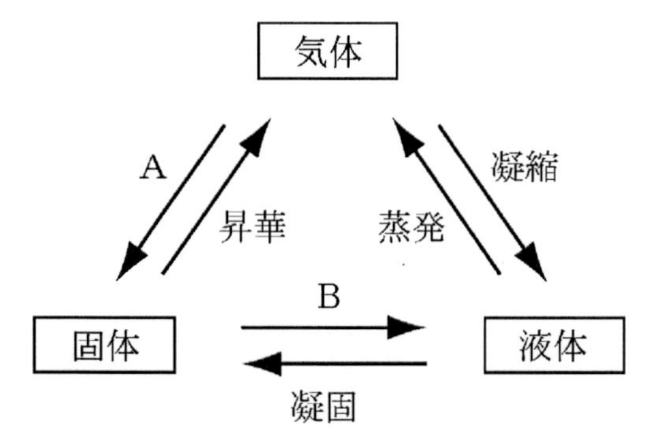

(1) 矢印A，Bにあてはまる語句を答えよ。

(2) 液体のロウを冷やして固体にした。質量と体積はどうなるか。

(3) 液体の水を冷やして固体（氷）にした。質量と体積はどうなるか。

解答 (1) A…昇華　B…融解　(2) 質量…変わらない　体積…小さくなる　(3) 質量…変わらない　体積…大きくなる

解説 (1) すべての物質は，固体⇔液体⇔気体の3つの状態に変わることができる。Aは気体が直接固体に変化する状態変化で，固体が直接気体に変化する状態変化と同じように昇華と呼ばれる。昇華は二酸化炭素やナフタレンなどにみられるが，高圧の状態で温度を変化させると，液体の状態をつくることができる。
(2) 一般に，物質は固体→液体→気体と状態を変化させると，質量は変化しないが，体積は固体よりも液体，液体よりも気体というように大きくなる。これは，物質をつくっている粒子の運動と粒子間の距離によるものである。　(3) 水は特異的な物質である。状態の変化で質量はほかの物質と同じように変化しないが，体積は液体のときが最も小さく，固体になると約1.1倍になる。

例題 2〈ものの溶け方〉

次のグラフは，硝酸カリウムと塩化ナトリウムの溶解度を示したものである。ただし，水の温度による水の蒸発は考えないものとする。

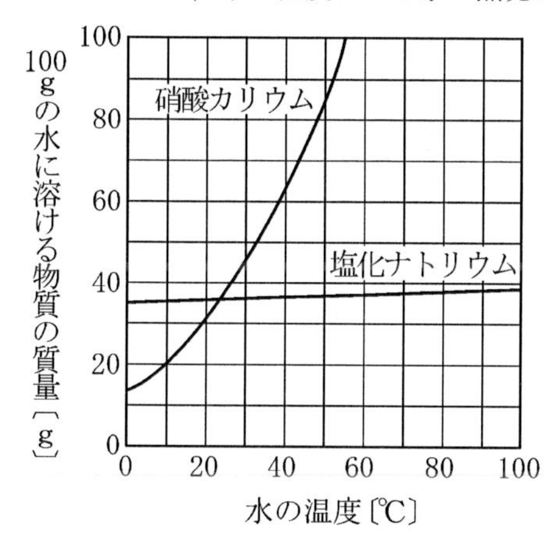

(1) 水の温度が50℃のときの，硝酸カリウムの飽和水溶液の質量パーセント濃度はいくらになるか。整数で答えよ。

(2) 50℃，100gの水に，硝酸カリウムを70g溶かし，その水溶液の温度を10℃まで下げた。硝酸カリウムの結晶は何g得られるか。整数で答えよ。

(3) 水の温度が50℃のときの，塩化ナトリウムの飽和水溶液100gの水を20g蒸発させた。このとき，塩化ナトリウムの結晶は何g得られるか。整数で答えよ。

解答 (1) 46%　(2) 50g　(3) 5g

解説 (1) 溶解度のグラフから，50℃の水100gには硝酸カリウムは約85g溶けることがわかる。したがって，このときの質量パーセント濃度を求めれば，飽和水溶液の質量パーセント濃度となる。$85 \div 185 \times 100 = 45.9 \cdots$より，46％である。 (2) 50℃の水100gに，硝酸カリウムは約85g溶けるから，70gの硝酸カリウムはすべて溶ける。この水溶液の温度を10℃まで下げると，硝酸カリウムは20gしか溶けないから，$70 - 20 = 50$〔g〕の結晶が出てくる。
(3) 塩化ナトリウムの溶解度は温度が変化してもあまり変わらない。したがって，温度の高い塩化ナトリウム水溶液の温度を下げても，結晶はほとんど得られない。よって，塩化ナトリウムの結晶を得るためには，溶媒である水の質量を減らすことになる。蒸発した水20gに溶けていた分の塩化ナトリウムが析出したと考え，グラフより水温が-50℃のとき水100gに塩化ナトリムは約37g溶けるので，$100 \times \frac{37}{137} \times \frac{20}{100} \fallingdotseq 5.4$〔g〕と求めることができる。

例題 3〈器具の取扱い〉

(1) 水に溶けない固体を，30.0cm³の水が入ったメスシリンダーに入れたところ，水面は次の図のようになった。固体の体積は何cm³か。

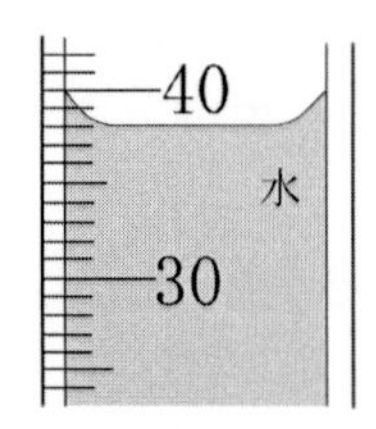

(2) 上皿てんびんでの質量のはかり方として，誤っているものを2つ選べ。
ア．薬品をはかる場合，薬包紙は両方の皿にのせる。
イ．はかろうとするものより少し重いと思われる分銅からのせていく。
ウ．指針が目盛りの中央で止まったときの分銅の合計を読み取る。
エ．測定が終わったら，皿を一方の皿に重ねて置く。
オ．分銅は落とさないように，指でしっかりつかむ。

(3) 少量の液体を必要な量だけとる，次の図の器具を何というか。

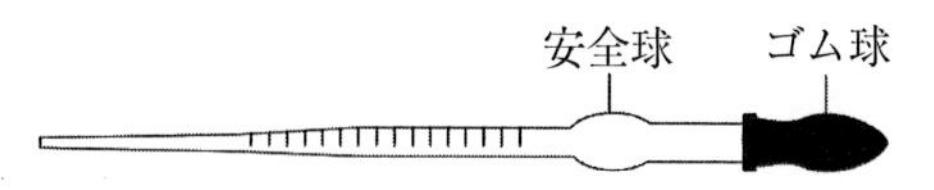

解答 (1) $8.0cm^3$ (2) ウ，オ (3) (こまごめ) ピペット

解説 (1) メスシリンダーの目盛りを読み取るときは，目の位置を液面と同じ高さにして，液面の下のところを1目盛りの$\frac{1}{10}$まで目分量で読み取る。38.0－30.0＝8.0〔cm^3〕。 (2) ウ．指針が左右に等しく振れていれば，指針が止まるまで待つ必要はない。
オ．分銅はピンセットを使って移動させる。指でつかむと，よごれなどが分銅について，正しい値を示さなくなる。 (3) 液体がゴム球に吸い込まれないように，安全球がつけられている。液体を少し多めに吸い込んだあと，ゴム球を調節して液体の量を適正にし，それを目的の容器に移す。

例題 4〈薬品の取扱い〉

次の性質をもつ薬品を，下のア～オから1つずつ選べ。

(1) 濃い水溶液は皮膚や粘膜を強く刺激する。水に非常に溶けやすく，発生する気体の臭いを直接かぐと，鼻をいためることがある。

(2) 引火しやすい性質があるので，火のそばで扱わない。殺菌力があるので消毒に用いられる。

(3) 空気中の水蒸気や二酸化炭素をよく吸収する。濃い水溶液は皮膚や衣類をいためる。

(4) 強い酸性を示し，溶けている気体が発生しやすく刺激臭があるので，換気に注意する。

(5) 空気中で明るく輝き，激しく燃えるので，一度に多量に燃やすことは危険である。

ア．塩酸　　イ．アンモニア水　　ウ．エタノール
エ．マグネシウム　　オ．水酸化ナトリウム

解答 (1) イ　(2) ウ　(3) オ　(4) ア　(5) エ

解説 (1) 水でぬらした赤色リトマス紙をピンセットでつかみ，アンモニア水が入っている容器の口にもっていくと，リトマス紙は青色に変化する。アルカリ性の水溶液である。 (2) アルコールランプの燃料として使われるエタノールである。非常に引火しやすく，明るいところでは，エタノールの炎は見えにくいので注意が必要である。 (3) 潮解性をもち，空気中に放置しておくと，空気中の水蒸気や二酸化炭素をよく吸収して溶けてしまう。保管には密栓が必要である。 (4) 塩化水素の水溶液である。実験に使うときは，換気に注意し，用いる量はできるだけ少なくする。なお，塩酸やアンモニア水，水酸化ナトリウム（水溶液）などが手などについた場合，最初の措置は流水でよく洗うことである。 (5) マグネシウムリボンなどを燃やす場合，多量に燃やすとやけどなどの危険がある。やけどした場合には，冷たい水でしばらく冷やす。

理科 化学【物質の性質】

ポイント

1 気体の性質

(1) 気体の捕集法

捕集法	適する気体の性質	しくみ	例
水上置換法	水に溶けにくい気体	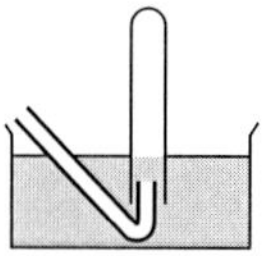	**酸素，水素，窒素**など
下方置換法	水に溶けやすく，空気より重い気体	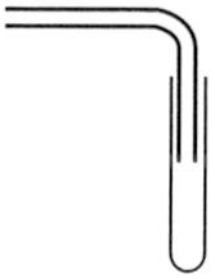	**二酸化炭素，塩素，塩化水素**など
上方置換法	水に溶けやすく，空気より軽い気体	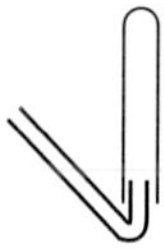	**アンモニア**

(2) 主な気体の性質

気体	色	におい	水溶性	空気に対する重さ	捕集法	発生方法 その他の特徴
酸素 O_2	無色	無臭	溶けにくい	わずかに重い	水上置換	**二酸化マンガン＋過酸化水素水** ものを燃やすはたらき
二酸化炭素 CO_2	無色	無臭	少し溶ける	空気の約1.5倍	下方(水上)置換	**石灰石＋希塩酸，炭酸水素ナトリウムの加熱** **石灰水**を白く濁らせる

水素 H_2	無色	無臭	溶けにくい	非常に軽い	水上置換	金属に希塩酸を加える 空気中でよく燃え，燃えると水ができる
アンモニア NH_3	無色	刺激臭	非常によく溶ける	軽い	上方置換	水溶液はアルカリ性
塩素 Cl_2	黄緑色	刺激臭	溶ける	かなり重い	下方置換	水溶液は酸性で，漂白作用・殺菌作用あり
窒素 N_2	無色	無臭	溶けにくい	やや軽い	水上置換	空気中の体積の約80%を占める
塩化水素 HCl	無色	刺激臭	よく溶ける	重い	下方置換	水溶液は塩酸といい，強い酸性を示す

2 水溶液の性質

(1) 酸性・中性・アルカリ性と指示薬

	酸性	中性	アルカリ性
リトマス紙	青色 → 赤色	変化なし	赤色 → 青色
BTB溶液	黄色	緑色	青色
フェノールフタレイン液	変化なし（無色）		赤色

(2) 主な水溶液の性質

	水溶液	主な性質
酸性	**希塩酸**	塩化水素（HCl）の水溶液。**刺激臭**あり。 **アルミニウム，亜鉛，鉄**と反応し，水素が発生。
	希硫酸	**アルミニウム，亜鉛，鉄**と反応し，**水素**が発生。 バリウムイオンを含む水溶液に加えると，**白色の沈殿**（硫酸塩）が生成するため，硫酸の検出に使用。
	炭酸水	**二酸化炭素の水溶液**。金属とは激しく反応しない。

アルカリ性	**水酸化ナトリウム水溶液**	二酸化炭素を吸収するはたらき。 **アルミニウム，亜鉛**と反応し，**水素**が発生。鉄，銅とは反応せず。
	アンモニア水	**刺激臭**がある。
	石灰水	**水酸化カルシウム（消石灰）**の水溶液。 二酸化炭素と反応すると，**白色の沈殿（炭酸カルシウム$CaCO_3$）**が生成するため，**二酸化炭素**の検出に使用。
中性	**食塩水**	水を蒸発させると，食塩が残る。

3 酸とアルカリの反応

(1) **中和**

酸の水素イオンH^+とアルカリの水酸化物イオンOH^-が結びつき，中性の**水H_2O**と新しい物質（**塩**）ができる反応。

(2) 塩酸と水酸化ナトリウム水溶液の反応

塩酸＋水酸化ナトリウム水溶液→塩化ナトリウム（食塩）＋水
$HCl + NaOH \rightarrow NaCl + H_2O$

■塩酸に水酸化ナトリウム水溶液を加えたときのイオンの数の変化

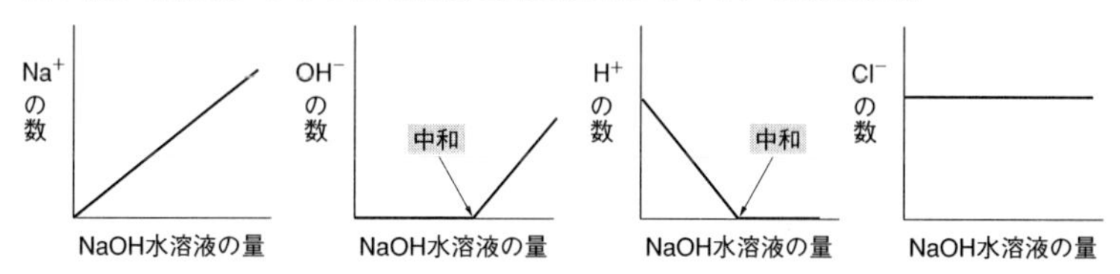

例題 1〈気体の性質〉

(1) 次の図のように，三角フラスコの中に二酸化マンガンを入れ，上の活栓付きろうとにある液体を入れて酸素を発生させ，少し置いてその酸素を収集した。

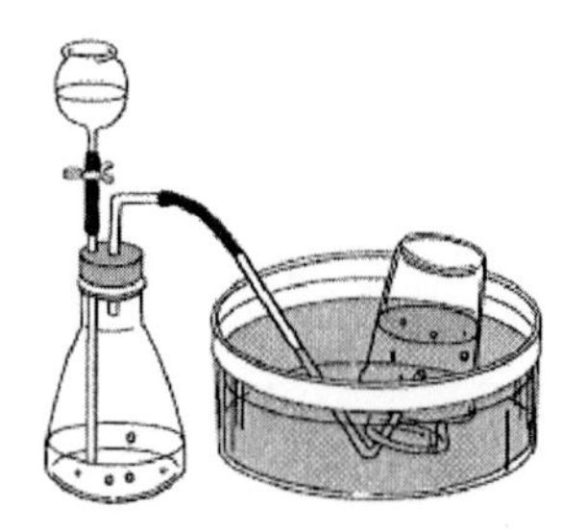

① この実験に使った液体の名前を答えよ。

② この実験で二酸化マンガンは反応の前後で変化せず，ある液体の分解を促進するはたらきをする。このようなはたらきをする物質を何というか。

③ 上の図のような気体の収集法を何というか。

④ 初めに発生した酸素は収集しない理由を答えよ。

(2) 次のような方法で気体を発生させ，その性質を調べた。

A. 亜鉛にうすい塩酸を加える。

B. 石灰石にうすい塩酸を加える。

C. 塩化アンモニウムに水酸化カルシウムを加えて加熱する。

① Aの発生方法で発生する気体は何か。

② Bで発生した気体を調べるとき，次のうちどの方法がよいか。

ア．火を近づける　　イ．石灰水に通す

ウ．においをかぐ　　エ．ぬれたリトマス紙を近づける

③ Cで発生した気体を集めるのに適した方法を何というか。

解答 (1) ① うすい過酸化水素水（オキシドール）　② 触媒　③ 水上置換法　④ 三角フラスコ内の空気を含んでいるため。　(2) ① 水素　② イ　③ 上方置換法

解説 (1) ① 濃い過酸化水素水を使用すると，急激に酸素が発生してフラスコが破裂することがあるため，うすい過酸化水素水を少量ずつ加えるようにする。　③ 酸素は水に溶けにくいため，水上置換法で集める。　(2) Bでは二酸化炭素，Cではアンモニアが発生する。　② 二酸化炭素を石灰水に通すと炭酸カルシウ

ム（$CaCO_3$）の白色沈殿を生じる。　③　アンモニアは水に非常によく溶け，空気より軽いので，上方置換法で集める。

例題 2〈水溶液の性質〉

5種類の水溶液A～Eがある。食塩水，水酸化ナトリウム水溶液，うすい塩酸，アンモニア水，炭酸水のどれかである。それぞれの水溶液の性質を調べるために，次の実験①～③を行った。

〔実験〕

① においをかいだところ，AとDで鼻を刺すようなにおいがした。
② アルミニウム片を入れたところ，AとCからさかんに気体が発生した。
③ 水溶液を少量ずつ蒸発皿に入れて加熱したところ，CとEで白い固体が残った。

(1) 実験②で，発生した気体は同じ気体であった。その気体の化学式を書け。

(2) 水溶液A～Eに緑色にしたBTB溶液をたらした。BTB溶液の色が青色になるのはどれか。記号ですべて選べ。

(3) 水溶液A～Eのうちの2種類を混ぜ合わせたところ，水溶液A～Eのどれかと同じ水溶液ができた。①混ぜ合わせた水溶液と，②できた水溶液をそれぞれ記号で答えよ。

解答　(1) H_2　(2) C，D　(3) ①　A，C　②　E

解説　実験①から，AとDはうすい塩酸かアンモニア水のどちらかである。また，実験②から，AとCはうすい塩酸か水酸化ナトリウム水溶液のどちらかである。したがって，Aはうすい塩酸，Cは水酸化ナトリウム水溶液，Dはアンモニア水と考えることができる。さらに，実験③からEが食塩水とわかるから，残りのBは炭酸水である。　(1) 発生する気体はどちらも水素である。水素の元素記号はHであるが，化学式であるから，分子式で表す。

(2) 緑色のBTB溶液の色を青色にするのはアルカリ性の水溶液であるから，Cの水酸化ナトリウム水溶液とDのアンモニア水である。 (3) Aのうすい塩酸とCの水酸化ナトリウム水溶液を混ぜ合わせると，中和反応が起こり，Eの食塩水ができる。

例題 3〈中和〉

同じ温度のうすい塩酸と水酸化ナトリウムの水溶液がある。これらをA～Dのビーカーに次の表のような体積で混合した。

	A	B	C	D
うすい塩酸（cm^3）	10	20	30	40
水酸化ナトリウム水溶液（cm^3）	40	30	20	10
性質	アルカリ性	アルカリ性	中性	酸性

(1) Cの混合液の水分を蒸発させたとき，あとに残る物質は何か。

(2) Aの混合液を完全に中和するためには，どちらの水溶液をあと何cm^3加えればよいか。

解答 (1) 塩化ナトリウム　(2) うすい塩酸を50cm^3加える。

解説 (2) 塩酸と水酸化ナトリウム水溶液は，3：2の割合で中性になるので，Aで反応する塩酸をx〔cm^3〕とすると，$3:2=x:40$

$x=60$〔cm^3〕

よって，加える量は，$60-10=50$〔cm^3〕

理科　化学【物質の変化】

ポイント

1 燃焼

激しく熱や光を出しながら酸素と化合する化学変化。

(1) ものの燃え方

ものが燃え続けるためには，新しい空気（**酸素**）が必要である。ろうそくや木が燃えると，**二酸化炭素と水**ができる。

(2) 有機物の燃焼

(有機物)	+	(酸素)	─→	(二酸化炭素)	+	(水)
メタンCH_4	+	$2O_2$	─→	CO_2	+	$2H_2O$
エタノールC_2H_6O	+	$3O_2$	─→	$2CO_2$	+	$3H_2O$

2 酸化

酸素と化合する化学変化。

(1) **マグネシウムの酸化**

マグネシウム＋酸素　─→　酸化マグネシウム（白色）

$2Mg + O_2 \longrightarrow 2MgO$

※マグネシウムの質量と化合する酸素の質量の比

マグネシウム：酸素＝3：2

(2) **銅の酸化**

銅　＋酸素　─→　酸化銅（Ⅱ）（黒色）

$2Cu + O_2 \longrightarrow 2CuO$

※銅の質量と化合する酸素の質量の比

銅：酸素＝4：1

3 還元

酸化物が酸素を失う化学変化。同時に酸化もおこる。

(1) **酸化銅（Ⅱ）の炭素による還元**

酸化銅（Ⅱ）＋炭素　─→　銅　＋二酸化炭素

$2CuO + C \longrightarrow 2Cu + CO_2$

(2) **酸化銅（Ⅱ）の水素による還元**

酸化銅（Ⅱ）＋水素 ⟶ 銅 ＋ 水

$CuO + H_2 \longrightarrow Cu + H_2O$

4 化合と分解

(1) 鉄と硫黄の化合

鉄粉と硫黄を混ぜ合わせたものを試験管に入れて加熱すると，黒色の**硫化鉄（Ⅱ）**が生じる。

$Fe + S \rightarrow FeS$

硫化鉄（Ⅱ）は，磁石につかないという性質をもつ。

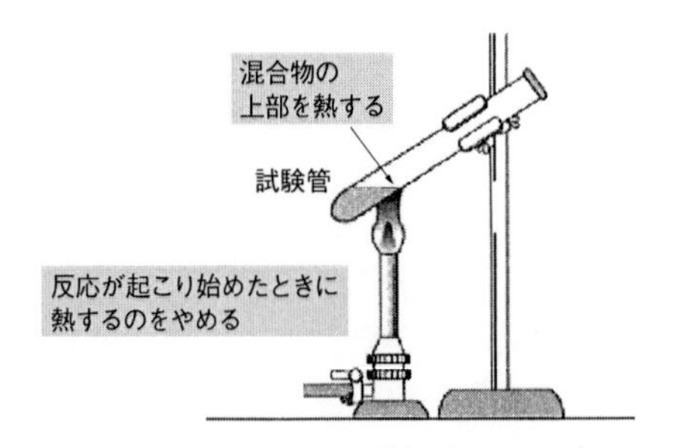

(2) 炭酸水素ナトリウム（重曹）の分解

炭酸水素ナトリウム（白色の粉末）を試験管に入れて加熱すると，**二酸化炭素**と**水**，**炭酸ナトリウム**が生じる。

炭酸水素ナトリウム ⟶ 炭酸ナトリウム＋ 水 ＋二酸化炭素

$2NaHCO_3 \longrightarrow Na_2CO_3 + H_2O + CO_2$

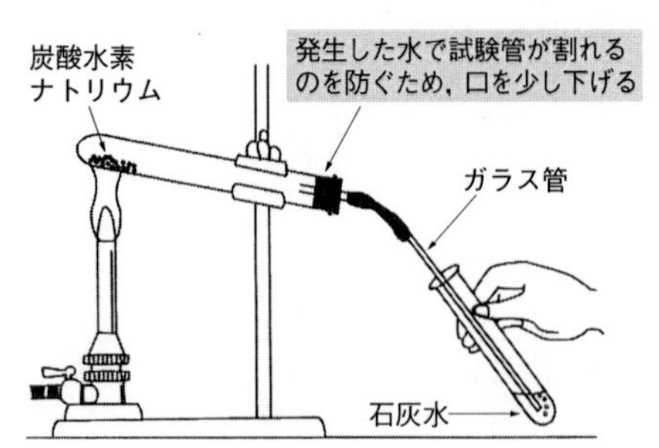

5 電気分解

(1) 塩化銅（Ⅱ）水溶液の電気分解

塩化銅（Ⅱ）水溶液を電気分解すると，**陽極から刺激臭のある塩素**が発生し，**陰極に赤褐色の銅**が付着する。塩化銅（Ⅱ）水溶液は青色であるが，付着する銅が増すにつれて，青色は薄くなる。

$CuCl_2 \rightarrow Cl_2 + Cu$

〈陽極〉 $2Cl^- \rightarrow Cl_2 + 2e^-$

〈陰極〉 $Cu^{2+} + 2e^- \rightarrow Cu$

(2) 水の電気分解

水に少量の水酸化ナトリウム水溶液または希硫酸を加え，電流を流すと，**陽極から酸素**，**陰極から水素**が発生する。

体積比は，**水素：酸素＝2：1**

$2H_2O \rightarrow 2H_2 + O_2$

〈陽極〉 水酸化ナトリウム水溶液　$2H_2O \rightarrow O_2 + 4H^+ + 4e^-$

希硫酸　$4OH^- \rightarrow O_2 + 2H_2O + 4e^-$

〈陰極〉 水酸化ナトリウム水溶液　$2H^+ + 2e^- \rightarrow H_2$

希硫酸　$2H_2O + 2e^- \rightarrow H_2 + 2OH^-$

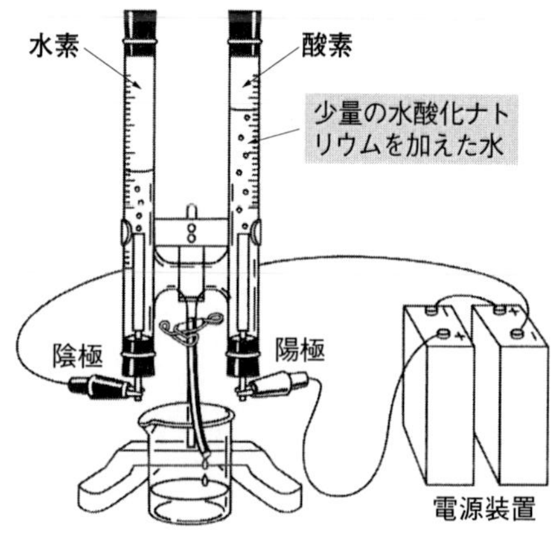

(3) 塩酸の電気分解

塩酸に電流を流すと，**陽極から刺激臭のある塩素**，**陰極から無色・無臭の水素**が発生する。

6 化学反応式による計算

化学反応式において，それぞれの物質の係数は，その反応に関与する粒子の個数（物質量〔mol〕）の比を表している。また，それぞれの物質の係数から，質量の比，気体の体積比を表すことができる。

化学反応式	$2H_2$	+	O_2	→	$2H_2O$
物質量〔mol〕	2		1		2
質量〔g〕	2 × 2.0		32		2 × 18
気体の体積〔L〕	2 × 22.4		22.4		2 × 22.4

例題 1〈物質の燃焼〉

エタノールを空気中で燃焼させた。ただし，エタノールの化学式はC_2H_5OH，原子量は，H＝1.0，C＝12.0，O＝16.0とする。

(1) エタノールの燃焼を表す化学反応式を書け。

(2) 4.6gのエタノールを完全燃焼させるためには，何gの酸素が必要になるか。

(3) (2) のとき，燃焼によって発生した物質名とその質量をすべて答えよ。

解答 (1) $C_2H_5OH + 3O_2 \rightarrow 2CO_2 + 3H_2O$　(2) 9.6g　(3) 二酸化炭素，8.8g　水，5.4g

解説 (1) 燃焼とは，物質が激しく酸素と結びつく化学変化（酸化）である。化学反応式では，矢印の左右で原子の種類と数が同じになるようにする。　(2) エタノール1molは46.0g，エタノール1molの燃焼に使われる酸素は32.0×3＝96.0〔g〕である。したがって，エタノール4.6gの燃焼に必要な酸素の質量は9.6gとなる。
(3) エタノール1molの燃焼によってできる二酸化炭素は44.0×2＝88.0〔g〕，水は18.0×3＝54.0〔g〕である。したがって，発生する二酸化炭素の質量は8.8g，水の質量は5.4gである。

例題 2〈鉄と硫黄の化合〉

鉄粉と硫黄の粉末の混合物を2本の試験管に入れ，一方の試験管の混合物の上部を熱したところ，反応が起こり，熱するのをやめても反応が混合物の下部に進み，鉄粉が完全に反応した。このときの，加熱しない試験管をA，加熱して反応させた試験管をBとする。

(1) A，Bの試験管に磁石を近づけたときの結果を次から選び，記号で答えよ。

ア．どちらも引きつけられる。

イ．Aは引きつけられるが，Bは引きつけられない。

ウ．Aは引きつけられないが，Bは引きつけられる。

エ．どちらも引きつけられない。

(2) AとBのそれぞれにうすい塩酸を加えると，どちらも気体が発生した。試験管A，Bで発生したおもな気体の名前をそれぞれ書け。

解答 (1) イ　(2) A…水素　B…硫化水素

解説 鉄粉と硫黄の粉末の混合物を加熱すると，硫化鉄（Ⅱ）という化合物ができる。このとき，熱を発生するため，加熱をやめても反応は続く。できた硫化鉄（Ⅱ）は鉄や硫黄とはまったく別の物質になるので，その性質もちがう。　(1) 磁石につくのは鉄の性質である。　(2) 試験管Aでは鉄がうすい塩酸と反応して水素を発生し，試験管Bでは硫化鉄（Ⅱ）がうすい塩酸と反応して硫化水素が発生する。なお，硫化水素は卵のくさったような臭いのする気体である。

例題 3〈塩化銅（Ⅱ）水溶液の電気分解〉

塩化銅（Ⅱ）水溶液をビーカーに入れ，炭素棒を電極として電流を流した。

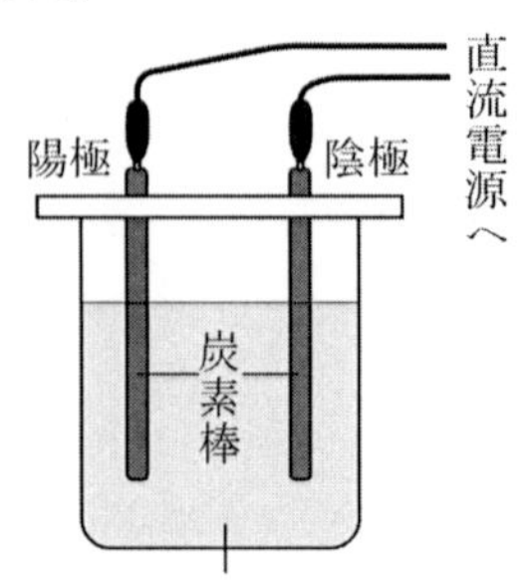

(1) 塩化銅（Ⅱ）を水溶液にすると，電離してイオンに分かれる。電離のようすを，イオン式を使った反応式で表せ。

(2) 電流を流し続けると，一方の電極に赤褐色の物質が付着した。陽極と陰極のどちらに付着したか。

(3) 電流を流し続けると，一方の電極から気体が発生した。その気体の性質について正しく述べているのはどれか。記号で答えよ。

ア．無色，無臭で，マッチの火を近づけると燃える。

イ．石灰水を白くにごらせる。

ウ．黄緑色で刺激臭があり，漂白作用がある。

エ．無色で刺激臭があり，水によく溶け，水溶液はアルカリ性を示す。

解答 (1) $CuCl_2 \rightarrow Cu^{2+} + 2Cl^-$　(2) 陰極　(3) ウ

解説 (1) 塩化銅（Ⅱ）は水溶液中で電離すると，銅イオンと塩化物イオンに分かれる。 (2) 電極に付着した赤褐色の物質は銅である。水溶液中の銅イオンが陰極に引かれ，陰極で電子を受け取って銅になる。 (3) 気体が発生したのは陽極で，水溶液中の塩化物イオンが陽極で電子を失って塩素原子となり，それが2個結びついて塩素の気体となる。

理科 生物【植物の世界】

ポイント

1 種子植物

(1) 種子植物の分類

植物の種類		特徴	例
被子植物	双子葉類	根・茎・葉が発達。 胚珠が子房に 包まれている。	(合弁花類) アサガオ，タンポポ (離弁花類) アブラナ，エンドウ
	単子葉類		イネ，タケ， チューリップ，ユリ
裸子植物		根・茎・葉が発達。 胚珠がむき出し。	イチョウ，スギ，ソテツ， ヒノキ，マツ，モミ

	子葉の数	根	葉脈	茎の維管束	例
双子葉類	 2枚	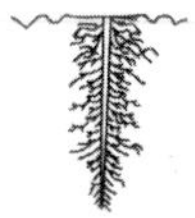 主根と側根	 網状脈	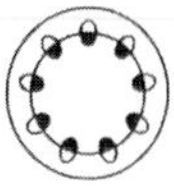 輪状	アブラナ，エンドウ，キュウリ，サクラ，タンポポ，ヒマワリ
単子葉類	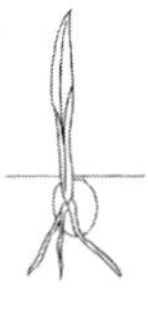 1枚	 ひげ根	 平行脈	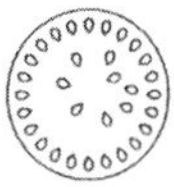 散在	イネ，サトイモ，タケ，チューリップ，トウモロコシ，ネギ，ムギ，ユリ

(2) 花のつくりと種子のでき方

① 被子植物

・花のつくり…花の中心の**めしべ**（柱頭，胚珠，子房）を囲むように，

おしべ（やく），**花びら**，**がく**がついている。

・種子のでき方…受粉後，**胚珠は種子**に，**子房は果実**になる。

■アブラナ

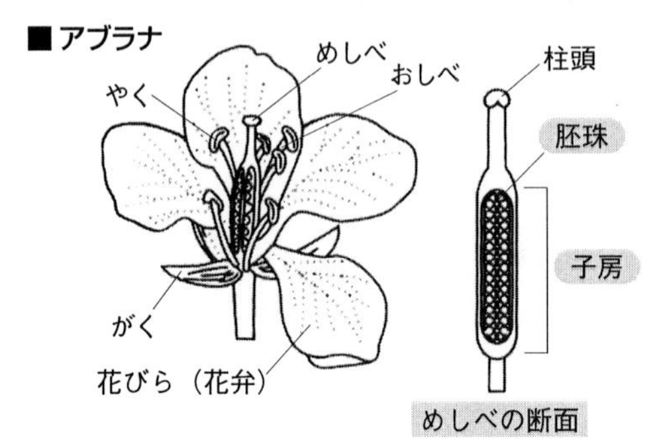

② 裸子植物

・花のつくり…雌花と雄花に分かれる。

・種子のでき方…雌花の**胚珠に花粉がつくと種子**になる。

2 種子の発芽

(1) 種子のつくりと養分

① 胚乳のない種子

胚（子葉，幼芽，胚軸，幼根）と種皮からなる。子葉に養分あり。

例 アサガオ，インゲンマメ，ダイコン，ヘチマ

■インゲンマメ

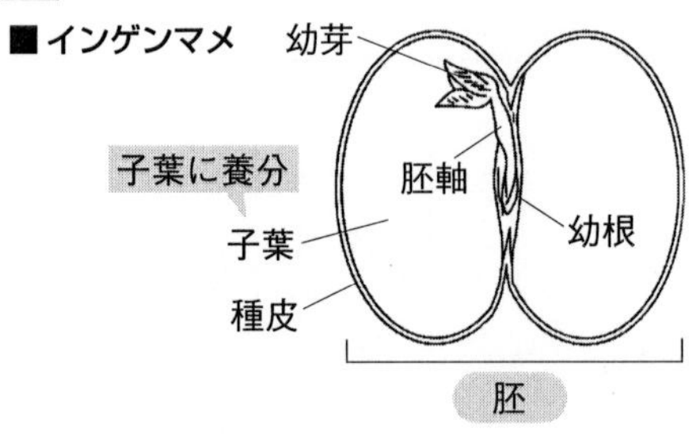

② 胚乳のある種子

胚（子葉，幼芽，胚軸，幼根）と胚乳，種皮からなる。胚乳に養分あり。

例 イネ，カキ，トウモロコシ，ムギ

(2) 発芽に必要な条件

水・空気・適当な温度の3つの条件が必要。土や日光は不必要。

3 種子をつくらない植物

植物の種類	特徴	例
シダ植物	根・茎・葉の区別がある 胞子で増える	イヌワラビ，ゼンマイ，スギナ（ツクシ）
コケ植物	根・茎・葉の区別がない 胞子で増える	スギゴケ，ゼニゴケ
藻類	根・茎・葉の区別がない 胞子で増えるものと分裂して増えるものがいる	コンブ，ワカメ，テングサ，アオノリ，アオミドロ

4 葉のつくり

構造	説明	特徴
表皮	葉の表と裏をおおっている	気孔：気体の出入りや蒸散が行われる
葉肉	葉の内部の部分	柵状組織：葉緑体をもつ細胞が規則正しく配列している部分 海綿状組織：上記の細胞の間に隙間がある部分
葉脈	葉の中にある維管束	葉の表側に道管（水の通り道），裏側に師管（養分などの通り道）がある

5 光合成と呼吸

(1) 光合成

植物が光を受けて，**葉緑体**の中で**二酸化炭素**と**水**から，**デンプン**などを合成し，**酸素**を発生するはたらき。

$$6CO_2 + 12H_2O \xrightarrow{\text{光エネルギー}} C_6H_{12}O_6 + 6H_2O + 6O_2$$

(2) 呼吸

光合成は昼のみ行うが，呼吸は昼も夜も行う。呼吸では，酸素を用いて有機物を分解し，最終的に二酸化炭素と水ができる。

(3) 光合成と呼吸の速度

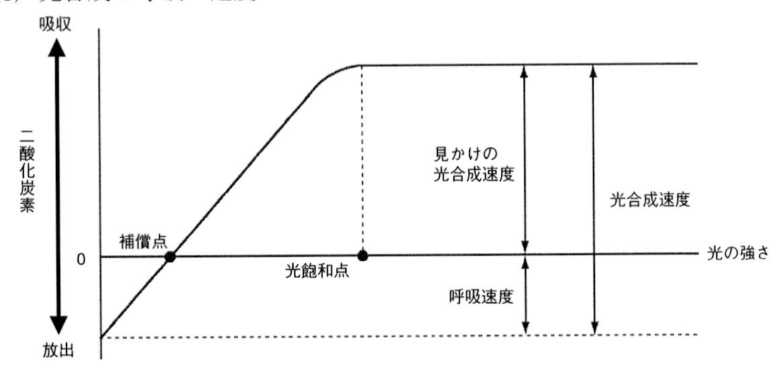

6 **顕微鏡の取扱い**

(1) 顕微鏡操作の手順

① **接眼レンズ**，**対物レンズ**の順につける。

② 反射鏡の角度としぼりを調節し，視野全体を明るくする。

③ プレパラートをステージにのせる。

④ **横から見ながら調節ねじを回し**，対物レンズをプレパラートに近づける。

⑤ 接眼レンズをのぞきながら調節ねじを回し，ピントを合わせる。

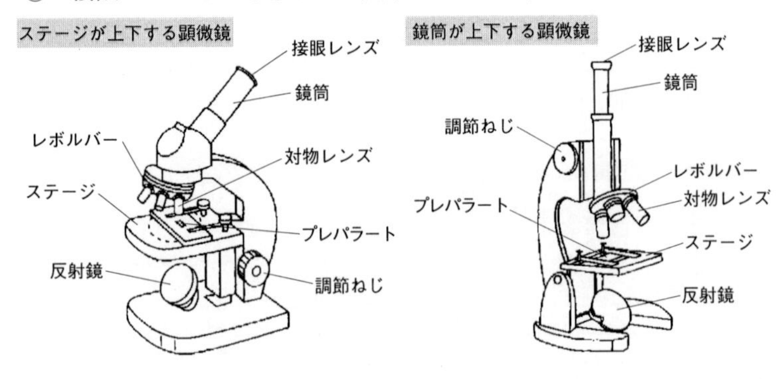

(2) プレパラートを動かす方向

観察しようとするものが，視野の中心からずれているときは，プレパラートを**上下左右反対**に動かす。

例題 1〈植物の分類〉

次の図は，植物を基準にしたがって分類したものである。

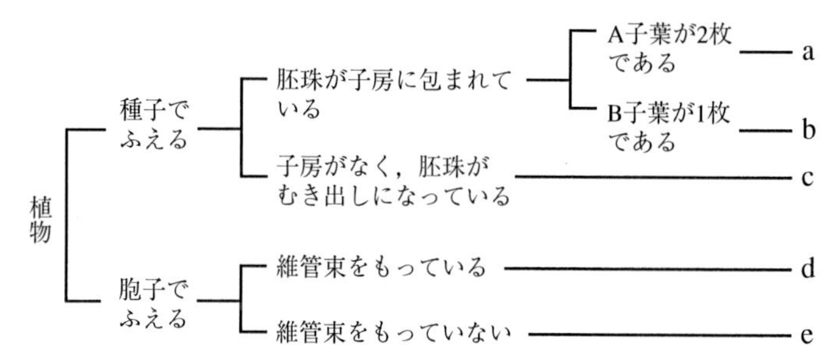

(1) Aのような植物の根はどのようになっているか。

(2) Bのような植物の葉脈はどのようになっているか。

(3) a～eにあてはまる植物を，次のア～オから1つずつ選び，記号で答えよ。

ア．ゼンマイ　　イ．イチョウ　　ウ．イネ　　エ．ゼニゴケ
オ．ダイコン

解答　(1) 主根と側根　(2) 平行脈　(3) a…オ　b…ウ　c…イ　d…ア　e…エ

解説　(1) 双子葉類である。双子葉類の根は主根と側根，葉脈は網状脈，維管束は茎の断面に対して輪状に並ぶ。　(2) 単子葉類である。単子葉類の根はひげ根，葉脈は平行脈，維管束は茎の断面に対して散在している。　(3) aは被子植物の双子葉類，bは被子植物の単子葉類，cは裸子植物，dはシダ植物，eはコケ植物である。

例題 2〈花のつくりと種子のでき方〉

次の図は，ある花のつくりを模式的に示したものである。

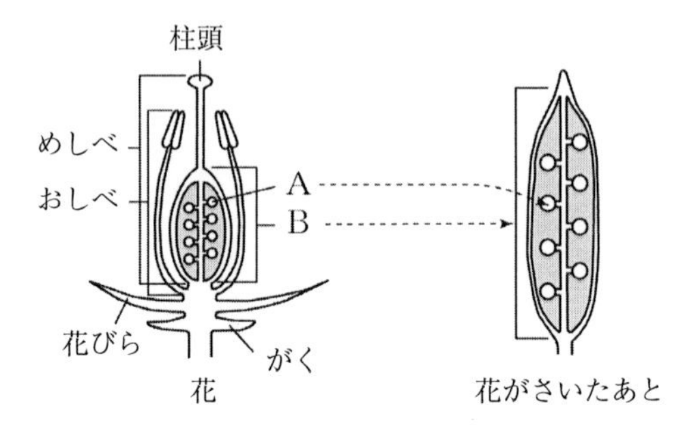

(1) 花のA，Bは何か。それぞれ答えよ。

(2) A，Bは，花がさいたあと成熟して何になるか。それぞれ答えよ。

解答 (1) A…胚珠　B…子房　(2) A…種子　B…果実

解説 (1) めしべのもとのふくらんだ部分を子房（B）といい，その中には胚珠（A）が入っている。 (2) 受粉したあと，成熟すると，胚珠は種子に，子房は果実になる。

例題 3〈葉のつくり〉

次の図は，ツバキの葉の断面の一部を模式的に表したものである。

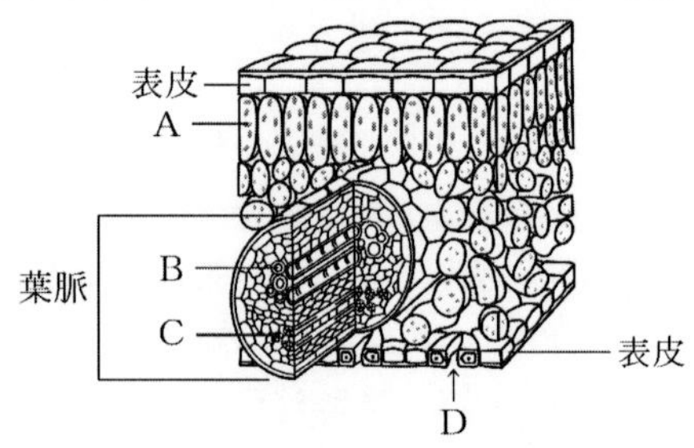

(1) Aは柱状の細胞が密着して並んだ部分である。この組織を何というか。

(2) 葉脈の中にあるB，Cの管は何か。それぞれ答えよ。

(3) Dは，おもに葉の裏側にあるすき間である。何というか。

解答 (1) さく状組織　(2) B…道管　C…師管　(3) 気孔

解説 (1) 効率よく光を吸収する組織である。 (2) 葉脈では，葉の表側に近いほうが道管，裏側に近いほうが師管である。
(3) 2つの孔辺細胞の間のすき間で，気孔という。孔辺細胞の膨圧の変化により開閉する。気孔からは，光合成や呼吸により気体が出入りするほか，蒸散も行われる。

例題 4〈光合成〉

次の図は，ある植物の光合成速度と呼吸速度を表したグラフである。

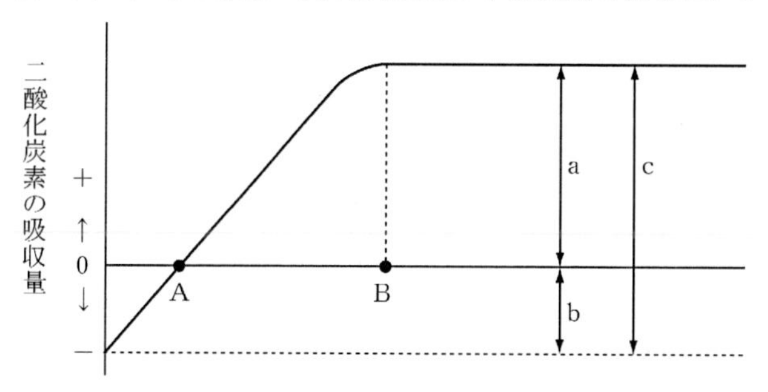

(1) A点とB点の光の強さを何というか。それぞれ答えよ。

(2) a～cのうち，光合成速度を表しているのはどれか。

解答 (1) A…補償点　B…光飽和点　(2) c

解説 (1) 二酸化炭素の出入りが見かけ上0になるときの光の強さを補償点といい，それ以上光を強くしても光合成速度が変化しなくなる光の強さを光飽和点という。 (2) aは見かけの光合成速度，bは呼吸速度であり，a＋b＝cが光合成速度を表す。

例題 5〈顕微鏡〉

ある顕微鏡を使って，水中の小さな生物を観察した。図は，この顕微鏡に使われているレンズを示したものである。ただし，接眼レンズは5倍，15倍，対物レンズは10倍，20倍，40倍である。

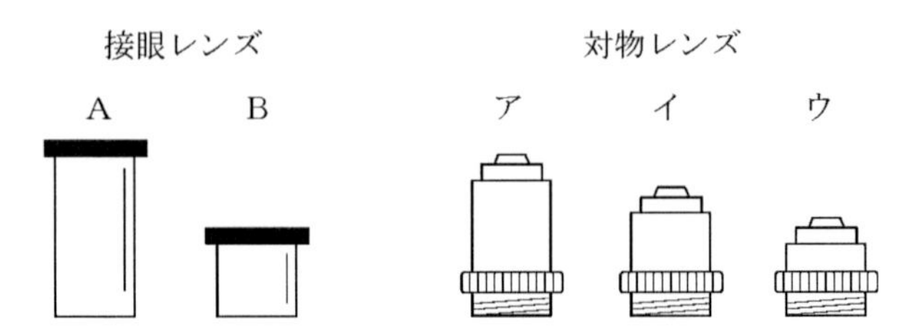

(1) この顕微鏡の最高倍率は何倍か。

(2) (1) のときに使用したレンズの組み合わせはどれとどれか。記号で答えよ。

(3) 顕微鏡で観察する場合，はじめに低倍率で観察する。その理由を簡単に書け。

解答 (1) 600倍　(2) B，ア　(3) 低倍率のほうが視野が広いため，観察物を見つけやすい。

解説 (1) それぞれ倍率が最も高いレンズを使用する。顕微鏡の倍率は，(接眼レンズの倍率)×(対物レンズの倍率) であるから，15×40＝600 (倍) である。　(2) 接眼レンズは短いほうが倍率が高く，対物レンズは長いほうが倍率が高い。したがって，接眼レンズのBが15倍，対物レンズのアが40倍である。　(3) 倍率を高くするほど視野は狭くなる。したがって，まず低倍率で広い範囲を観察し，目的のものが見つかったら，その部分が視野の中央にくるようにプレパラートを動かし，その後倍率を上げる。最初から高倍率で観察すると，目的のものを探すのに手間がかかる。

理科 生物【動物の世界】

ポイント

1 動物の分類

<table>
<tr><th colspan="3">動物の種類</th><th colspan="6">特徴</th><th>例</th></tr>
<tr><td rowspan="6">セキツイ動物</td><td colspan="2">ホ乳類</td><td>2心房2心室，体内受精，毛でおおわれる</td><td rowspan="4">陸上</td><td>胎生</td><td rowspan="4">肺</td><td rowspan="2">恒温</td><td rowspan="6">背骨あり</td><td>イルカ，クジラ，コウモリ，ラッコ</td></tr>
<tr><td colspan="2">鳥類</td><td>2心房2心室，体内受精，羽毛</td><td rowspan="5">卵生</td><td>ペンギン，フクロウ</td></tr>
<tr><td colspan="2">ハ虫類</td><td>2心房2心室（不完全），体内受精，うろこやこうら</td><td rowspan="11">変温</td><td>イグアナ，カメ，ヤモリ，ワニ</td></tr>
<tr><td colspan="2" rowspan="2">両生類</td><td rowspan="2">2心房1心室，体外受精，皮膚が裸出，粘膜あり</td><td rowspan="2">イモリ，カエル，サンショウウオ</td></tr>
<tr><td rowspan="2">水中</td><td rowspan="2">えら</td></tr>
<tr><td colspan="2">魚類</td><td>1心房1心室，体外受精</td><td>サメ，ナマズ</td></tr>
<tr><td rowspan="8">無セキツイ動物</td><td colspan="2">キョク皮類</td><td colspan="4">からだは放射状。とげをもつもの多い</td><td rowspan="8">背骨なし</td><td>ウニ，ナマコ</td></tr>
<tr><td rowspan="4">節足</td><td>昆虫類</td><td>頭部・胸部・腹部。胸部に3対のあし</td><td rowspan="2">変態</td><td>羽</td><td rowspan="4">外骨格あり</td><td>アリ，チョウ，カブトムシ，セミ，ハチ</td></tr>
<tr><td>甲殻類</td><td>かわった形状が多い。</td><td rowspan="3">羽なし</td><td>エビ，カニ，ダンゴムシ</td></tr>
<tr><td>多足類</td><td>頭部・胴部。</td><td rowspan="2">しない</td><td>ムカデ</td></tr>
<tr><td>クモ類</td><td>頭胸部・腹部。書肺（気管が変化）で呼吸</td><td>クモ，サソリ，ダニ</td></tr>
<tr><td rowspan="2">軟体</td><td>頭足類</td><td rowspan="2" colspan="3">外とう膜でおおわれ，節や外骨格ももたない</td><td rowspan="3">なし</td><td>イカ，タコ</td></tr>
<tr><td>貝類</td><td>アサリ，ナメクジ</td></tr>
<tr><td colspan="2">原生動物</td><td colspan="3">単細胞動物</td><td>アメーバ，ゾウリムシ</td></tr>
</table>

2 生物のつながり

有機物を生産する緑色植物を生産者，これを利用する動物などを消費者，動物の遺体などを分解する微生物などを分解者という。これらの三者が，食う－食われるの関係でつながっていることを食物連鎖といい，食物連鎖を構成している1つ1つを栄養段階という。たとえば，生産者である緑色植物は第一栄養段階であり，それを食べる第一次消費者の草食動物は第二栄養段階という。

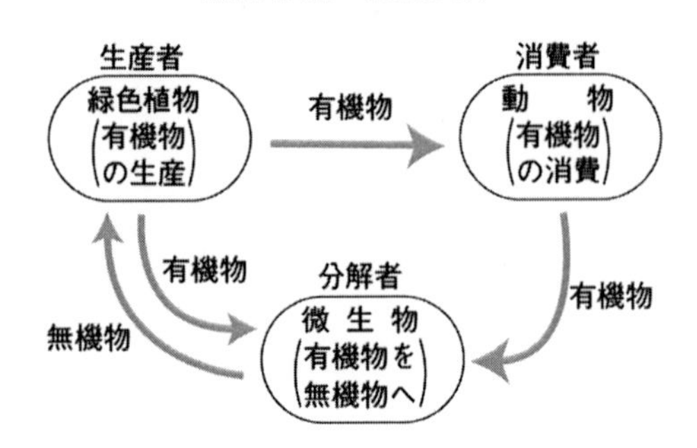

3 昆虫のからだと変態

(1) 昆虫のからだ

頭部，胸部，腹部の3つに分かれる。胸部に3対（6本）のあしと羽がある（羽のないものもあり）。

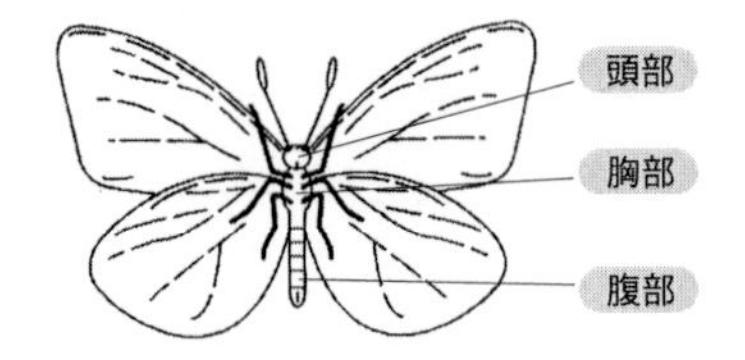

(2) 変態

完全変態	卵→幼虫→さなぎ→成虫と姿をかえて成長	アリ，カ，カブトムシ，チョウ，テントウムシ，ハチ，ホタルなど
不完全変態	卵→幼虫→成虫と成長し，さなぎの時期なし	アメンボ，カマキリ，コオロギ，セミ，トンボ，バッタなど

4 血液循環

(1) ヒトの心臓のつくり

2心房・2心室の4つの部屋に分かれる。

心房	静脈から戻った血液を心室に送る
心室	心房からきた血液を，強い圧力で動脈に送り出す

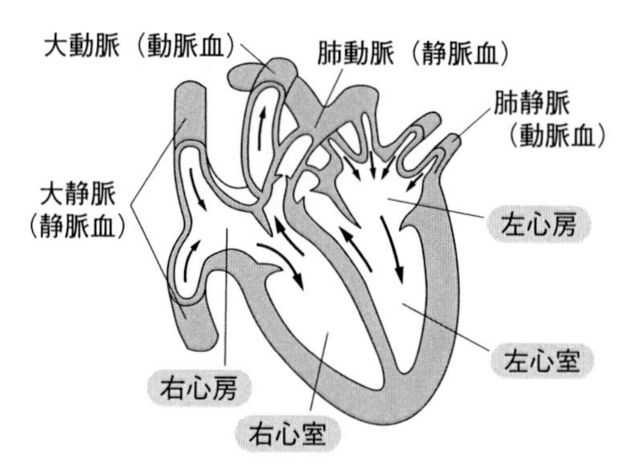

(2) 血液循環

肺循環	血液が心臓を出て，肺をめぐり心臓に戻る経路。血液は，肺の毛細血管で，酸素を取り入れ二酸化炭素を放出 **右心室→肺動脈→肺→肺静脈→左心房**
体循環	血液が心臓から出て，全身をめぐり心臓に戻る経路。血液はこの間に，全身の細胞に酸素や栄養素を与える **左心室→大動脈→全身の毛細血管→大静脈→右心房**

■循環のみちすじ

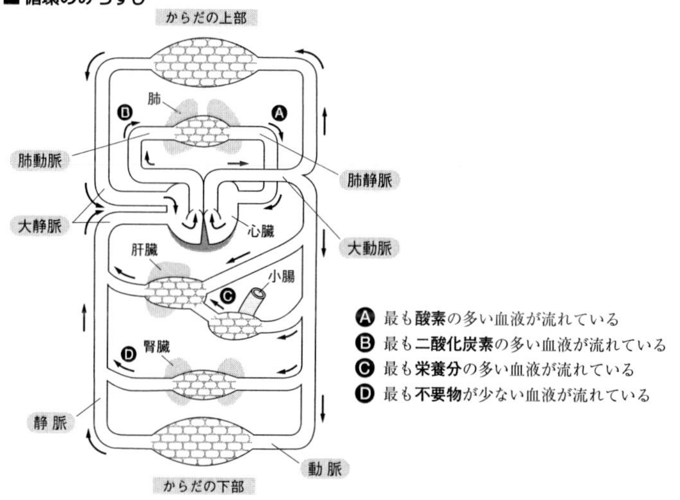

(3) 血液の成分とはたらき

赤血球	ヘモグロビンを含み，酸素を運ぶ
白血球	体内に侵入した細菌を殺す免疫
血小板	血液を凝固させ，出血をとめる
血しょう	栄養分，老廃物を運ぶ

5 消化と吸収

(1) 消化管

食べ物は，**口→食道→胃→小腸→大腸→肛門**の順で消化管を通る。

(2) 消化酵素

消化液中に含まれ，食物中の栄養分を分解するはたらきをもつ。35℃前後で最もよくはたらく。

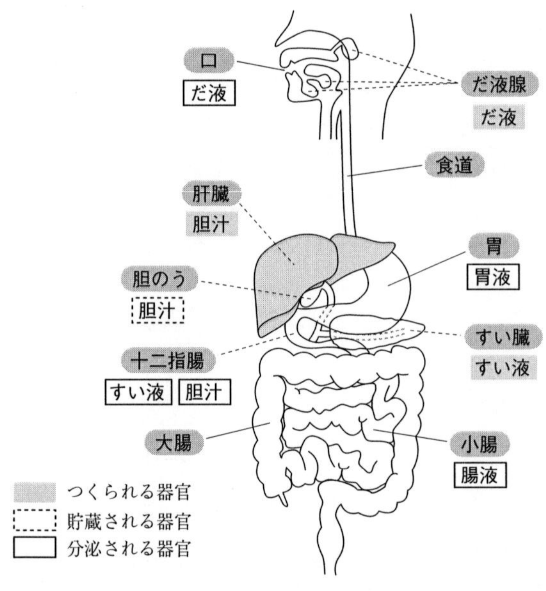

(3) 吸収

消化された栄養分は，**小腸の柔毛（柔突起）**で吸収される。

デンプン：グルコース（ブドウ糖）となり，吸収された後に毛細血管に入る。

タンパク質：アミノ酸となり，吸収された後に毛細血管に入る。
脂肪：脂肪酸とモノグリセリドとなり，吸収されたあとに再び脂肪になってリンパ管に入る。

例題 1〈動物の分類〉

次の図は，動物を基準にしたがって分類したものである。

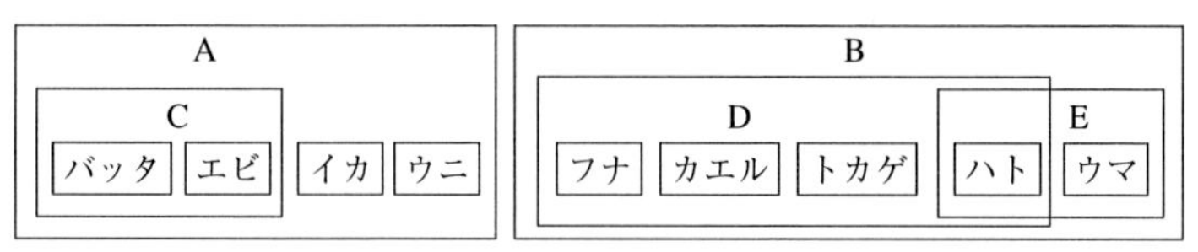

(1) Aのなかまをまとめて何というか。
(2) Cのなかまをまとめて何というか。
(3) Dのなかまに共通することは何か。
(4) Eのなかまに共通することは何か。

解答 (1) 無セキツイ動物　(2) 節足動物　(3) 卵をうむ（卵生）
(4) 体温が一定（恒温動物）

解説 (1) Aは背骨をもたない無セキツイ動物，Bは背骨をもつセキツイ動物である。 (2) バッタは昆虫類，エビは甲殻類であり，どちらも節足動物に分類される。なお，節足動物にはこのほかに多足類，クモ類がある。 (3) ホ乳類を除くセキツイ動物に共通する特徴である。ホ乳類は胎生である。 (4) セキツイ動物のうちの鳥類とホ乳類に共通する特徴である。どちらも恒温動物である。

例題 2〈生物のつながり〉

次の図は，生物の食う食われるの関係と物質の流れを模式的に表したものである。

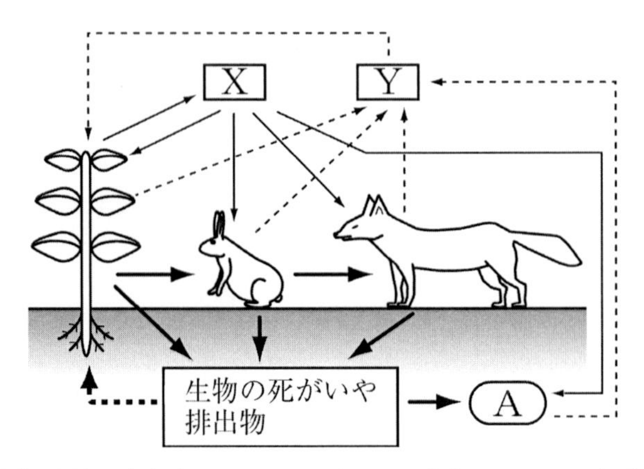

(1) 生物の食う食われるの関係による生物間のつながりを何というか。

(2) Aは菌類や細菌類である。これらの生物はそのはたらきから何と呼ばれるか。

(3) X，Yは気体である。それぞれの気体の化学式を書け。

解答 (1) 食物連鎖　(2) 分解者　(3) X…O_2　Y…CO_2

解説 (1) 植物を草食動物が食べ，草食動物を肉食動物が食べるという関係である。食物連鎖の数量的な関係は植物を底辺としたピラミッドの形で表される。 (2) 有機物を無機物に分解するはたらきをする。なお，植物やほかの動物を食べる動物を消費者という。 (3) 植物が取りこんでいるYは二酸化炭素である。植物，動物，微生物（菌類や細菌類）のいずれも取り込んでいるXは酸素である。

例題 3〈昆虫のからだ〉

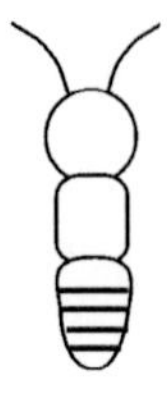

右の図は，昆虫のからだを模式的に表そうとしたものである。あしはどのようについているか。図にかき加えよ。ただし，あしの形は直線でよい。

解答 右の図を参照。

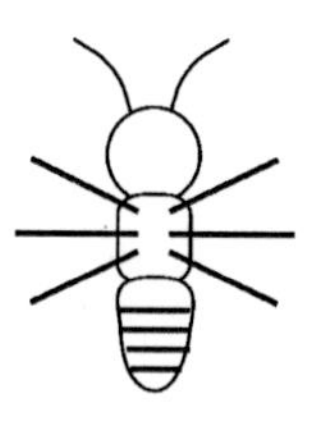

解説 昆虫のからだは頭部・胸部・腹部の3つに分かれており，胸部に3対（6本）のあしと2対（4枚）のはねがついている。ただし，はねが退化した昆虫もいる。

例題 4〈昆虫の育ち方〉

次のア～キの昆虫のうち，完全変態するものはどれか。すべて選び，記号で答えよ。

ア．アゲハ　イ．イナゴ　ウ．コオロギ　エ．ミツバチ
オ．カブトムシ　カ．カマキリ　キ．ギンヤンマ

解答 ア，エ，オ

解説 昆虫の育ち方には，卵→幼虫→さなぎ→成虫のように変態する完全変態と，卵→幼虫→成虫のように変態する不完全変態がある。

例題 5〈血液循環〉

次の図は，ヒトの血液循環を模式的に表したものである。なお，ケはCO_2以外の不要物が最も少ない血液が流れている血管である。

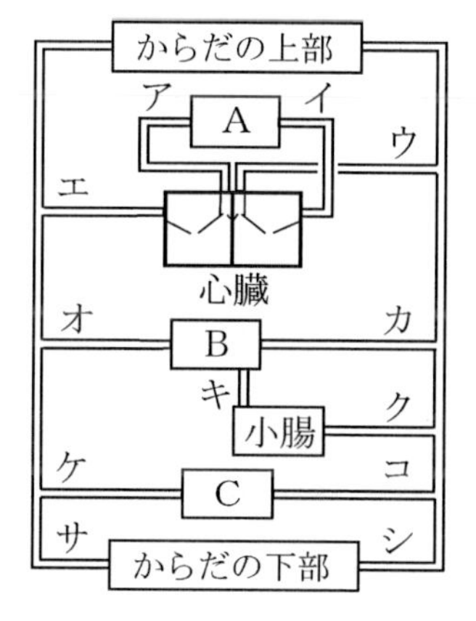

(1) A～Cの器官の名前をそれぞれ答えよ。
(2) 動脈血が流れている静脈はア～シのどれか。記号で答えよ。
(3) 食後に栄養分が最も多く含まれている血液が流れる血管はア～シのどれか。記号で答えよ。

解答 (1) A…肺　B…肝臓　C…腎臓　(2) イ　(3) キ

解説 (1) Aは二酸化炭素と酸素の交換を行う肺，Bは小腸からの栄養分を一時蓄えたり，アンモニアを尿素につくり変えたりする肝臓，Cは血液中の二酸化炭素以外の不要物をこし出すはたらきをする腎臓である。 (2) 肺から心臓へ戻る血液が流れる肺静脈である。 (3) 小腸から肝臓へ血液を送る肝門脈である。

例題 6〈呼吸〉

次の図は，肺の一部を示したものである。下の各問いに答えよ。

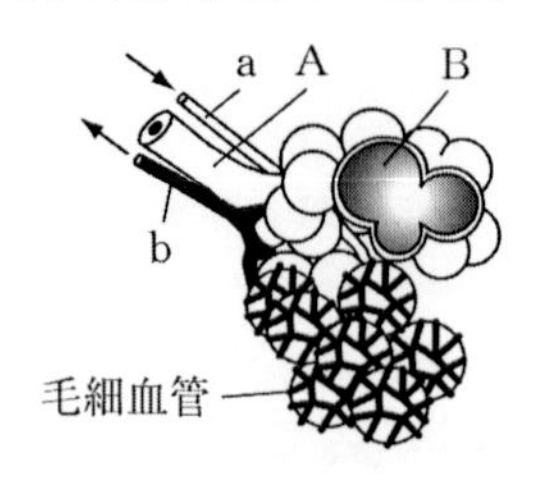

(1) A，Bのそれぞれの名前を答えよ。
(2) 酸素を多く含む血液が流れている血管は，a，bのどちらか。

解答 (1) A…気管支　B…肺胞　(2) b

解説 (1) Aは気管が枝分かれした気管支である。また，Bは細かく枝分かれした気管支の先が袋状になったもので，肺胞という。肺は，肺胞に分かれていることで表面積が大きくなり，ガス交換が効率よく行われている。 (2) 肺から出ていく血液が流れる血管である。

例題7〈消化・吸収〉

次の表は栄養分の消化と吸収についてまとめたものである。A～Dにあてはまる語句を答えよ。

	分解産物	吸収場所
デンプン	→ A	毛細血管
たんぱく質	→ アミノ酸	C
脂肪	→ B 脂肪酸 → 脂肪	D

解答 A…グルコース（ブドウ糖）　B…グリセリン（またはモノグリセリド）　C…毛細血管　D…リンパ管

解説 消化された栄養分は小腸の壁の柔毛から吸収される。

例題8〈老廃物の排出〉

図は，ヒトの排出器官を示したものである。

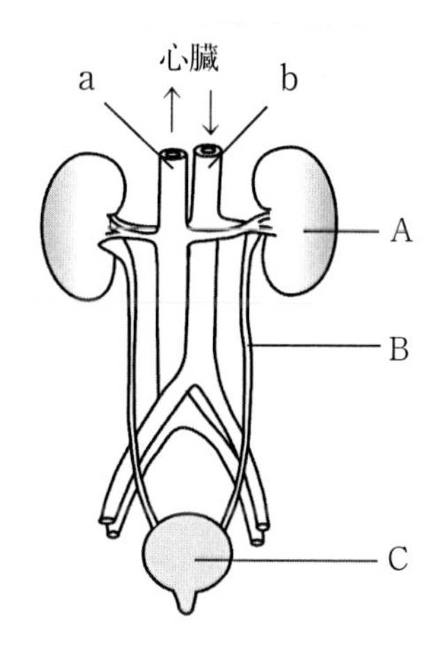

(1) A～Cの名前を答えよ。

(2) 血管a，bのうち，老廃物が少ない血液が流れているのはどちらか。

記号で答えよ。

解答 (1) A…腎臓　B…(輸) 尿管　C…ぼうこう　(2) a

解説 (1) Aは血液から不要物をこし出すはたらきをする腎臓，Bはつくられた尿をCのぼうこうへ送る輸尿管である。尿はぼうこうに一時ためられてから排出される。 (2) 腎臓に入る血液が流れるbは動脈であり，腎臓から出る血液が流れるaは静脈である。不要物は腎臓でこし出されるので，aの静脈のほうが不要物が少ない。

理科 地学【地球と宇宙】

ポイント

1 太陽の動き

(1) 太陽の日周運動

① 太陽の日周運動

地球の自転によって，東からのぼり，南の空を通って西へ沈み，1日に1回，地球の周りを回っているように見える。

② **南中高度**

太陽が南中（真南を通過）したときの地平線からの角度。太陽の高度が1日のうちで最も高い。

(2) 太陽の年周運動

地球は，地軸が公転面に垂直な方向に対して約23.4°傾いた状態で公転しているため，季節によって太陽の南中高度は変化する。

① 季節による太陽の道すじの変化（天球のモデル）

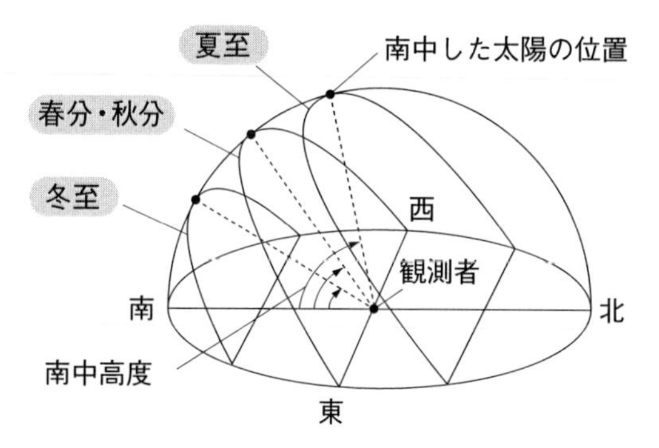

春分・秋分	真東からのぼり，真西に沈む。 昼と夜の長さは同じ。
夏至	真東・真西より北寄りに出没。 昼の時間が最も長く，南中高度も高い。
冬至	真東・真西より南寄りに出没。 昼の時間が最も短く，南中高度も低い。

② 季節による**南中高度**

春分・秋分の南中高度＝90°－緯度
夏至の南中高度＝90°－緯度＋23.4°
冬至の南中高度＝90°－緯度－23.4°

(3) 1年における太陽がつくる棒の影の変化

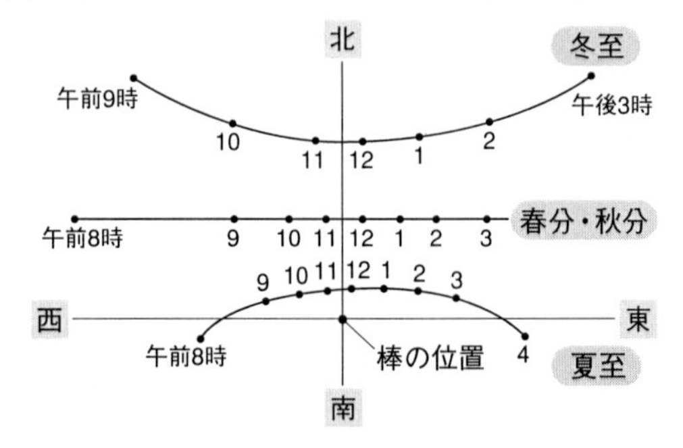

2 **月の動き**

(1) 月の動き

太陽と同じように**東から西**へ動き，1日に1回転する。これは，**地球の自転**による見かけの動きである。

■地球・太陽・月の位置関係

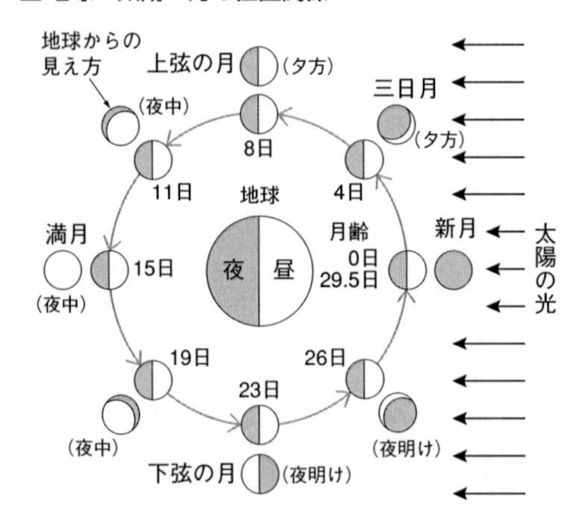

(2) 月の形の変化

月は太陽の光を反射させながら，地球のまわりを公転しているため，太陽と地球，月の位置関係で月の形が変化して見える。

新月→三日月→上弦の月→満月→下弦の月→新月を約29.5日で繰り返す。

(3) 月の形と動き

① **三日月**

夕方，西の空の低いところに見えはじめ，太陽を追うようにして沈んでいく。

② **上弦の月**

夕方，南の空の高いところに見え，夜中に西の空に沈む。三日月が見えた日から約4日後に見える。

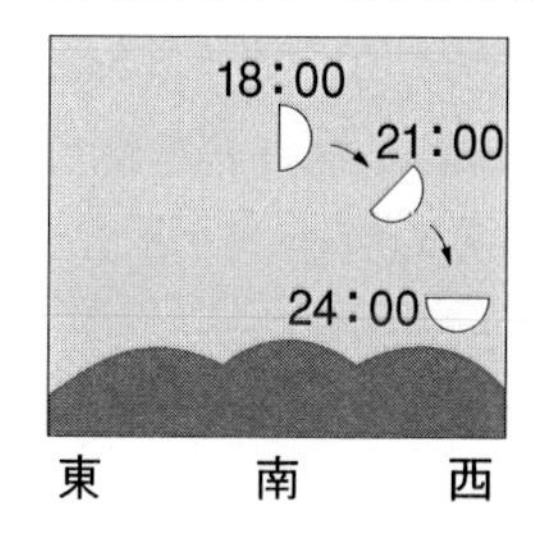

③ **満月**

満月は，地球をはさんで太陽の反対側に位置しているため，**日の入りと同時に東の空**にのぼり始め，真夜中に南中して，日の出の頃に西の空に沈む。上弦の月が見えた日から約1週間後に見える。

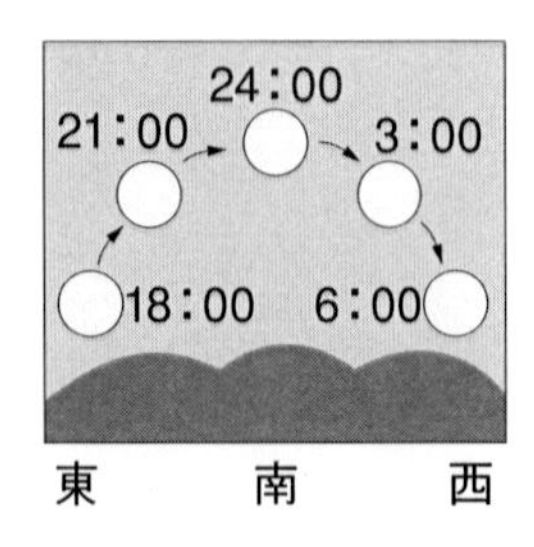

④　**下弦の月**

真夜中に東の空にのぼり始め，日の出の頃に南中する。正午頃，西の空に沈むが，太陽がのぼってからは見えなくなる。満月が見えた日から約1週間後に見える。

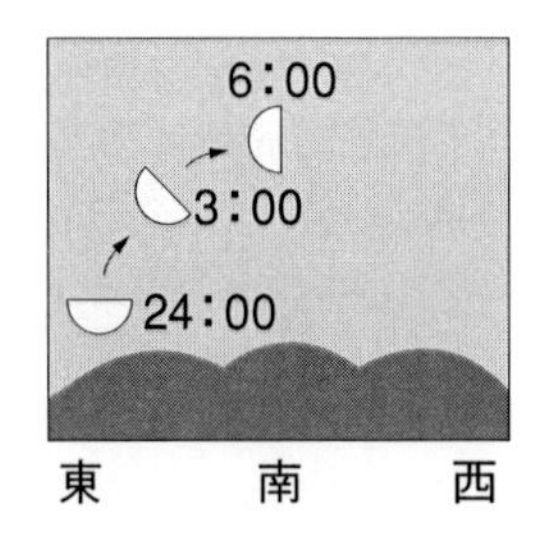

3　星の動きと星座

(1)　星の動き

①　星の日周運動

地球の自転によって，**1時間に15°ずつ東から西へ**動いて見える。

■東・西・南・北の空の星の動き（北半球）

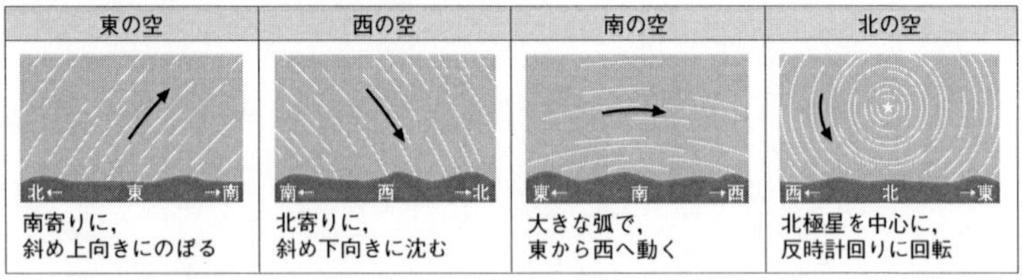

②　星の年周運動

地球の公転によって，星は**1ヵ月に30°**ずつ東から西へ動くように見え，1年で1回転する。同じ星が同じ位置に見える時刻は，1日に約4分ずつ，**1ヵ月に2時間ずつ早くなる。**

(2) 季節の星座

地球の公転によって，真夜中の南の空に見える星座は季節により異なる。地球から見て，太陽と反対方向にある星座はよく見え，太陽と同じ方向にある星座は見ることができない。

太陽が通る天球上の経路を黄道といい，黄道上に位置する星座を黄道12星座という。

	代表的な星座
春	しし座，おとめ座
夏	**さそり座，はくちょう座**
秋	ペガスス座，うお座
冬	**オリオン座**，ふたご座

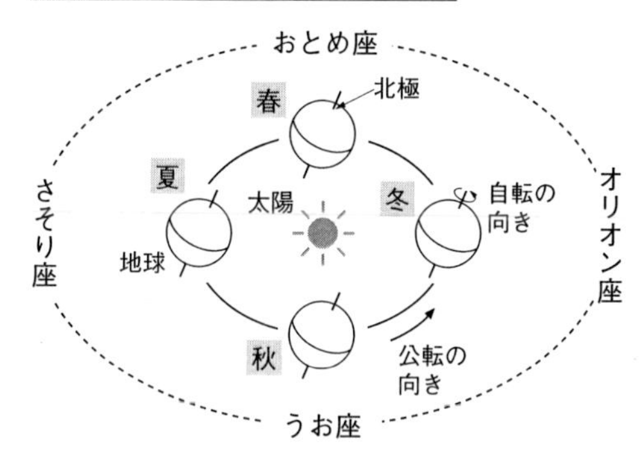

■冬の大三角形

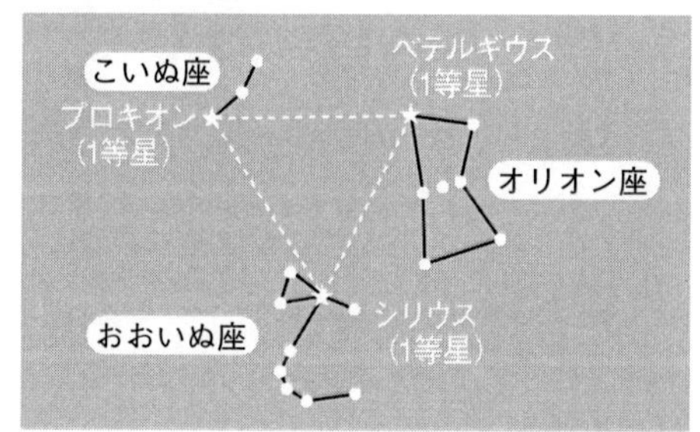

■夏の大三角形

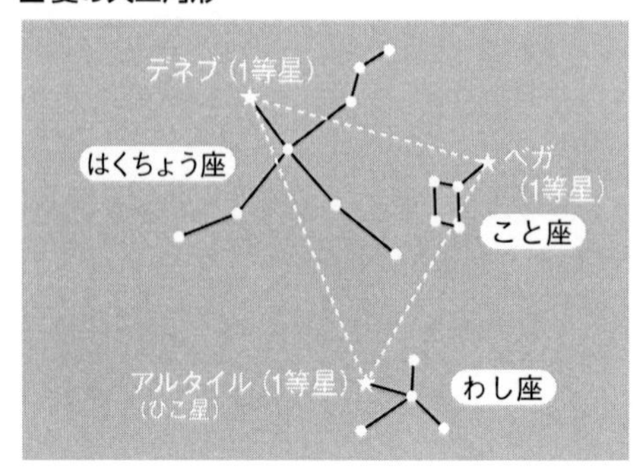

4 太陽系と宇宙

(1) 金星の見え方

金星は，太陽のまわりを公転する惑星の1つで，**内惑星**であるため，**明け方と夕方のみ見え**，真夜中に見ることはできない。

① **明けの明星**

日の出前のしばらくの間だけ，**東の空**に見える。

② **宵の明星**

夕方（日没直後）からしばらくの間だけ，**西の空**に見える。

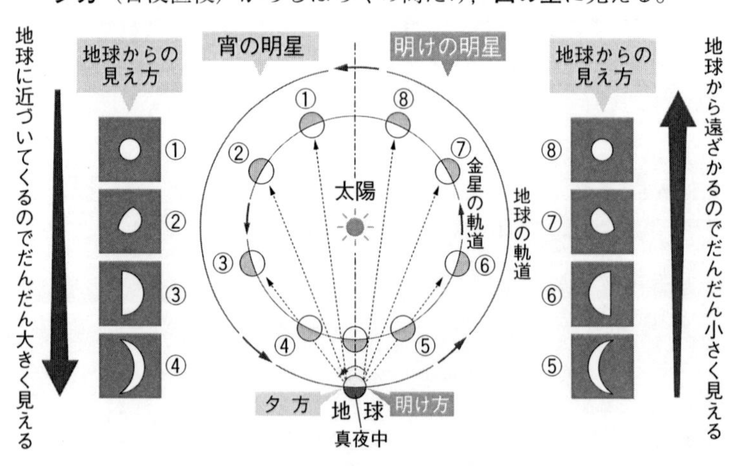

(2) **惑星**

太陽のまわりを公転している天体で8つある。自らは光を出さず，太陽の光を反射して光る。

① 内惑星と外惑星

・内惑星…地球より内側を公転している惑星。**水星と金星**がある。

・外惑星…地球より外側を公転している惑星。

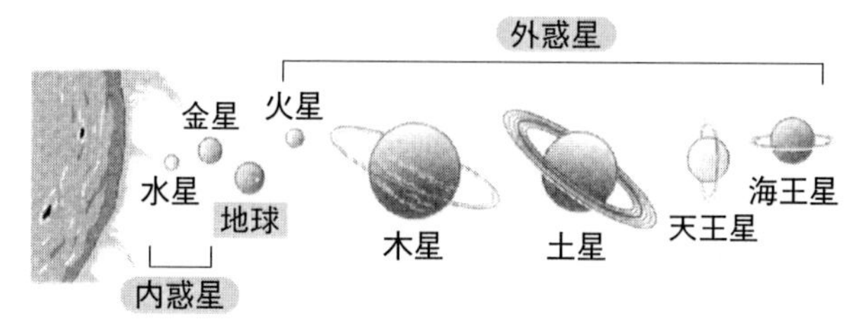

② 地球型惑星と木星型惑星

・地球型惑星…半径・質量は小さく，平均密度は大きい。水星，金星，地球，火星がある。

・木星型惑星…半径・質量は大きく，平均密度は小さい。木星，土星，天王星，海王星がある。

例題 1〈太陽の動き〉

次の図は，北緯35°のある地点の夏至，秋分，冬至の太陽の動きを，透明半球上に記録したものである。

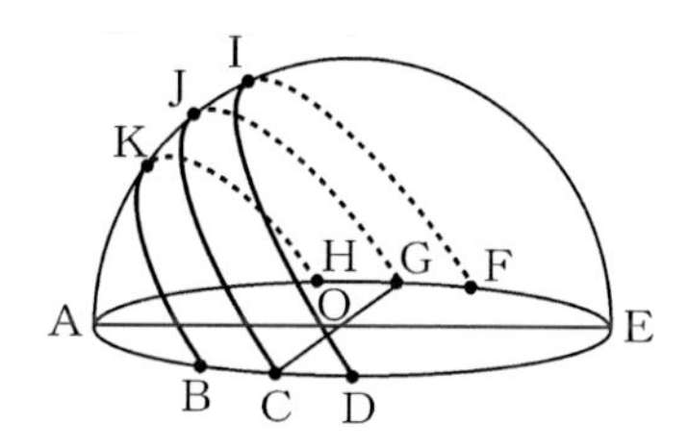

(1) 透明半球は何のモデルか。

(2) 夏至の日の南中高度を∠ABCのように表せ。

(3) (2) の角度は何度になるか。

(4) この地点の北極星の高度は何度か。

解答 (1) 天球　(2) ∠AOI（∠IOA）　(3) 78.4°　(4) 35°

解説 (1) 透明半球は，太陽の天球上での動きを再現する。 (2) 夏至の日の太陽の動きは，最も北よりのDIFである。南中高度は観測点にあたるO点での角度で，∠AOIである。 (3) 90°－35°＋23.4°＝78.4° (4) 北半球では，北極星の高度はその地点の緯度に等しい。

例題 2〈月の動き〉

次の図のように，南の空に月が見られた。

(1) 図のような月を何というか。名称を書け。

(2) 図のような月が見られたのは，何時ごろか。

(3) この日から約1週間後に見える月はどんな月か。名称を書け。

解答 (1) 上弦の月　(2) 午後6時ごろ（18時ごろ）　(3) 満月

解説 (1) 図のような半月は，西の空にあるときに弦が上になる。西の空にあるときに弦が上にあるのが上弦の月，下にあるのが下弦の月である。 (2) 図のような月が見られるとき，太陽は西の地平線付近にある。夕方6時ごろである。 (3) 月は右から欠けて右から満ちてくる。図の月はこれから満ちていき，約1週間後には満月になる。

例題 3〈星の動き〉

次の図は，カメラを東西南北のどちらかに向け，シャッターを2時間開放にしたときの星の軌跡を図に表したものである。

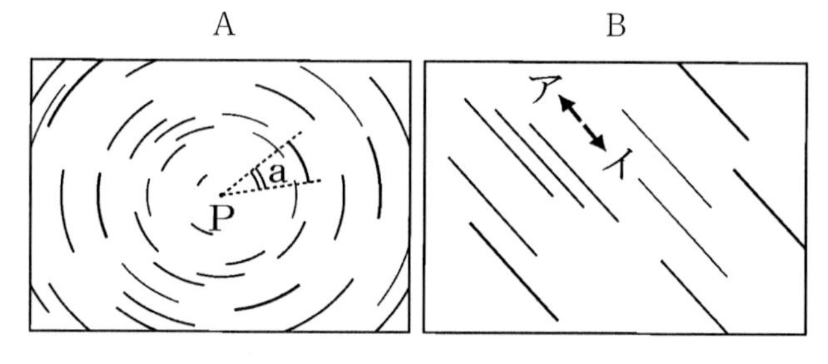

(1) Aの図のPの付近にある星を何というか。

(2) Aの図のaの角度は何度か。

(3) Bの図は，東西南北のどちらの空を表しているか。

(4) Bの図で，星はア，イのどちらの向きに動いたか。

解答 (1) 北極星　(2) 30°　(3) 西　(4) イ

解説 (1) Aは北の空の図である。北の空の星は，P（天の北極）を中心に反時計回りに回転して見える。天の北極付近にある星は北極星である。　(2) シャッターを開放した時間は2時間であるから，15°×2＝30°移動して見える。　(3)，(4) Bは西の空の図である。星は西の地平線に沈んでいくのでイの方向に動いて見える。

例題 4〈季節の星座〉

図は，太陽の周りを公転する地球と，星座の位置関係を模式的に表したものである。

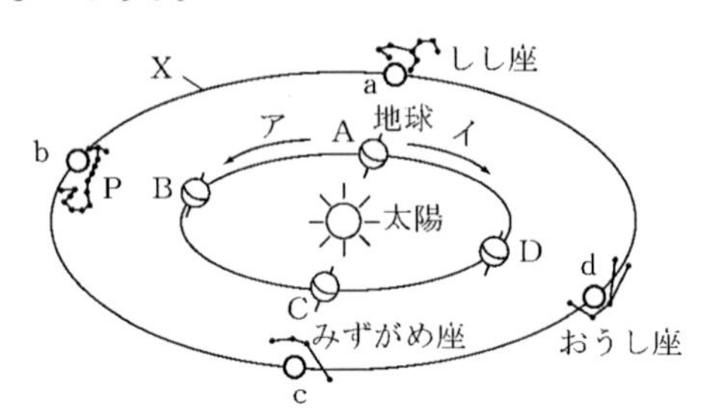

(1) 地球の公転の向きはア，イのどちらか。

(2) Xは，太陽の天球上における見かけの運動経路を示したものである。この経路を何というか。

(3) Pの星座は何か。名称を書け。

(4) 北半球が夏の位置にあるとき，日没のころに南の空に見られる星座は何か。

(5) 北半球が冬の位置にあるとき，太陽はa～dのどの位置にあるか。

解答 (1) ア　(2) 黄道　(3) さそり座　(4) しし座　(5) b

解説 (1) 星座の位置から判断する。　(3) 夏の代表的な星座である。(4) 公転の向きが「ア」であることから，図は天の北極（北半球）側から公転軌道を見下ろす図であるとわかる。したがって地球の自転軸の上側が北極であり，北極周辺に太陽光があたるところ（B）が北半球の夏。　(5) (4) と同様に考え，地球の公転軌道上の冬の位置を決めるとDになる。

例題 5〈星座と星〉

夏の大三角をつくるデネブ，アルタイル，ベガは，それぞれ何という星座に含まれるか。

解答 デネブ…はくちょう座　　アルタイル…わし座
ベガ…こと座

解説 いずれも1等星でよく目立ち，別々の星座に含まれている。

例題 6〈金星の動き〉

次の図は，太陽，地球，金星の位置関係を表したものである。

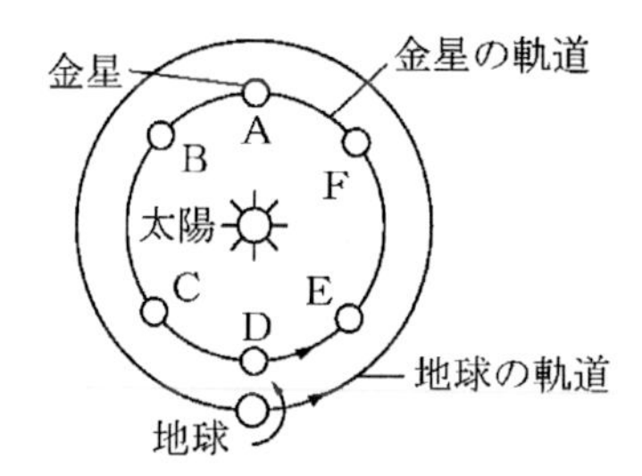

(1) 明け方に見られるのは，金星がA～Fのどの位置にあるときか。すべて選び，記号で答えよ。
(2) 肉眼では観測できないのは，金星がA～Fのどの位置にあるときか。すべて選び，記号で答えよ。
(3) 金星が真夜中に見ることができない理由を簡単に書け。

解答 (1) E，F　　(2) A，D　　(3) 内惑星であるから。

解説 (1) 地球の自転の向きから考える。　(2) 太陽の方向にある金星は肉眼では観測できない。　(3) 太陽－地球－金星のように並ぶことがないので真夜中に観測することはできない。これは，金星が地球の内側を公転する内惑星であるからである。

例題 7〈観察の仕方〉

次の問いに答えよ。

(1) 天体望遠鏡で太陽を観測する場合，太陽を直接見ることは絶対にしてはならない。何を使って観測するか。

(2) 透明半球上に太陽の位置をペンで印す場合，ペン先の影をどこに合わせるか。

解答 (1) 投影板　(2) 透明半球の中心

解説 (1) 望遠鏡を使って太陽を観察する場合は，ファインダーにはふたをしておき，のぞけないようにしておく。投影板を使って太陽の像を映す。　(2) 透明半球の中心は観測者の位置を表す。したがって，透明半球上に太陽の位置をペンで印す場合，ペン先の影が透明半球の中心と一致する位置に印をつける。

理科 学習指導要領

ポイント

平成29年改訂の要点

1 目標の改善について

(1) 教科の目標

理科において育成を目指す資質・能力については，中央教育審議会答申（平成28年12月21日）にて「知識・技能」，「思考力・判断力・表現力等」，「学びに向かう力・人間性等」の3つの柱に沿った整理が行われた。これを受け，教科の目標は次のように示された。

> 自然に親しみ，理科の見方・考え方を働かせ，見通しをもって観察，実験を行うことなどを通して，自然の事物・現象についての問題を科学的に解決するために必要な資質・能力を次のとおり育成することを目指す。
> (1) 自然の事物・現象についての理解を図り，観察，実験などに関する基本的な技能を身に付けるようにする。
> (2) 観察，実験などを行い，問題解決の力を養う。
> (3) 自然を愛する心情や主体的に問題解決しようとする態度を養う。

従前より示し方が変更され，先述の3つの柱に対応して (1) ～ (3) の目標が示された。それぞれ (1) が「知識・技能」，(2) が「思考力・判断力・表現力等」，(3) が「学びに向かう力・人間性等」による。

また，「理科の見方・考え方」とは，中央教育審議会答申では「自然の事物・現象を，質的・量的な関係や時間的・空間的な関係などの科学的な視点で捉え，比較したり，関係付けたりするなどの科学的に探究する方法を用いて考えること」として示している。

(2) 各学年の目標

〔第3学年〕

(1) 物質・エネルギー

① 物の性質，風とゴムの力の働き，光と音の性質，磁石の性質及び電気の回路についての理解を図り，観察，実験などに関する基本的な技能を身に付けるようにする。

② 物の性質，風とゴムの力の働き，光と音の性質，磁石の性質及び電気の回路について追究する中で，主に差異点や共通点を基に，問題を見いだす力を養う。

③ 物の性質，風とゴムの力の働き，光と音の性質，磁石の性質及び電気の回路について追究する中で，主体的に問題解決しようとする態度を養う。

(2) 生命・地球

① 身の回りの生物，太陽と地面の様子についての理解を図り，観察，実験などに関する基本的な技能を身に付けるようにする。

② 身の回りの生物，太陽と地面の様子について追究する中で，主に差異点や共通点を基に，問題を見いだす力を養う。

③ 身の回りの生物，太陽と地面の様子について追究する中で，生物を愛護する態度や主体的に問題解決しようとする態度を養う。

〔第4学年〕

(1) 物質・エネルギー

① 空気，水及び金属の性質，電流の働きについての理解を図り，観察，実験などに関する基本的な技能を身に付けるようにする。

② 空気，水及び金属の性質，電流の働きについて追究する中で，主に既習の内容や生活経験を基に，根拠のある予想や仮説を発想する力を養う。

③ 空気，水及び金属の性質，電流の働きについて追究する中で，主体的に問題解決しようとする態度を養う。

(2) 生命・地球

① 人の体のつくりと運動，動物の活動や植物の成長と環境との関

わり，雨水の行方と地面の様子，気象現象，月や星についての理解を図り，観察，実験などに関する基本的な技能を身に付けるようにする。

② 人の体のつくりと運動，動物の活動や植物の成長と環境との関わり，雨水の行方と地面の様子，気象現象，月や星について追究する中で，主に既習の内容や生活経験を基に，根拠のある予想や仮説を発想する力を養う。

③ 人の体のつくりと運動，動物の活動や植物の成長と環境との関わり，雨水の行方と地面の様子，気象現象，月や星について追究する中で，生物を愛護する態度や主体的に問題解決しようとする態度を養う。

〔第5学年〕

(1) 物質・エネルギー

① 物の溶け方，振り子の運動，電流がつくる磁力についての理解を図り，観察，実験などに関する基本的な技能を身に付けるようにする。

② 物の溶け方，振り子の運動，電流がつくる磁力について追究する中で，主に予想や仮説を基に，解決の方法を発想する力を養う。

③ 物の溶け方，振り子の運動，電流がつくる磁力について追究する中で，主体的に問題解決しようとする態度を養う。

(2) 生命・地球

① 生命の連続性，流れる水の働き，気象現象の規則性についての理解を図り，観察，実験などに関する基本的な技能を身に付けるようにする。

② 生命の連続性，流れる水の働き，気象現象の規則性について追究する中で，主に予想や仮説を基に，解決の方法を発想する力を養う。

③ 生命の連続性，流れる水の働き，気象現象の規則性について追究する中で，生命を尊重する態度や主体的に問題解決しようとする態度を養う。

〔第6学年〕

(1) 物質・エネルギー

① 燃焼の仕組み，水溶液の性質，てこの規則性及び電気の性質や働きについての理解を図り，観察，実験などに関する基本的な技能を身に付けるようにする。

② 燃焼の仕組み，水溶液の性質，てこの規則性及び電気の性質や働きについて追究する中で，主にそれらの仕組みや性質，規則性及び働きについて，より妥当な考えをつくりだす力を養う。

③ 燃焼の仕組み，水溶液の性質，てこの規則性及び電気の性質や働きについて追究する中で，主体的に問題解決しようとする態度を養う。

(2) 生命・地球

① 生物の体のつくりと働き，生物と環境との関わり，土地のつくりと変化，月の形の見え方と太陽との位置関係についての理解を図り，観察，実験などに関する基本的な技能を身に付けるようにする。

② 生物の体のつくりと働き，生物と環境との関わり，土地のつくりと変化，月の形の見え方と太陽との位置関係について追究する中で，主にそれらの働きや関わり，変化及び関係について，より妥当な考えをつくりだす力を養う。

③ 生物の体のつくりと働き，生物と環境との関わり，土地のつくりと変化，月の形の見え方と太陽との位置関係について追究する中で，生命を尊重する態度や主体的に問題解決しようとする態度を養う。

全学年「(1) 物質・エネルギー」，「(2) 生命・地球」の領域ごとに，3項目の目標が設定された。各学年各領域の①は答申で示された「知識・技能」の内容を，②は「思考力・判断力・表現力等」を，③は「学びに向かう力・人間性等」を反映している。

2 内容の改善について

内容について，従前のもの同様「A　物質・エネルギー」，「B　生命・地球」に大別されているが，それぞれの領域の中で新たに〔知識及び技能〕〔思考力・判断力・表現力等〕を反映した指導事項が設定されている。

例題 1〈学習指導要領〉

小学校学習指導要領（平成29年3月告示）の「理科」について，次の各問いに答えよ。

(1) 小学校学習指導要領理科は，2つの領域で構成されている。この領域として正しいものを次の①～⑥から2つ選べ。

① 「A　粒子・エネルギー」　② 「A　物質・エネルギー」
③ 「A　物質・粒子」　④ 「B　地球・宇宙」
⑤ 「B　生命・宇宙」　⑥ 「B　生命・地球」

(2) 次の文は，第5学年の目標の一部である。（　ア　）にあてはまる最も適当な言葉を，下の①～④から1つ選べ。

生命の連続性，流れる水の働き，気象現象の規則性について追究する中で，主に予想や仮説を基に，（　ア　）力を養う。

① 問題を見いだす　② 妥当な考えをつくりだす
③ 問題を解決する　④ 解決の方法を発想する

解答 (1) ②・⑥　(2) ④

解説 (1) 改訂前のものと変わらず，「物質・エネルギー」「生命・地球」で構成されている。　(2) ①は第3学年の，②は第6学年の目標の中で用いられる文言である。

例題 2〈学習指導要領〉

次の文は，小学校学習指導要領（平成29年3月告示）「理科」に示されている第3学年と第4学年の目標の一部である。あとの各問いに答えよ。

第3学年
② 物の性質，風とゴムの力の働き，光と音の性質，磁石の性質及び$_a$電気の回路について追究する中で，主に（ A ）や（ B ）を基に，問題を見いだす力を養う。
第4学年
② 空気，水及び金属の性質，電流の働きについて追究する中で，主に（ C ）や（ D ）を基に，根拠のある予想や仮説を発想する力を養う。

(1) （ A ）～（ D ）に当てはまる語句をそれぞれ書け。
(2) 下線部aについて，第6学年で学習する内容は次のどれか，すべて選んで記号を書け。
ア．電気を通す物と通さない物があること。
イ．電気は，つくりだしたり蓄えたりすることができること。
ウ．電磁石の強さは，電流の大きさや導線の巻数によって変わること。
エ．乾電池の数やつなぎ方を変えると，電流の大きさや向きが変わること。
オ．電気を通すつなぎ方と通さないつなぎ方があること。
カ．電気は，光，音，熱，運動などに変換することができること。

解答 (1) A 差異点 B 共通点 C 既習の内容 D 生活経験 (2) イ，カ

解説 (1) 双方とも「物質・エネルギー」に関する目標であり，学年で学習目標がどのように変わるかを学習することは重要である。第3学年では「学習の過程において，自然の事物・現象の差異点や共通点を基に，問題を見いだすといった問題解決の力を育成すること」，第4学年では「学習の過程において，自然の事物・現象から見いだした問題について，既習の内容や生活経験を基に，根拠のある予想や仮説を発想するといった問題解決の力を育成すること」に重点がおかれている。 (2) アは第3学年，ウは第5学年，エは第4学年，オは第3学年で学習する。

例題 3〈学習指導要領〉

次の文は，小学校学習指導要領（平成29年3月告示）「理科」の「第3 指導計画の作成と内容の取扱い」の一部である。（ ① ）～（ ⑤ ）にあてはまる語句を下のア～コから1つずつ選び，記号で答えよ。

・理科の学習過程の特質を踏まえ，理科の見方・考え方を働かせ，（ ① ）をもって観察，実験を行うことなどの，問題を（ ② ）に解決しようとする学習活動の充実を図ること。

・生物，天気，川，土地などの指導に当たっては，野外に出掛け地域の自然に親しむ活動や（ ③ ）な活動を多く取り入れるとともに，生命を尊重し，自然環境の（ ④ ）に寄与する態度を養うようにすること。

・観察，実験などの指導に当たっては，事故防止に十分留意すること。また，環境整備に十分配慮するとともに，（ ⑤ ）についても適切な措置をとるよう配慮すること。

ア．保全　イ．自主的　ウ．見通し　エ．使用薬品
オ．目的意識　カ．体験的　キ．実験器具　ク．保護
ケ．整備　コ．科学的

解答　① ウ　② コ　③ カ　④ ア　⑤ エ

解説　空欄を補充する問題は頻出である。本問のように語群が設けられていても，文脈のみでは解答を絞りきれない場合が多いので，熟読し理解を深めておきたい。

例題 4〈学習指導要領〉

次の（1）～（4）は，小学校学習指導要領（平成29年3月告示）解説 理科編において，理科の観察，実験の指導等について留意すべき点を述べたものである。下線部が正しければ◯を，誤っていれば正しい語句を答えよ。

（1）磁石の性質の学習において扱う対象としては，児童が扱いやすい

棒磁石やU字型磁石などが考えられる。

(2) 人の体のつくりと運動の学習において扱う対象としては，骨や臓器の存在を調べる際には，自分の体を中心に扱うようにし，他の動物としては，骨や臓器の働きが調べられる身近で安全な哺乳類，例えば，学校飼育動物の観察などが考えられる。

(3) 空気と水の性質の学習において扱う対象としては，閉じ込めた空気と水を使用する。その際，空気を閉じ込めても圧し縮めることが容易にできる物や，温度の変化を容易に捉えることができる物を使用することが考えられる。

(4) 天気の変化の学習において，雲を野外で観察する際には，気象情報に注意するとともに，太陽を直接見ないように指導し，事故防止に配慮するように指導する。

解答 (1) ○　(2) 筋肉　(3) 体積　(4) ○

解説 (2) 第4学年の「B　生命・地球　(1) 人の体のつくりと運動」では，児童が，骨や筋肉のつくりと働きに着目し，それらを関係付けて，人や他の動物の体のつくりと運動との関わりを調べる活動を通して，それらについての理解を図り，観察，実験などに関する技能を身に付け，既習の内容や生活経験を基に，根拠のある予想や仮説を発想する力や主体的に問題解決しようとする態度などを育成することがねらいである。　(3) 第4学年の「A　物質・エネルギー　(1) 空気と水の性質」では，空気を閉じ込めても圧し縮めることが容易にできる物として，日常生活との関連でボールやタイヤなど空気の性質を利用した物を使うことなども示されている。

●小学校学習指導要領(平成29年3月告示)

理科　学習指導法

ポイント

今回の学習指導要領改訂における趣旨の一つに，「主体的な学び」「対話的な学び」「深い学び」の視点から学習過程の改善を図ることがある。中央教育審議会答申（平成28年12月21日）によると，それぞれの学びを実現するための視点として，次のような物が挙げられている。

「主体的な学び」

・自然の事物・現象から問題を見いだし，見通しをもって課題や仮説の設定や観察・実験の計画を立案したりする学習場面を設けること
・観察・実験の結果を分析・解釈して仮説の妥当性を検討したり，全体を振り返って改善策を考えたりする学習場面を設けること
・得られた知識や技能を基に，次の課題を発見したり，新たな視点で自然の事物・現象を把握したりする学習場面を設けること

「対話的な学び」

・課題の設定や検証計画の立案，観察・実験の結果の処理，考察・推論する場面などでは，あらかじめ個人で考え，その後，意見交換したり，議論したりして，自分の考えをより妥当なものにする学習場面を設けること

「深い学び」

・自然の事物・現象について，「理科の見方・考え方」を働かせて，探究の過程を通して学ぶことにより，資質・能力を獲得するとともに，「見方・考え方」も豊かで確かなものとなること
・次の学習や日常生活などにおける問題発見・解決の場面において，獲得した資質・能力に支えられた「見方・考え方」を働かせることによって「深い学び」につながっていくこと

指導計画の作成や指導法に関する設問では，これらの視点が相互に関連し合うことや，学年の目標との結びつきについてを念頭に解答を作成したい。

また，現行の学習指導要領では第3学年に「音の性質」，第4学年に「雨

水の行方と地面の様子」についての指導事項が新たに加わった他,「第3 指導計画の作成と内容の取扱い」の2 (2) ではプログラミングを体験しながら論理的思考力を身に付けるための学習活動について新たに言及している。主要な改訂に関わる部分は出題されやすい傾向にあるので,自分なりに学習指導要領を熟読し,想定できる観察や実験について整理しておくとよいだろう。

なお,観察・実験などの指導について学習する際は,事故防止や環境整備,使用薬品について配慮すべき事項を確認し,安全面・環境保全面で問題がないように注意する。

例題 1〈学習指導法〉

次のア〜ウの児童の操作は,事故につながる危険なものである。教師は,その後児童に起こりうるどのような事故を想定すべきか答えよ。

ア　アルミニウムに塩酸を注いだときに発生する気体を調べるために,発生した気体を丸底フラスコに大量に集めている。

イ　加熱器具として,アルコールが少量入っているアルコールランプを準備した。

ウ　水平で直射日光が当たる机の上に,顕微鏡を準備した。

解答　ア　丸底フラスコは,体積に比べて口の面積が小さく,火をつけたとき,中の圧力が高まり,破損する恐れがある。　イ　点火するときに容器内のアルコール蒸気に引火して爆発する恐れがある。　ウ　顕微鏡を覗いたときに,強い光で目をいためる。

解説　ア　アルミニウムに塩酸を注いだとき,発生する気体は水素である。水素に点火して燃焼させるときは,筒状の容器を用いなければならない。　イ　アルコールランプを使用するとき,アルコールを八分目ほど入れておかないと,ランプ内のアルコール蒸気に引火する恐れがある。　ウ　直射日光下で顕微鏡を使用すると,反射鏡で反射した光が集光されるので,目をいためることがあるため,直射日光下で使用してはならない。

例題 2〈学習指導法〉

次の文章を読み，問いに答えよ。

(1) 第3学年の学習では，身の回りの生物について，探したり育てたりする中で，それらの様子や周辺の環境，成長の過程や体のつくりに着目して，それらを比較しながら調べる活動を通して指導する。昆虫と植物の体は，それぞれどんな共通のつくりをもつか書け。

(2) 第4学年の学習では，身近な動物や植物について，探したり育てたりする中で，動物の活動や植物の成長と季節の変化に着目して，それらを関係付けて調べる活動を通して指導する。植物の成長について継続的な観察を行い，記録カードに書き込む学習活動を設定するとき，記録させたい観察の観点（ことがら）を5つ書け。

(3) 第5学年の学習では，植物の育ち方について，発芽，成長及び結実の様子に着目して，それらに関わる条件を制御しながら調べる活動を通して指導する。発芽に関係している環境条件を3つ書け。

(4) 第6学年の学習では，人や他の動物について，体のつくりと呼吸，消化，排出及び循環の働きに着目して，生命を維持する働きを多面的に調べる活動を通して指導する。人が呼吸することで空気中の気体の体積は，変化するものと，変化しないものに分けられる。変化する気体は何か，変化しない気体は何か，それぞれの気体の名称を書け。

解答 (1) 昆虫…頭・胸・腹　植物…根・茎・葉　(2) 調べるものの名前，調べた場所，月日と時刻，気温と天気，調べて気付いたこと　など　(3) 水，温度，空気　(4) 変化する気体…酸素，二酸化炭素，水蒸気から2つ　変化しない気体…窒素

解説 小学校学習指導要領「理科」の各学年の内容に次のように示されている。 (1)〔第3学年〕の2　内容　B　生命・地球 (1) ア（イ）（ウ）による。 (2)〔第4学年〕の2　内容　B　生命・地球 (2) ア（ア）（イ）による。継続的な観察を続ける場合は，日々の状況（条件）の変化について記録させる。 (3)〔第5学年〕の2　内容　B　生命・地球 (1) ア（イ）による。 (4)〔第6学

年〕の2　内容　B　生命・地球 (1) ア (ア) に関連する出題である。

例題 3〈学習指導法〉

次の文は，小学校学習指導要領解説　理科編に示されている第5学年の内容「A　物質・エネルギー　(2)　振り子の運動」の一部である。

> 振り子の運動の規則性について，振り子が1往復する時間に着目して，おもりの重さや振り子の長さなどの条件を制御しながら調べる活動を通して，次の事項を身に付けることができるよう指導する。

おもりの1往復する時間が何によって変わるかを調べる実験を行う。その際，児童が実験結果を適切に処理し，振り子の運動の規則性について考察することができるようにするために，どのようなことを指導するか。具体的に1つ答えよ。

解答　・糸の長さや振れ幅を一定にしておもりの重さを変えるなど，変える条件と変えない条件を制御すること。　・適切な振れ幅で実験を行い，振れ幅が極端に大きくならないようにすること。　・糸の長さは糸をつるした位置からおもりの重心までであること。　・伸びの少ない糸を用いること。　・実験を複数回行うこと。　から1つ

解説　ここでは，児童が，振り子が1往復する時間に着目して，おもりの重さや振り子の長さなどの条件を制御しながら，振り子の運動の規則性を調べる活動を通して，それについての理解を図り，観察，実験などに関する技能を身に付けるとともに，主に予想や仮説を基に，解決の方法を発想する力や主体的に問題解決しようとする態度を育てることがねらいである。

●小学校学習指導要領(平成29年告示)解説「理科編」(平成29年7月)

第 5 章

音楽科

音楽科 音符と休符

ポイント

学習指導要領では，音符，休符，記号や用語の取扱いについて示している。指導に当たっては，単にその名称やその意味を知ることだけではなく，表現及び鑑賞の様々な学習活動の中で，音楽における働きと関わらせて，実感を伴ってその意味を理解できるようにするとともに，表現及び鑑賞の各活動の中で，活用できるように配慮することが大切である。

これらについては，特に配当学年は示されていないが，取り扱う教材，内容との関連で必要と考えられる時点で，その都度繰り返し指導していくようにし，6年間を見通した指導計画に沿って学習を進める中で，音楽活動を通して徐々に実感を伴って理解し，活用できる知識として身に付けていくようにすることが大切である。

例題 1〈音符と休符〉

次の音符，休符の名称を記せ。

(1) ♩　(2) ♪　(3) ♩.　(4) 𝅝　(5) 𝄿　(6) 𝄼
(7) 𝄻　(8) 𝄽

解答　(1) 4分音符　(2) 8分音符　(3) 付点4分音符
(4) 全音符　(5) 16分休符　(6) 2分休符　(7) 全休符
(8) 4分休符

解説　これは音符，休符の基本である。名称とともに，各々の長さの比較も把握しておきたい。なお，𝄼と𝄻はまちがえやすいので注意すること。𝄼は2分休符で2拍休みだが，𝄻は全休符であり，1小節全部（3拍子ならば3拍，4拍子ならば4拍）休みということである。

例題 2〈音符と休符〉

次の（1）（2）の意味を記せ。

（1）♪♪♪（3連符）　　（2）♩= 96

解答　（1）♩を3等分したもの。　（2）♩を1分間に96回打つ速さで演奏すること。

解説　（1）は3連符である。音楽に変化をもたせるために，本来ならば2等分しなければならない音を3等分した音符。（2）はAllegro（速く）やAdagio（ゆるやかに）などの記号と同じで，♩=96はModeratoと同じ位の速さである。

例題 3〈音符と休符〉

次の音符は，$\frac{4}{4}$のとき，$\frac{6}{8}$のとき，それぞれ何拍子か。

♩　𝅗𝅥.　♩.　♪

解答　$\frac{4}{4}$…♩(1拍)，𝅗𝅥.(3拍)，♩.(1拍半)，♪(半拍)

$\frac{6}{8}$…♩(2拍)，𝅗𝅥.(6拍)，♩.(3拍)，♪(1拍)

解説　$\frac{4}{4}$のときには♩がそれぞれの音符の中に何拍入っているか，$\frac{6}{8}$のときには♪が何拍入っているのかを考えればよい。

例題 4〈音符と休符〉

♩=60と同じ速さの速度記号はどれか。適切な記号を選び番号で答えよ。

①　♪=30　　②　♩.=90　　③　♪=120　　④　𝅗𝅥=120

解答　③

解説　1分間に「4分音符60拍」分の速さは，「8分音符120拍」分の速さに等しい。

音楽科 リズム

ポイント

低学年の児童は，教師や友達の演奏を聴いてまねるなど模奏を楽しむ傾向が見られる。一方，リズムが不確かだったり，一定の速度が保てなかったりする傾向も見られる。このような児童の実態を踏まえ，様々な音楽活動の基盤となる聴奏の技能を十分に育てる必要がある。また，視奏の基礎となる力を養うために，リズム譜を見ながら，リズム唱をしたり体や楽器によるリズム打ちをしたりするなどして，リズムに対する感覚を十分に身に付けるようにすることが重要である。

例題 1〈リズム〉

次の2つの身体表現のリズムについて適当なものを下から選べ。

(1) かけ足　　(2) スキップ

(a) ♩. ♪ ♩. ♪　(b) ♫ ♫ ♫ ♫　(c) ♪.♬ ♪.♬ ♪.♬ ♪.♬

解答　(1) (b)　　(2) (c)

解説　リズム，メロディー，ハーモニーを音楽の3要素という。リズムを指導する。(a) と (c) は音符の長短を理解していないとまちがえやすいので注意する。

例題 2〈リズム〉

次のリズムの基本形を書け。

(1) $\frac{2}{4}$　(2) $\frac{3}{4}$　(3) $\frac{4}{4}$　(4) $\frac{6}{8}$　(5) $\frac{2}{2}$

解答　(1) ♩ ♩　(2) ♩ ♩ ♩　(3) ♩ ♩ ♩ ♩　(4) ♪♪♪ ♪♪♪　(5) 𝅗𝅥 𝅗𝅥

解説　1小節の中の8分音符，4分音符，2分音符の数を考えればよい。

例題 3〈リズム〉

次の楽譜を見て問いに答えよ。

① 曲名は次のどれか。

(イ) 春の小川　(ロ) めだかの学校　(ハ) かっこうワルツ

(ニ) 七つの子　(ホ) 赤とんぼ

② 何拍子か。

③ 弱起か強起か。

④ 伴奏は次のどのリズムが合うか。

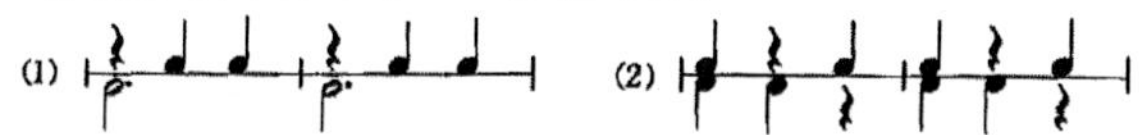

解答 ① (ハ)　② $\frac{3}{4}$拍子　③ 弱起　④ (1)

解説 簡単な曲は読譜できるようにしておきたい。また，小節の第1拍から始まらない弱起の曲は，拍子や伴奏に気をつけること。

例題 4〈リズム〉

4分の4拍子のリズムを4小節創作せよ。ただし，1小節内に2種類以上の音符または休符を用い，いずれの小節も異なるリズムにすること。

解答 (例)

解説 4分の4拍子と指定されているので，1小節に4分音符4個分のリズムを入れること。一通り音符を書き込んでから，それぞれの小節ごとに，音符の長さを確認すること。全音符，4分音符，8分音符の他，付点がついた音符も使うとよい。

音楽科 記号

ポイント

記号であるが，毎年相当多くの出題がある。多くはごく一般的な記号である。ただ，記号には発想標語のほかに強弱，速度を示すもの，あるいはそれらが総合されたもの，すなわちアーティキュレーション（発音法ともいう），デュナーミク（強弱法），アゴーギク（速度法）など，多様な記号があり，省略記号および略記号についてもしっかり整理しておくべきであろう。なお，それらの標語や記号の読み方と意味は記述できるようにしておく必要がある。

例題 1〈記号〉

次に示す速度記号のグループで，左から遅い順に並んでいるものはどれか。ア～オから1つ選べ。

ア．	Allegro	Andante	Andantino	Adagio	Moderato
イ．	Andante	Andantino	Adagio	Moderato	Allegro
ウ．	Adagio	Andante	Moderato	Allegretto	Allegro
エ．	Andantino	Moderato	Adagio	Allegro	Andante
オ．	Allegretto	Allegro	Adagio	Moderato	Andante

解答 ウ

例題 2〈記号〉

次の文の（　　）に適することばや記号を記せ。

(1)「ごく弱く」という記号は（　　）である。

(2) Fineはフィーネと読み，（　　）を示す記号である。

(3) 各声部を一人ずつで歌いあわせる演奏の形態を（　　）という。

(4) ♯と♭によって変化した音をもとの音にもどすには，（　　）の記号を使う。

解答 (1) ***pp*** (2) 終わり (3) 重唱 (4) ♮

例題 3〈記号〉

次の（ア）～（エ）はそれぞれどちらの速度が速いか。

（ア）♩＝128 ／ ♩＝168　（イ）Moderato ／ Allegro　（ウ）Allegretto ／ Adagio

（エ）Andante ／ Largo

解答 （ア）♩＝168 （イ）Allegro （ウ）Allegretto
（エ）Andante

例題 4〈記号〉

次の (1) ～ (3) の文中の（ ① ）～（ ⑤ ）にあてはまる語句を，下のア～シから1つずつ選び，記号で答えよ。

(1) アレグロは，レントより（ ① ）速度記号である。
(2) レガートの意味は（ ② ），マルカートの意味は（ ③ ）である。
(3) 音の強さを示す用語のうち，cresc.の意味は（ ④ ），decresc.の意味は（ ⑤ ）である。

ア．少し弱く　イ．弱く　ウ．非常に強く
エ．強く　オ．だんだん強く　カ．音を短く切って
キ．なめらかに　ク．一つ一つの音をはっきりと
ケ．おそい　コ．優しく　サ．はやい
シ．だんだん弱く

解答 ① サ ② キ ③ ク ④ オ ⑤ シ

音楽科 音階

ポイント

調号は♯の場合，調号がないとハ長調，♯1つだとト長調，2つだとニ長調と，♯が1つ増えるごとに，完全5度上（完全4度下）の調となる。♭の場合は調号が1つだと，ハ長調の完全5度下のヘ長調，2つだと変ロ長調と，♭が1つ増えるごとに完全5度下（完全4度上）の調となる。長調・短調は，それぞれの和音の第3音に「長3度」をもつか，「短3度」をもつかによって決定する。また，短調の場合は，その主音の短3度上の長調と同じ記号である。(平行調)

○日本陽旋法……日本の民謡の中でも，古くから素朴な農民たちに歌いつがれてきたものに多い。
（例）ひらいたひらいた　子もり歌　木曽節等

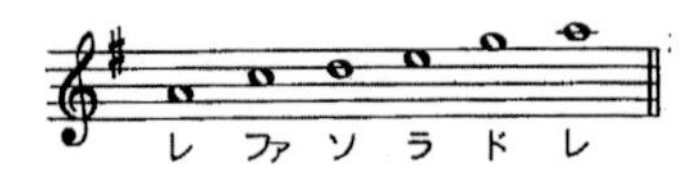

○日本陰旋法……江戸時代の三味線や箏の曲に，多く用いられている。
（例）うさぎ　さくらさくら　通りゃんせ等

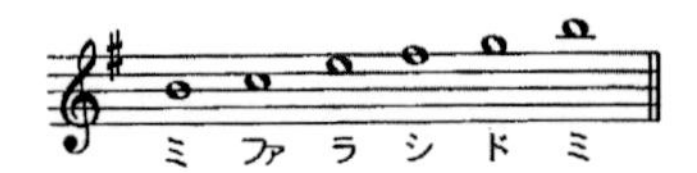

例題 1〈音階〉

次の音階は何調か。

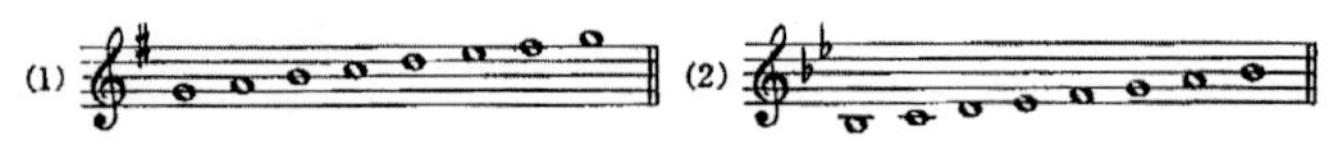

解答　(1) ト長調　　(2) 変ロ長調

例題 2〈音階〉

次の音階を全音符で記せ。

イ．ヘ長調　　ロ．ニ短調

解答

例題 3〈音階〉

次の①～③の曲は下のア～エのどれか。

①　きらきら星　　②　さくらさくら　　③　春の小川

ア．長調　　イ．短調　　ウ．日本旋法（陽）　　エ．日本旋法（陰）

解答　①　ア　　②　エ　　③　ア

例題 4〈音階〉

次の楽譜の下の（　　）に移動ド唱法による階名を書け。

解答

(ソ)(ド)(レ)(ミ)(ミ)(ミ)(ミ)(ソ)(ソ)(ソ)(ミ)(レ)(ド)(レ)

解説　♯が1個の長調は，ト長調。主音であるトを「ド」と読む。

音楽科　和音・伴奏

ポイント

和音：高さの違う2つ以上の音が同時に響いたときに生じる音を和音と呼ぶ。和音はそれぞれ和音に含まれる音程と音の重なり方によって，それぞれ表情が生まれ，和音の性質が決定する。

3和音：和音のうちでもっとも一般的である。旋律が属する調の音階上の音を根音として，3度上と5度上の音を積み重ねて生じる和音である。ⅠⅡⅢⅣⅤ……で表す（Ⅴの和音には7度上の音も重ねてV_7と表記し属七の和音と呼んで使う場合が多い）。

特に次図の和音は主要3和音といわれる。伴奏などではこの和音を旋律に応じて連結し，リズムなどを工夫して曲想を引き出す役割を果たすことができる。

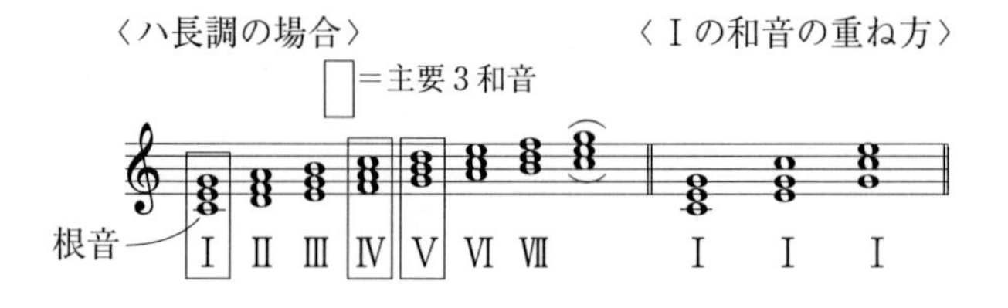

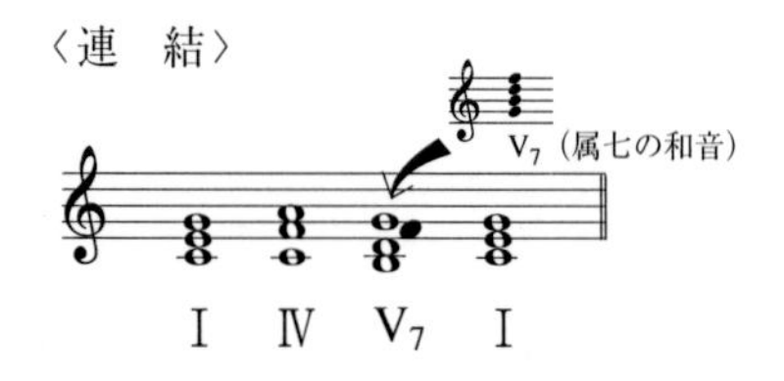

和声：和音を連結することによって，表情をもった響きの流れができる。和音の重ね方を選び連結の仕方を工夫することでさまざまな音楽の曲想を作り出すことができる。

例題 1〈和音〉

I，Ⅳ，Vの記号を書け。

解答 （ア）I（ハ長調）　（イ）Ⅳ（変ロ長調）　（ウ）V（ト長調）

例題 2〈和音〉

次の楽譜は「おぼろ月夜」の最後の部分である。下段に示してある和音を参考に，空欄ア～ウに当てはまる和音を五線に記入せよ。使用する和音はI，Ⅳ，Vから選ぶものとする。

解答

解説 Iの和音とはドミソ，Ⅳとはドファラ，Vはシレソでそれぞれの階名の和音を選ぶことになる。最後のウはドだけしかないが，曲の最後は主和音（ドミソ）で終わることになっている。

例題 3〈伴奏〉

次の楽譜に適当な和音を示せ。ただし，第3小節は2種の和音が入る。

解答

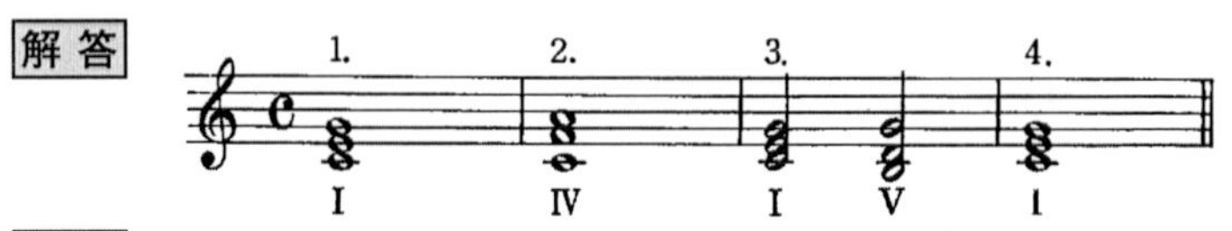

解説 楽譜に和音をつける時は，移動ド唱法で楽譜を読み，フレーズの中に，どの音がつかわれているかを考えればよい。それによって，I．（ドミソ） Ⅳ．（ドファラ） V．（シレソ） V_7．（ソシレファ）をあてはめればよい。

例題４〈伴奏〉

次の楽譜の第2小節の伴奏を創作せよ。ただし，リズムは第1小節と同じとし，Fコードの構成音を使うこととする。

解答

解説 Fコードはファ・ラ・ドの和音。第1小節と同じようなリズム形で作るのがよい。

音楽科 作曲者

ポイント

作曲者を問う出題は，小学校の共通教材だけでなく，広く一般的な曲まで問われることがあるので，有名な曲は作曲者名と作曲者の生国を知っておきたい。また，出題形式として，譜面から作曲者名を問うものもある。共通教材の譜面のテーマや旋律の流れなどは見てわかるようにしておくこと。

例題 1〈作曲者〉

次の（1）～（5）の作曲家の作品を下のア～オからそれぞれ1つずつ選び，記号で記入せよ。

（1）滝廉太郎　（2）山田耕筰　（3）ベートーヴェン
（4）ラヴェル　（5）ビゼー

ア．エリーゼのために　イ．赤とんぼ　ウ．アルルの女
エ．荒城の月　オ．ボレロ

解答　（1）エ　（2）イ　（3）ア　（4）オ　（5）ウ

例題 2〈作曲者〉

次のア～オの作曲家について，下の問いに答えよ。

ア．シューベルト　イ．バッハ　ウ．ベートーヴェン
エ．ドボルザーク　オ．ホルスト

（1）音楽史上，年代の古い順に，記号で並び替えよ。
（2）「歌曲の王」と呼ばれるのは誰か，記号で答えよ。
（3）次のA・Bは誰の作品か，記号で答えよ。
A　交響曲第9番「新世界より」　B　組曲「惑星」

解答　（1）イ・ウ・ア・エ・オ　（2）ア　（3）A　エ　B　オ

音楽科 楽譜の完成

ポイント

音楽科の出題において最も頻度の高いのが，楽典および学習指導要領に基づく目標・内容・指導法であろう。楽典については，広範囲にわたる出題が見られる。

中でも特に，譜表の種類（高音部譜表，低音部譜表，ソプラノ譜表，アルト譜表，大譜表など），拍子の種類とその違い，各国の舞曲における拍子やリズム型の違いなどがポイントといえよう。また特に舞曲の拍子やリズムについての出題に対しては，音楽事典などを参考に自分でよくまとめておくとよいだろう。

共通教材や主な曲は，はじめの4小節位は口ずさめるようにしておき，リズムも正確に打てたり，書けるようにしておくとよい。特に，調号と出だしの音は覚えておきたい。

例題 1〈楽譜の完成〉

次の楽譜のあいている小節をうめよ。

解答

例題 2〈楽譜の完成〉

次の曲は「冬げしき」の一部である。空いた小節をうめよ。

解答

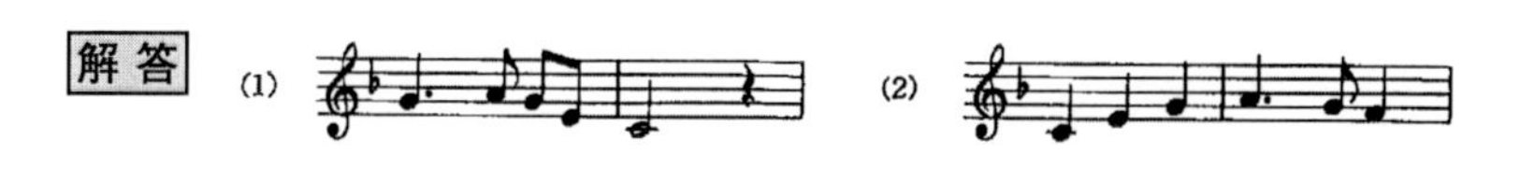

例題 3〈楽譜の完成〉

次の楽譜は，小学校学習指導要領（平成29年3月告示）「音楽」に示されている第6学年の共通教材曲「ふるさと」の楽曲の一部である。第5小節，第6小節の楽譜を書け。

解答

例題 4〈楽譜の完成〉

「春がきた」の最初の4小節の旋律を5線譜に書け。

解答

音楽科 音楽史

ポイント

音楽史の学習においては，幅広く音楽作品を聴き，我が国及び諸外国の音楽にも触れる必要がある。教科書などを利用して，作品やその指導のねらいにも目を通すことが必要である。

鑑賞活動はすべての音楽活動の底流としてある。鑑賞することで表現の楽しさが生まれ，表現したいことを鑑賞することで，表現のイメージは豊かに膨らむ。いわば鑑賞と表現は表裏一体のものである。時代や地域を幅広く取り扱って鑑賞することで，美しさや音楽表現の多様さを理解でき，我が国の伝統的な音楽にも興味が湧き，豊かな感性を培うことができるのである。

音楽の流れを知るには，実際に音楽の時代的な流れに沿って，音楽作品を聴くことである。聴き方には，行進曲，舞曲，劇音楽，管弦楽，室内楽，歌曲などの演奏形態から，作曲家の作品や表現媒体から，時代を代表する音楽作品の流れからなど，さまざま考えられる。音楽の歴史を知ることは，広くは人間と音楽の関わりを知ることである。知識だけに終わらず音楽がわれわれに与える楽しさ・美しさの多様性を心から感じ取れるように学習を進めたい。

例題 1〈音楽史〉

次の作曲者を古い順にならべよ。

(1) ① ショパン　② バッハ　③ ベートーヴェン

(2) ① サン＝サーンス　② モーツァルト　③ シューベルト

解答 (1) ②，③，①　(2) ②，③，①

解説 ○バロック音楽…バッハ，ヘンデル

○古典派…ベートーヴェン，ハイドン，モーツァルト

○前期ロマン派…シューベルト，メンデルスゾーン，ショパン

○標題楽派（新ロマン派）…ベルリオーズ，リスト，ワーグナー
○後期ロマン派…サン＝サーンス，ブルックナー，R. シュトラウス，ブラームス，チャイコフスキー
○国民楽派…ムソルグスキー，ドボルザーク
○近代…ドビュッシー，ストラビンスキー，シェーンベルク

例題 2〈音楽史〉

次の楽器の中で雅楽に用いるものはどれか。記号で答えよ。

（ア）三味線　（イ）ひちりき　（ウ）尺八　（エ）びわ
（オ）琴　（カ）箏（そう）　（キ）笙（しょう）　（ク）鼓（つづみ）

解答　（イ），（エ），（カ），（キ）

解説　雅楽は日本に中世より伝わる音楽の一つで，平安時代に宮中などで身分の高い人たちがおこなった音楽である。これは左方（さほう）といわれる唐楽（中国・インドから入ったもの）と右方（うほう）といわれる高麗楽（こまがく）（朝鮮・満州方面から入ったもの）とが，平安時代に日本的なものに完成し，その中のあるものが今も伝えられているのである。

例題 3〈音楽史〉

次の語句の説明で正しいものに○，間違っているものに×をつけよ。

(1) ガボット ………フランスに生じた$\frac{3}{2}$拍子の曲。
(2) ワルツ …………オーストリアの貴族から生まれた$\frac{3}{4}$拍子の曲。
(3) メヌエット ……3拍子のフランスの舞曲。
(4) ギャロップ ……2拍子または4拍子の軽快な曲でフランスに発生。
(5) ポルカ …………2拍子の軽快な曲で，ボヘミアに発生した。

解答　(1) ×（2拍子または4拍子の曲）　(2) ×（ドイツの農民）
(3) ○　(4) ○　(5) ○

例題 4〈音楽史〉

次の曲の作曲者を，下のa～iから1つずつ選び，記号で答えよ。

ア．六段の調　イ．赤とんぼ　ウ．荒城の月

エ．浜辺の歌　オ．夏の思い出

a. 山田耕筰　b. 吉沢検校　c. 中田喜直　d. 滝廉太郎

e. 岡野貞一　f. 團伊玖磨　g. 八橋検校　h. 宮城道雄

i. 成田為三

解答 ア g　イ a　ウ d　エ i　オ c

解説 八橋検校は箏の基礎を作り上げた人物。「六段の調」も段物と呼ばれる箏曲である。中田喜直は作曲家。代表曲として「ちいさい秋みつけた」「めだかの学校」「夏の思い出」がある。

例題 5〈音楽史〉

伝統音楽の改良や新しい楽器の発明に力を入れ，十七弦などを製作するとともに，「春の海」や「水の変態」等を作曲した，日本の箏曲家名を答えよ。

解答 宮城道雄

音楽科 学習指導要領

ポイント

平成29年改訂の要点

1 目標の改善について

(1) 教科の目標

音楽科において育成を目指す資質・能力については，中央教育審議会答申（平成28年12月21日）にて「知識・技能」，「思考力・判断力・表現力等」，「学びに向かう力・人間性等」の3つの柱に沿った整理が行われた。これを受け，教科の目標は次のように示された。

> 表現及び鑑賞の活動を通して，音楽的な見方・考え方を働かせ，生活や社会の中の音や音楽と豊かに関わる資質・能力を次のとおり育成することを目指す。
> (1) 曲想と音楽の構造などとの関わりについて理解するとともに，表したい音楽表現をするために必要な技能を身に付けるようにする。
> (2) 音楽表現を工夫することや，音楽を味わって聴くことができるようにする。
> (3) 音楽活動の楽しさを体験することを通して，音楽を愛好する心情と音楽に対する感性を育むとともに，音楽に親しむ態度を養い，豊かな情操を培う。

従前より示し方が変更され，先述の3つの柱に対応して (1) ～ (3) の目標が示された。それぞれ (1) が「知識・技能」，(2) が「思考力・判断力・表現力等」，(3) が「学びに向かう力・人間性等」による。

また，「音楽的な見方・考え方」とは，同答申では「音楽に対する感性を働かせ，音や音楽を，音楽を形づくっている要素とその働きの視点で捉え，自己のイメージや感情，生活や文化などと関連付けること。」として示している。

(2) 各学年の目標

〔第1学年及び第2学年〕

(1) 曲想と音楽の構造などとの関わりについて気付くとともに，音楽表現を楽しむために必要な歌唱，器楽，音楽づくりの技能を身に付けるようにする。

(2) 音楽表現を考えて表現に対する思いをもつことや，曲や演奏の楽しさを見いだしながら音楽を味わって聴くことができるようにする。

(3) 楽しく音楽に関わり，協働して音楽活動をする楽しさを感じながら，身の回りの様々な音楽に親しむとともに，音楽経験を生かして生活を明るく潤いのあるものにしようとする態度を養う。

〔第3学年及び第4学年〕

(1) 曲想と音楽の構造などとの関わりについて気付くとともに，表したい音楽表現をするために必要な歌唱，器楽，音楽づくりの技能を身に付けるようにする。

(2) 音楽表現を考えて表現に対する思いや意図をもつことや，曲や演奏のよさなどを見いだしながら音楽を味わって聴くことができるようにする。

(3) 進んで音楽に関わり，協働して音楽活動をする楽しさを感じながら，様々な音楽に親しむとともに，音楽経験を生かして生活を明るく潤いのあるものにしようとする態度を養う。

〔第5学年及び第6学年〕

(1) 曲想と音楽の構造などとの関わりについて理解するとともに，表したい音楽表現をするために必要な歌唱，器楽，音楽づくりの技能を身に付けるようにする。

(2) 音楽表現を考えて表現に対する思いや意図をもつことや，曲や演奏のよさなどを見いだしながら音楽を味わって聴くことができるようにする。

(3) 主体的に音楽に関わり，協働して音楽活動をする楽しさを味わいながら，様々な音楽に親しむとともに，音楽経験を生かして生活を明るく潤いのあるものにしようとする態度を養う。

(1) は全学年共通で，答申で示された「知識・技能」の内容を反映している。同様に，各学年の (2) は「思考力・判断力・表現力等」の，(3) は「学びに向かう力・人間性等」の内容を反映している。

2 内容の改善について

内容の構成については，従前のものと同様「A　表現」(1) 歌唱 (2) 器楽 (3) 音楽づくり，「B　鑑賞」(1) 鑑賞の活動の2領域4項目及び〔共通事項〕が設けられている。詳細な指導事項については，答申で示された「知識・技能」「思考力・判断力・表現力等」「学びに向かう力・人間性等」の柱に沿って整理されているので確認すること。なお，歌唱共通教材については，従前のものと曲目・指導する学年ともに変更はない。

例題 1〈学習指導要領〉

小学校学習指導要領 (平成29年3月告示)「音楽」について，次の (1) ～ (3) に答えよ。

(1) 次の文は「2　内容」の「B　鑑賞」における〔共通事項〕の一部である。(　ア　)，(　イ　) に当てはまる言葉を書け。

・(　ア　) を聴き取り，それらの (　イ　) が生み出すよさや面白さ，美しさを感じ取りながら，聴き取ったことと感じ取ったこととの関わりについて考えること。

(2) 表現領域において指導する分野は3分野ある。歌唱以外の2分野を記せ。

(3) 歌唱共通教材について，第1学年から第4学年においては，各学年で示された4曲をすべて扱う。第1学年の歌唱共通教材から1曲を選んで，曲名で記せ。

解答 (1) ア　音楽を形づくっている要素　　イ　働き　　(2) 器楽，音楽づくり　　(3)「うみ」「かたつむり」「日のまる」「ひらいたひらいた」 から1つ

解説 (1)「音楽を形づくっている要素」については，児童の発達の段

階や指導のねらいに応じて，音色やリズムなどの音楽を特徴づけている要素，反復や変化など音楽の仕組みに関する要素から適切に選択し関連づけて指導することが，「第3　指導計画の作成と内容の取扱い」に示されている。　(2)「A　表現」は「(1)歌唱の活動を通して，次の事項を指導する。」「(2) 器楽の活動を通して，次の事項を指導する。」「(3) 音楽づくりの活動を通して，次の事項を指導する。」からなっている。　(3) 共通教材6学年分24曲は，曲名といっしょに作曲者，作詞者，歌詞，楽譜を覚える。歌詞・人名は漢字についても正確に把握されたい。「うみ」は，林柳波作詞　井上武士作曲，「日のまる」は高野辰之作詞　岡野貞一作曲である。

例題 2〈学習指導要領〉

次の文は，小学校学習指導要領（平成29年3月告示）「音楽」の「第3　指導計画の作成と内容の取扱い」について述べたものである。文中の（　①　）～（　⑤　）にあてはまる語句を下のア～シから1つずつ選び，記号で答えよ。

・第5学年及び第6学年で取り上げる（　①　）は，既習の楽器を含めて，電子楽器，（　②　），諸外国に伝わる楽器などの中から児童や学校の実態を考慮して選択すること。

・表現したり鑑賞したりする多くの曲について，それらを創作した（　③　）がいることに気付き，学習した曲や自分たちのつくった曲を大切にする態度を養うようにするとともに，それらの（　③　）の（　④　）を尊重する意識をもてるようにすること。また，このことが，（　⑤　）の継承，発展，創造を支えていることについて理解する素地となるよう配慮すること。

ア．音楽文化　　イ．鍵盤楽器　　ウ．著作者
エ．和楽器　　オ．旋律楽器　　カ．作曲者
キ．楽曲　　ク．著作権　　ケ．独創性
コ．創造性　　サ．リコーダー　　シ．知的財産権

解答 ① オ　② エ　③ ウ　④ コ　⑤ ア

解説 ①の旋律楽器は，第1学年及び第2学年ではオルガンや鍵盤ハーモニカ，第3学年及び第4学年では既習の楽器を含めたリコーダーや鍵盤楽器を取り上げることとしている。③～⑤は中学校以降で指導する，知的財産権に関する内容の下地になる内容である。

例題 3〈学習指導要領〉

次の文は，小学校学習指導要領（平成29年3月告示）における「音楽」の「各学年の目標及び内容」のうち，「表現」に関して身に付けさせる指導事項の一部である。①～⑤にあてはまる語句を下のa～jから1つずつ選び，記号で答えよ。

〔第1学年及び第2学年〕

・（　①　）を通して，音楽づくりの発想を得ること。

・どのように音を音楽にしていくかについて（　②　）をもつこと。

〔第3学年及び第4学年〕

・範唱を聴いたり，（　③　）の楽譜を見たりして歌う技能を身に付けること。

・呼吸及び発音の仕方に気を付けて，自然で（　④　）歌い方で歌う技能を身に付けること。

〔第5学年及び第6学年〕

・各声部の楽器の音や（　⑤　），伴奏を聴いて，音を合わせて演奏する技能を身に付けること。

a　リズム遊び　　b　音遊び　　c　ハ長調
d　副次的な旋律　　e　全体の響き　　f　イ短調
g　思い　　h　無理のない　　i　考え
j　曲に合った

解答 ① b　② g　③ c　④ h　⑤ e

解説 音楽の学習内容は「表現」「鑑賞」の2つに分かれており，学年の目標や内容については3つ（低学年，中学年，高学年）に分かれている。発達段階ごとの文言を整理し，文言が共通している箇所・異なる箇所について正確に把握したい。

例題 4〈学習指導要領〉

次の文は，小学校新学習指導要領「音楽」に示された「第1学年及び第2学年」の内容の一部である。文中の各空欄に適する語句を答えよ。

A　表現

(1)　歌唱の活動を通して，次の事項を身に付けることができるよう指導する。

ア　歌唱表現についての知識や技能を得たり生かしたりしながら，（　①　）を感じ取って表現を工夫し，どのように歌うかについて思いをもつこと。

イ　（　①　）と音楽の構造との関わり，（　①　）と歌詞の表す情景や（　②　）との関わりについて気付くこと。

ウ　（　③　）に合った表現をするために必要な次の(ア)から(ウ)までの技能を身に付けること。

(ア)（　④　）を聴いて歌ったり，（　⑤　）で模唱したり暗唱したりする技能

(イ) 自分の歌声及び（　⑥　）に気を付けて歌う技能

(ウ) 互いの歌声や伴奏を聴いて，声を合わせて歌う技能

解答　①　曲想　②　気持ち　③　思い　④　範唱　⑤　階名　⑥　発音

解説　歌唱の活動の中で，歌う喜びを味わい，歌うことを通して音楽の楽しさに触れるとともに，遊びながら歌う活動や自然な体の動きを伴った活動などを効果的に取り入れるなどして，歌うことが更に好きになるように指導することが大切である。

●小学校学習指導要領(平成29年3月告示)

音楽科 学習指導法

ポイント

従来，音楽科は，心と体を使って触れたり感じたりする体験や，人との関わりを通してよさや価値を実感する活動を重視してきた。しかし今回の学習指導要領改訂では，「主体的な学び」「対話的な学び」「深い学び」の視点から学習活動を改善し，活動と学びの関係性や，活動を通して何が身に付いたのかを重視する方針が反映されている。従って指導法について述べる際は，それぞれの学びを実現するための視点を持つことが肝要である。中央教育審議会答申によると，それぞれの学びを実現するための視点として，次のような物が挙げられている。

「主体的な学び」

・音楽によって喚起されるイメージや感情を自覚させること
・イメージや感情を喚起させる要因となった音楽的な特徴を探ったり，芸術としての音楽の文化的・歴史的背景との関わりを考えたりすること
・表したい音楽表現や音楽のよさや美しさなどを見いだすことに関する見通しを持つこと　など

「対話的な学び」

・一人一人が「音楽的な見方・考え方」を働かせて，音楽表現をしたり音楽を聴いたりする過程において，互いに気付いたことや感じたことなどについて言葉や音楽で伝え合い，音楽的な特徴について共有したり，感じ取ったことに共感したりする活動
・客観的な根拠を基に他者と交流し，自分なりの考えを持ったり音楽に対する価値意識を更新したり広げたりしていくこと　など

「深い学び」

・音や音楽と出合う場面を大切にし，一人一人が「音楽的な見方・考え方」を働かせて，音楽と主体的に関わることができるようにすること
・知覚・感受したことを言葉や体の動きなどで表したり比較したり関

連付けたりしながら，要素の働きや音楽の特徴について他者と共有・共感したりする活動　など

これらの学びは相互に関連していることを念頭に，主体的・対話的で深い学びが実現できるような指導を模索していく必要がある。またこれらの学びを実現することは学習指導要領の目標達成を目的とするので，目標に沿った指導法を各自検討されたい。

これまでの指導法に関する出題の傾向としては，歌唱共通教材についての出題や著名な鑑賞教材についての出題が多い。鑑賞教材については実際に曲を聴きながら，導入の方法や聴き取らせたい部分・児童に考えさせたい部分についてまとめておくとよいだろう。また，学習指導要領の「第3　指導計画の作成と内容の取扱い」の各項目に関連した指導法を問う問題も多い。知的財産権に関する基礎的な事項など，現行の学習指導要領で新たに加わった事項もあるため，念入りに目を通す必要がある。

指導法に関する設問に答えるためには，以上のような内容に注意するとともに，具体的な授業の場面において，実際にどのような指導が進められているかを明確にイメージできるようにしておくことが大切である。

例題 1〈学習指導法〉

初めてリコーダーを指導するときの留意点を記せ。

解答　当初は音の出し方（タンギング）を練習させ，慣れたら指使いのやさしいものから扱うことが必要である。

例題 2〈学習指導法〉

第1学年において，初めて鍵盤ハーモニカの演奏をする児童に対して構え方の指導を行うこととする。その際，腕や肩及び鍵盤に置く指について，どのようなことを指導する必要があるか。それぞれ簡潔に書け。なお，鍵盤ハーモニカは机の上に置き，椅子に座って演奏することとする。

解答 腕や肩…腕や肩の力を抜くこと。 鍵盤に置く指…指を軽く曲げて鍵盤に置くこと。

解説 旋律楽器においては，第1学年及び第2学年ではオルガン，鍵盤ハーモニカなど，第3学年及び第4学年では，リコーダーや鍵盤楽器，和楽器など，第5学年及び第6学年では，電子楽器，和楽器，諸外国に伝わる楽器などの中から実態に応じた楽器を取り扱う。奏法については，どの楽器についても学習しておくこと。

例題 3〈学習指導法〉

第2学年において，音楽を形づくっている要素のかかわり合いを感じ取って聴くことを指導するためには，どのような学習活動の工夫をすることが考えられるか。簡潔に2つ書け。

解答 ・主な旋律を口ずさむこと。 ・楽曲を特徴付けているリズムを手で打つこと。 ・体を動かしながらフレーズ，速度，強弱などを感じ取ること。 などから2つ

解説 第1学年及び第2学年における鑑賞では，音楽を形づくっている要素に興味･関心をもち，注意深く集中して聴く習慣を身に付け，音楽を聴く楽しさを味わうようにすることが求められることを踏まえて記述する。

例題 4〈学習指導法〉

第3学年の鑑賞の活動において，児童に曲想とその変化を感じ取って聴くことを指導する際，どのような学習活動を行わせることが考えられるか。簡潔に2つ書け。

解答 ・楽曲に合わせて体を動かす活動。 ・曲想の異なる楽曲を聴き比べる活動。 ・楽曲の中の対照的な部分を聴き比べる活動。

解説 「小学校学習指導要領　第2章　第6節　第2〔第3学年及び第4学年〕 2　内容　B　鑑賞」には，鑑賞の活動を通して，「曲想及びその変化と，音楽の構造との関わりについて気付くこと。」と示されている。

例題 5〈学習指導法〉

第3学年の歌唱共通教材「茶つみ」では，発音上音程をまちがいやすい部分が2カ所ある。その部分に○をつけよ。

解答

例題 6〈学習指導法〉

第6学年の歌唱共通教材「ふるさと」について指導する際に設定できる，音楽科の特質に応じた言語活動の例を挙げよ。

解答 ・音楽から喚起されたイメージや感情について自由に記述させ，グループの中で意見を発表させる。　・歌詞を音読させたのち，歌詞の意味を確認し，歌唱の表現に反映させる。

解説 解答は「第3　指導計画の作成と内容の取扱い」2（1）アによる。児童の発達段階や指導事項にあった言語活動の設定が肝要である。

●小学校学習指導要領 (平成 29 年告示) 解説「音楽編」(平成 29 年 7 月)

第 6 章

図画工作科

図画工作科 色彩

ポイント

彩度・明度・色相をまとめて**色の三要素**と言い，これは明度を中心に縦に，色相をそのまわりに環状に，彩度段階を中心軸より放射状に配列した色立体を構成している。また前にあげた色相で，12の代表的色相は平面に独自に環状に配列され，これを12色環図と呼ぶ。(右図参照）これは，配色のとき必ず用いるものだから，赤から順に時計の針の方向に暗記しておくこと。色相の遠い，近い，あるいは色相が似ている，似ていないなどという場合は，この色環図をもとにして言っているのである。

なお以上の色の三要素を簡単に図で表わすと，以下のようになる。理解の参考までにのせておく。

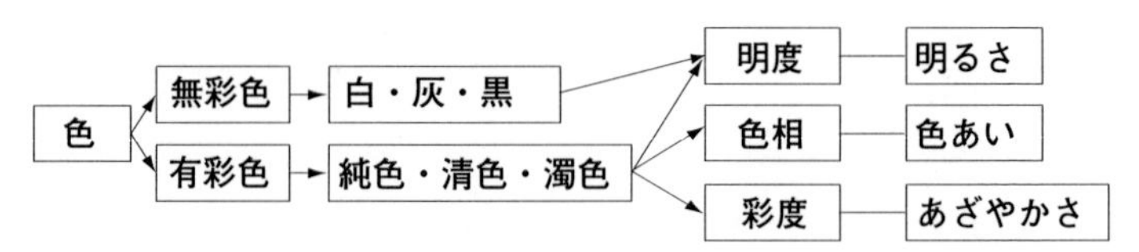

純色とはその色相中において最も彩度の高い純粋の色をさす。(純色に水を入れたり，白または黒をまぜると，彩度は低くなる）

清色には純色に白をまぜた明清色と純色に黒をまぜた**暗清色**とがある。清色は清く澄んで，さわやかな感じの色である。

濁色とは濁った感じの色をいう。純色に灰色をまぜた色，清色に灰色をまぜた色がそれである。

さて，以上色彩について説明したわけだが，人の見分けることができる色数は800万といわれ，無数にあるといってよい。これは大別すると**無彩色**と**有彩色**に分かれ，それぞれの色は色立体の中に分類されている。12色環中の色をまぜてできる色で，反対側にある色相どうしをまぜたものは，無彩色になる。この色相距離（差）の最も遠いところの色どうしを**補色**という。

例題 1〈色彩〉

次の文中の［　　］の中から，それぞれ適当なものを選び記号で答えよ。

絵の具をまぜる時，たくさんの色をまぜるほど，(1) 彩度は［(イ) 低く　(ロ) 高く］なり，(2) 明度は［(イ) 低く　(ロ) 高く］なり，(3) 色相は［(イ) はっきりと　(ロ) あいまいに］なる。

解答　(1)（イ）　(2)（イ）　(3)（ロ）

例題 2〈色彩〉

次の空欄（　ア　）～（　エ　）にあてはまる適切な語句を①～⑦から選び，番号で答えよ。

(1) 色のあざやかさの度合いを彩度という。同じ色相の色では，色みの強さの度合いという見方でとらえられる。各色相の中でもっとも彩度の高い色を（　ア　）という。

(2) 色相環で向かい合った位置にある正反対な色相を互いに（　イ　）という。

(3) 色の寒暖の感じは，色相と関係が深い。寒い暖かいの感じでそれぞれ寒色，暖色といい，どちらの感じとも言えない緑や紫などは（　ウ　）という。

(4) 混色して他の色が作り出せるもとの3色を三原色という。三原色は絵の具や印刷インクなどの色料と色光の場合とで異なるが，どちらも三つの色を混ぜると（　エ　）に近い色になる。

①　純色　　②　補色　　③　彩色　　④　有彩色
⑤　中性色　　⑥　無彩色　　⑦　配色

解答　ア ①　イ ②　ウ ⑤　エ ⑥

解説　色の三要素（明度・彩度・色相）や色相環などは，よく出題されるので，中学校教科書や資料集程度の理解は必要である。

図画工作科 描画

ポイント

描写は図画工作の基礎技能である。描写はこれから描こうとする対象の質感・量感・ムーブマン・デフォルメをとらえながら，作者の印象を作品にいかすよう心がけるべきである。ここでいう質感とは見た感じとしての物の表面の手ざわりや材質の感じでつるつるした感じ，ざらざらした感じ，かたい感じ，やわらかい感じ，透明な感じなど，主に写実的表現で素材となった対象のそなえる感覚的・視覚的な質の感じおよびその表現のことである。また，量感とは容積・重量感をいう。実在の山と舞台のかきわりの絵の山とは容積において異なる。この相違は私たちの感覚的な経験により明確にわかるものである。その物自体が持っている容積や重量が与える感じが，彫刻や絵画に表現されると，その作品が力強いものとなってくる。ムーブマンとは動勢または動きのことで，彫刻・絵画その他に用いられる。美術作品などにおいて，物理的には何の運動もおきていないのに，それらの作品には，感動的に動勢を感じさせるものがある。それをムーブマンと呼ぶ。そして，デフォルメとは変形・歪曲のことである。作者の主観あるいは意図するところを強調して対象を表現すれば何らかの意味で歪んだ形にならざるをえない。絵画や彫刻はどんなに写実的であっても作者の自然に対する解釈が含まれているから，程度の差はあってもすべて歪曲されている。近代美術では特に主観を大事にするので必然的にデフォルマシオンが前面に強く打ち出される。

学習指導要領に「つくりだす喜びを味わう」ということがあるわけだが，私達も経験があるように，自分の感じとったもの，美しいもの，楽しかった思い出，すばらしい出来事，感激・感動した事がら等を自分自身でかたちとして残していくことは大きな喜びである。これがつくりだす喜びである。そしてこの表現が絵として，工作として，彫塑として形づくられた時の喜びはまたひとしおのものである。こういったことが豊かな情操を養うことにもつながるのである。しかしこの作品制作の喜びには，まず自分の描きたいと思うもの，造りあげたいと思うものの全体をしっかりつかみ，自分なりに表す技術が必要である。ここに児童の発達段階に即した正しい描写指導の必要性があるわけである。一般に児童が鉛筆を使ってデッサンをする場合，普段の学習で使用するHBなりFなりのかための鉛筆を使うことが多い。このためついつい手に力が入りすぎて画用紙にでこぼこができてしまったり，消しゴムで紙面がいたんでしまうことが多い。全体をとらえる技能面での指導とともに，道具（素描材料）の指導も行いたい。例題にもあるが，鉛筆のかたさに対する正しい理解，コンテ・木炭・毛筆などの素描材料への関心は児童の発達段階との関連も含めてきちんと整理しておきたい。

例題 1〈描画〉

次の文の（　　）に適する語句を答えよ。

素描材料として（　①　）はHB～6Bぐらいのものを主として用いる。Bの数の多いものほど（　②　），（　③　）かける。

（　④　）には黒や褐色などの色があり，えんぴつよりいっそう（　⑤　）書くことができ，（　⑥　）でこするとやわらかい（　⑦　）ができる。

（　⑧　）は修正がたやすく，消すには食パンを指先でかるくねったものを使うとよい。

解答　①　えんぴつ　②　やわらかく　③　こく　④　コンテ　⑤　こく　⑥　指　⑦　濃淡　⑧　木炭

例題 2〈描画〉

次の（1）～（3）のような条件や指導の目標がある中で，児童に描画をさせたい。それぞれの場合について，最も適当な描画材をあとのア～クから1つずつ選び，記号で答えよ。

(1) 低学年の児童を対象として，様々な色を楽しませながら，最終的にはスクラッチ表現をさせたい。

(2) 低学年の児童を対象として，広いコンクリートの床面に自由で広がりのある絵を描かせ，完成した作品を楽しく鑑賞させた後，床面をもとどおりの状態に戻したい。

(3) 線の太さや長さ，点，面などの変化，にじみやぼかしの味わいなどを，楽しみながら描画させたい。

ア．チョーク　イ．水性マーカー　ウ．筆と水彩絵の具
エ．色鉛筆　オ．クレヨン　カ．油性マーカー
キ．墨汁とはしペン　ク．ボールペン

解答 (1) オ　(2) ア　(3) ウ

解説 それぞれの描画材料の特徴をつかんでおくこと。また，描画材料と技法との関係もおさえておきたい。

例題 3〈描画〉

子どもの描画における発達の一般的な特徴を説明した次のア～エの文を，発達の段階順に並べかえよ。

ア　写実的な表現を好むようになり始める時期で，空間における重なりや大小関係に配慮するようになる。

イ　なぐりがきなどの描く行為に興味と心地よさを感じるようになる。

ウ　空間意識が生まれてくる。それによって画面に基底線が現れるようになる。

エ　点，線，円を用いて，頭足人を描くようになる。

解答 イ→エ→ウ→ア

解説 頭足人とは，閉じた円が描けるようになったあとに生じる，頭（顔）から足が生えた幼児の絵の特徴の1つで，3～4歳ごろの描写に見られる。基底線は地面や水平線を表すための，画面の端から端まで引かれた1本の線のことで，5～6歳ごろに見られる。

図画工作科 デザイン

ポイント

「デザイン」においては，基礎理解と創造的な感覚がのぞまれている。

構成美の要素としては**シンメトリー（対称）**〔左右対称・放射対称に分けられる。2つ折りにして，ちょうど重なり合うような形〕，**バランス（均衡）**〔つり合いがとれているということ。⇔アンバランス〕，**プロポーション（比例・比率・割合）**〔ひとつのものの部分と全体の関係〕，**アクセント（強調）**〔単調さを破り，ある部分で全体をひきしめようとしたもの〕，**コントラスト（対立・対照・対比）**〔対立関係をいう〕，**リズム（律動）**〔形のつながりや連続したものの関係〕，**リピテイション（くり返しのリズム）**〔連続模様などで，最も単調なリズム感を生む。〕，**グラデーション（漸層・漸増・従属）**〔段階的に形や色が増減していく構成。リズム感を生む。くもの巣がこれ〕，**ムーブマン（動勢）**〔ある方向への動きや，次の動きを予想させるような構成〕，などがある。

また技法としては**モダンテクニック**がある。モダンテクニックの名称とその内容，あるいは実例図との対応関係を問う出題は，毎年の教員採用試験での恒例と言っていいほど多い。モダンテクニックは手描き（手と筆の意識的操作）では得られない，素材の偶然的効果を特徴とする。もともとは**立体主義（キュービズム）**や**超現実主義（シュールレアリスム）**の画家たちが，意識を超えた表現効果を得るために採用した技法であった。しかし，現在の美術教育では特殊な効果をもたらすデザイン技法として扱われることが多い。つまり，これらに加筆したり，全体の一部に組み入れてデザイン作品を作るのに利用される。モダンテクニックには以下のようなものがある。

▼コラージュ（はり絵）

絵の具のかわりに紙や布を張りつける。色紙や印刷された紙，布，ひもなど，実際のものを画面に張りつけて表現する技法。

▼フロッタージュ（こすりだし）

紙を布・葉・板などの凹凸のある表面の地肌に当て，上から鉛筆などをこすりつけてその模様を写し取る技法。

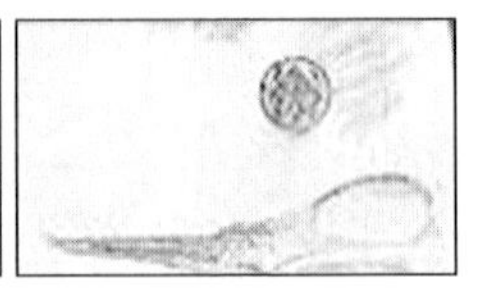

▼デカルコマニー（転写）

紙を2つに折り，間に絵の具をつけて押しつけたりこすったりした後で開くと，絵の具が広がり混ざり合って生じた意図しない色調を利用する技法。

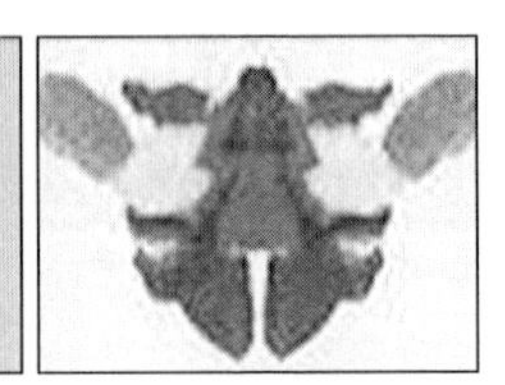

▼マーブリング（墨流し）

水面に浮かせた絵の具を吸水性の紙で写し取る技法。墨やインクなどでも可能。

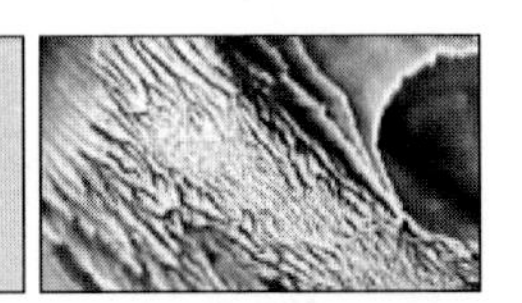

▼ドリッピング（吹流し）

水分の多い絵の具やインクを紙の上にたらし，口やストローで強く吹いたり紙を傾けたりして偶然できる形を利用する技法。

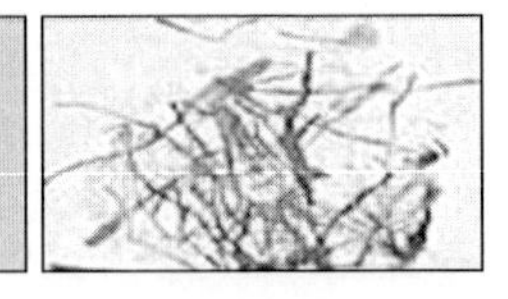

▼スクラッチ（ひっかき絵）

クレヨンなどで色を重ねて塗り，クギなどでひっかき下の色を出して，違った色の線を描く。この方法で作品を作る。

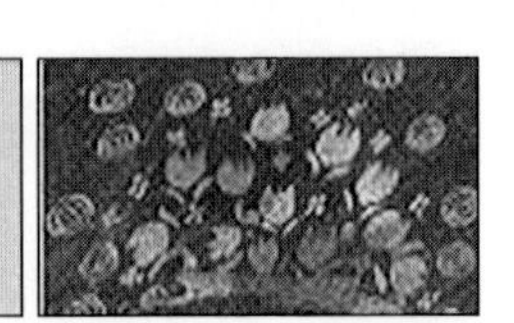

▼バチック（はじき絵）

ろうやクレヨンなどでかいた下絵の上に水彩絵の具を塗り，はじく性質を利用する。

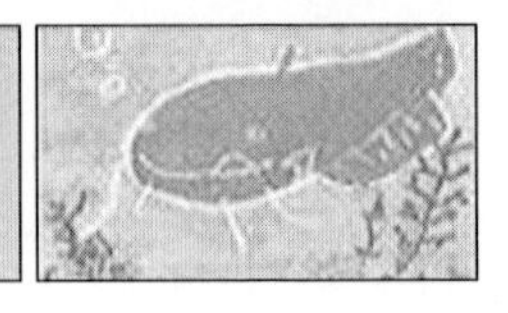

例題 1〈デザイン〉

指示に従って○を各1つずつ黒くぬりつぶせ。

(1) つりあいのとれた感じ　　(2) 安定感のある感じ

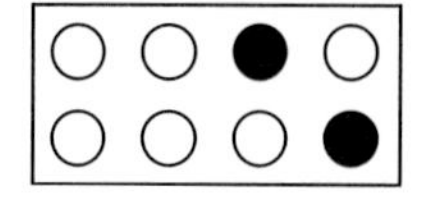

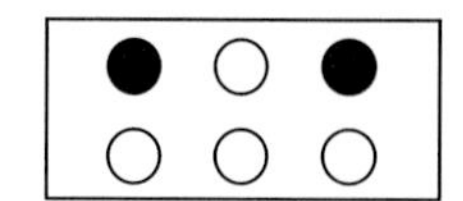

解 答　(1)

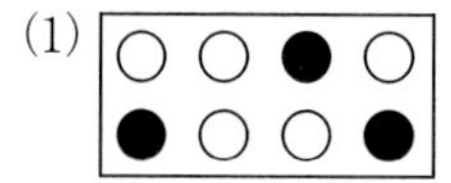

(2)

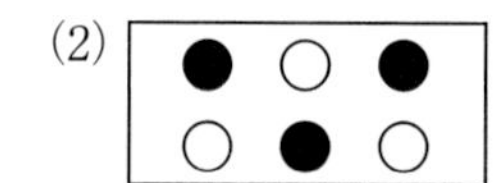

例題 2〈デザイン〉

下の問いに答えよ。

ア　　イ　　ウ　　エ

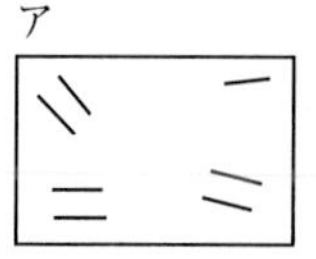

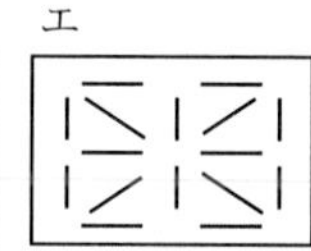

(1) シンメトリーなのはどれか。

(2) 方向性が感じられるのはどれか。

(3) リズムが感じられるのはどれか。

解 答　(1)　エ　　(2)　イ　　(3)　ウ

例題 3〈デザイン〉

次の（1）～（4）のような表し方や表現方法は何といいますか。あてはまる名称をあとの語群からそれぞれ選び，記号で答えよ。

(1) 水を張ったバットに絵の具や墨をたらして水面に紙をのせる。その紙の表面に絵の具や墨を吸い取らせて模様をつくる方法。

(2) 二つ折りにして開いた画用紙に絵の具を垂らし，再び二つ折りにして絵の具が広がるように外から押さえる。これを静かに開き左右対称の形をつくる方法。

(3) 写真や印刷物などを切り抜いたものを貼ったり，色紙や和紙などを画面に貼り合わせたりして表現する方法。

(4) 野菜の切り口や木の葉，段ボールの断面など身のまわりにある材料に絵の具をつけ，画面に型押しをして表現する方法。

A. スタンピング　B. コラージュ　C. ドリッピング
D. デカルコマニー　E. マーブリング　F. スパッタリング
G. スクラッチ　H. グラデーション　I. リピテーション

解答　(1) E　(2) D　(3) B　(4) A

解説　モダンテクニックに関する出題である。造形遊びや絵などで多用されてきており，出題の頻度が高い。名前だけでなく，方法についても熟知してほしい。

例題 4〈デザイン〉

（ア）～（ウ）の図にふさわしい美の秩序（構成美の要素）を，下の①～⑤から選べ。

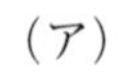
（ア）
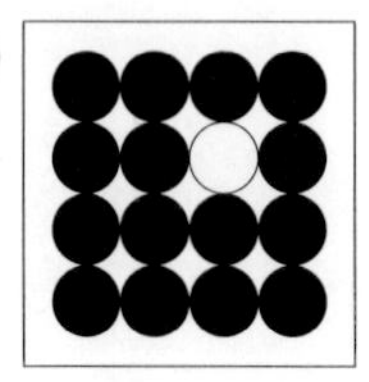
（イ）
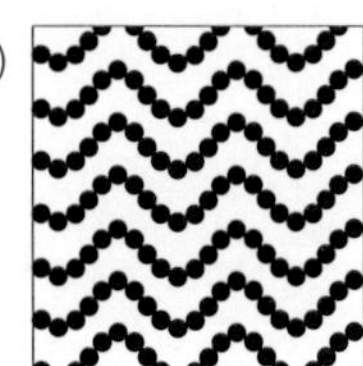
（ウ）
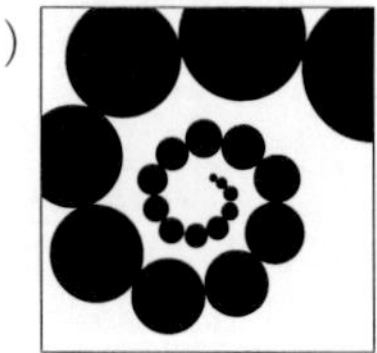

①　リズム　②　シンメトリー　③　グラデーション
④　アクセント　⑤　バランス

解答　（ア）④　（イ）①　（ウ）③

解説　デザイン分野におけるかたちの構成要素を問う内容である。基本的な用語については，理解しておきたい。

図画工作科 美術史

ポイント

西洋美術史は，ほとんどがルネサンス期及び近代の主要美術家の名前，あるいは主要作品の題名を問うものである。作品写真が問題に出る場合も近年では見られるので，単なる丸暗記ではなく，図版などの視覚的イメージとともにおぼえたい。

〈ルネサンス期〉

ボッティチェリ「春」「ヴィーナスの誕生」，レオナルド＝ダ＝ヴィンチ「モナリザ」，ミケランジェロ「ダビデ像」「最後の審判」，ラファエロ「聖母子」

〈近代〉

○**新古典主義**：ダヴィッド「ホラティウス兄弟の誓い」，アングル「グランド・オダリスク」

○**ロマン主義**：ジェリコー「メデューズ号の筏」，ドラクロワ「キオス島の虐殺」「民衆を率いる自由の女神」

○**自然主義**：コロー「真珠の女」，ミレー「晩鐘」「落ち穂拾い」

○**写実主義**：クールベ「オルナンの埋葬」

○**印象派**：マネ「草上の昼食」，モネ「睡蓮」，ルノワール「ムーラン・ド・ラ・ギャレット」

○**新印象派**：スーラ「グランド・ジャット島の日曜日の午後」

○**後期〔反〕印象派**：セザンヌ「サント・ヴィクトワール山」，ゴッホ「ひまわり」，ゴーギャン「かぐわしき大地」

○**立体派（キュービズム）**：ピカソ「ゲルニカ」，ブラック「ギターを持つ男」

○**野獣派（フォービスム）**：マティス「ジャズ・サーカス」

○**超現実主義（シュールレアリスム）**：ダリ「記憶の固執」，マグリット「大家族」「偽りの鏡」

○**近現代彫刻**：ロダン「考える人」，マイヨール「地中海」，カルダー「フラミンゴ」，ジャコメッティ「歩く男」

例題 1〈美術史〉

次の作品の作者を下のイ～ヘから選べ。

(1) 紅白梅図屏風　(2) はね橋　(3) 釈迦十大弟子
(4) 赤富士　(5) 考える人　(6) 秋冬山水図

イ．ゴッホ　ロ．ロダン　ハ．雪舟
ニ．尾形光琳　ホ．棟方志功　ヘ．葛飾北斎

解答 (1) ニ　(2) イ　(3) ホ　(4) ヘ　(5) ロ　(6) ハ

例題 2〈美術史〉

次の文の（　　）にあてはまる人名を書け。

ルネサンスの三大画家とは，「最後の晩餐」の（　①　），「ダビデ像」の（　②　），多くの聖母子像をのこした（　③　）である。

解答 ①　レオナルド＝ダ＝ビンチ　②　ミケランジェロ
③　ラファエロ

例題 3〈美術史〉

「喜多川歌麿」に関する記述として適切なものを，次の1～4から1つ選べ。

1　画風は宋元画家に学んで幅が広く，水墨画に激しい筆致と構築性を盛り込み，豊かな空間表現と強い自己主張において室町水墨画中抜群のものがある。

2　浮世絵の元祖といわれ，寛永期以来の上方肉筆風俗画の伝統に立脚して独自の美人風俗画様式を作りあげ，木版摺の量産性を生かして普及させた。

3　鎌倉新様式を完成した仏師であり，興福寺北円堂の弥勒仏像や無著・世親像など，その作品には力強い量感ゆたかな表現と高い精神

性がみられる。

4 寛政年間の初め頃に発表した美人大首絵は，浮世絵芸術の頂点をなすものであり，美人画家として一世を風靡（ふうび）したが，文化元年には幕府の風俗取締りを受けた。

解答 4

解説 喜多川歌麿（1753年～1806年）は，江戸中・後期の浮世絵師，美人画の分野で大首絵（おおくびえ）の様式を創案，浮世絵の黄金期をつくった。1は雪舟，2は菱川師宣，3は運慶の説明である。

例題 4〈美術史〉

次のA～Cの作者名を下の①～⑩から選び，記号で記せ。

A

B

C

① マグリット　② 黒田清輝　③ モディリアーニ
④ ルソー　⑤ ダリ　⑥ 安井曾太郎
⑦ エッシャー　⑧ ボナール　⑨ デュシャン
⑩ 岸田劉生

解答 A ⑩　B ③　C ⑦

解説 Aは日本の岸田劉生（1891年～1929年）の「麗子微笑（青果持テル）」である。Bはエコール・ド・パリ（パリ派）の一人であるモディリアーニ（1884年～1920年）の「ジプシー女と赤ん坊」である。Cはオランダの版画家エッシャー（1898年～1972年）の「滝」である。

図画工作科 学習指導要領

ポイント

平成29年改訂の要点

1 目標の改善について

(1) 教科の目標

図画工作科において育成を目指す資質・能力については，中央教育審議会答申（平成28年12月21日）にて「知識・技能」，「思考力・判断力・表現力等」，「学びに向かう力・人間性等」の3つの柱に沿った整理が行われた。これを受け，教科の目標は次のように示された。

> 表現及び鑑賞の活動を通して，造形的な見方・考え方を働かせ，生活や社会の中の形や色などと豊かに関わる資質・能力を次のとおり育成することを目指す。
> (1) 対象や事象を捉える造形的な視点について自分の感覚や行為を通して理解するとともに，材料や用具を使い，表し方などを工夫して，創造的につくったり表したりすることができるようにする。
> (2) 造形的なよさや美しさ，表したいこと，表し方などについて考え，創造的に発想や構想をしたり，作品などに対する自分の見方や感じ方を深めたりすることができるようにする。
> (3) つくりだす喜びを味わうとともに，感性を育み，楽しく豊かな生活を創造しようとする態度を養い，豊かな情操を培う。

従前より示し方が変更され，先述の3つの柱に対応して(1)～(3)の目標が示された。それぞれ(1)が「知識・技能」，(2)が「思考力・判断力・表現力等」，(3)が「学びに向かう力・人間性等」による。

また，図画工作科における「見方・考え方」とは，同答申では「感性や想像力を働かせ，対象や事象を，形や色などの造形的な視点で捉え，自分のイメージを持ちながら意味や価値をつくりだすこと。」として示している。

(2) 各学年の目標

〔第1学年及び第2学年〕

(1) 対象や事象を捉える造形的な視点について自分の感覚や行為を通して気付くとともに，手や体全体の感覚などを働かせ材料や用具を使い，表し方などを工夫して，創造的につくったり表したりすることができるようにする。

(2) 造形的な面白さや楽しさ，表したいこと，表し方などについて考え，楽しく発想や構想をしたり，身の回りの作品などから自分の見方や感じ方を広げたりすることができるようにする。

(3) 楽しく表現したり鑑賞したりする活動に取り組み，つくりだす喜びを味わうとともに，形や色などに関わり楽しい生活を創造しようとする態度を養う。

〔第3学年及び第4学年〕

(1) 対象や事象を捉える造形的な視点について自分の感覚や行為を通して分かるとともに，手や体全体を十分に働かせ材料や用具を使い，表し方などを工夫して，創造的につくったり表したりすることができるようにする。

(2) 造形的なよさや面白さ，表したいこと，表し方などについて考え，豊かに発想や構想をしたり，身近にある作品などから自分の見方や感じ方を広げたりすることができるようにする。

(3) 進んで表現したり鑑賞したりする活動に取り組み，つくりだす喜びを味わうとともに，形や色などに関わり楽しく豊かな生活を創造しようとする態度を養う。

〔第5学年及び第6学年〕

(1) 対象や事象を捉える造形的な視点について自分の感覚や行為を通して理解するとともに，材料や用具を活用し，表し方などを工夫して，創造的につくったり表したりすることができるようにする。

(2) 造形的なよさや美しさ，表したいこと，表し方などについて考え，創造的に発想や構想をしたり，親しみのある作品などから自分の見方や感じ方を深めたりすることができるようにする。

(3) 主体的に表現したり鑑賞したりする活動に取り組み，つくりだす喜びを味わうとともに，形や色などに関わり楽しく豊かな生活を創造しようとする態度を養う。

各学年の (1) は答申で示された「知識・技能」の内容を，(2) は「思考力・判断力・表現力等」の内容を，(3) は「学びに向かう力・人間性等」の内容を反映している。

(2) 内容の改善について

内容の構成については，従前のものと同様「A　表現」(1) 造形遊びをする活動 (2) 絵や立体，工作に表す活動，「B　鑑賞」(1) 鑑賞の活動の2領域3項目及び〔共通事項〕が設けられている。詳細な指導事項については，答申で示された「知識・技能」「思考力・判断力・表現力等」「学びに向かう力・人間性等」の柱に沿って整理されているので，確認されたい。

例題 1〈学習指導要領〉

次の文は，小学校学習指導要領（平成29年3月告示）「図画工作」に示されている教科の目標の一部である。文中の各空欄に適する語句を答えよ。

対象や事象を捉える（　①　）な視点について自分の感覚や行為を通して理解するとともに，材料や用具を使い，（　②　）などを工夫して，（　③　）につくったり表したりすることができるようにする。

解答　①　造形的　　②　表し方　　③　創造的

解説　学習指導要領でもっとも出題率の高い教科の目標である。出題は教科の目標（1）による。これは，「知識・技能」に関する内容を反映させた目標である。

例題 2〈学習指導要領〉

次のア～カは小学校学習指導要領（平成29年3月告示）「図画工作」における指導事項を示したものである。このうち第3学年及び第4学年で指導する事項にあたるものを2つ選び，記号で答えよ。

ア　絵や立体，工作に表す活動を通して，感じたこと，想像したこと，見たことから，表したいことを見付けることや，表したいことや用途などを考え，形や色，材料などを生かしながら，どのように表すかについて考えること。

イ　絵や立体，工作に表す活動を通して，感じたこと，想像したことから，表したいことを見付けることや，好きな形や色を選んだり，いろいろな形や色を考えたりしながら，どのように表すかについて考えること。

ウ　造形遊びをする活動を通して，身近で扱いやすい材料や用具に十分に慣れるとともに，並べたり，つないだり，積んだりするなど手や体全体の感覚などを働かせ，活動を工夫してつくること。

エ　造形遊びをする活動を通して，活動に応じて材料や用具を活用するとともに，前学年までの材料や用具についての経験や技能を総合的に生かしたり，方法などを組み合わせたりするなどして，活動を工夫してつくること。

オ　身近にある作品などを鑑賞する活動を通して，自分たちの作品や身近な美術作品，製作の過程などの造形的なよさや面白さ，表したいこと，いろいろな表し方などについて，感じ取ったり考えたりし，自分の見方や感じ方を広げること。

カ　親しみのある作品などを鑑賞する活動を通して，自分たちの作品，我が国や諸外国の親しみのある美術作品，生活の中の造形などの造形的なよさや美しさ，表現の意図や特徴，表し方の変化などについて，感じ取ったり考えたりし，自分の見方や感じ方を深めること。

解答　ア，オ

解説　イとウは第1学年及び第2学年の，エとカは第5学年及び第6学年の指導事項である。

例題 3〈学習指導要領〉

小学校学習指導要領「図画工作」(平成29年3月告示)の「第3　指導計画と作成内容の取扱い」に示されている低学年，中学年，高学年の材料や用具をそれぞれ，次のア～ケから2つずつ選んで記号で答えよ。

ア．土　　イ．のみ　　ウ．針金
エ．ニス　　オ．金づち　　カ．糸のこぎり
キ．木切れ　　ク．はさみ　　ケ．フェルトペン

解答　低学年：ア，ク　　中学年：オ，キ　　高学年：ウ，カ

解説　学習指導要領の「第3　指導計画の作成と内容の取扱い」2 (6)には各学年で取り扱う材料や道具が示されている。第1学年及び第2学年では「土，粘土，木，紙，クレヨン，パス，はさみ，のり，簡単な小刀類」，第3学年及び第4学年では「木切れ，板材，釘，水彩絵の具，小刀，使いやすいのこぎり，金づち」，第5学年及び第6学年では「針金，糸のこぎりなど」が示されている。

●小学校学習指導要領(平成29年3月告示)

図画工作科 学習指導法

ポイント

従来，図画工作科は，心と体を使って触れたり感じたりする体験や，人との関わりを通してよさや価値を実感する活動を重視してきた。しかし今回の学習指導要領改訂では，「主体的な学び」「対話的な学び」「深い学び」の視点から学習活動を改善し，活動と学びの関係性や，活動を通して何が身に付いたのかを重視する方針が反映されている。従って指導法について述べる際は，それぞれの学びを実現するための視点を持つことが肝要である。中央教育審議会答申によると，それぞれの学びを実現するための視点として，次のようなことが挙げられている。なお例は高等学校の美術Ⅰを対象としたものによるため，一部表現が図画工作科の内容と一致しない。

「主体的な学び」

・主題を生成したり構想をしたりする場面，創造的な技能を働かせる場面，鑑賞の場面のそれぞれにおいて，形や色彩などの造形の要素の働きなどに意識を向けて考えること

・対象や事象を造形的な視点で深く捉えること

・自己の生成した主題や対象の見方や感じ方を大切にして，創造的に考えて表現したり鑑賞したりする学習の充実を図り，それらの学習活動を自ら振り返り次の学びにつなげていくこと　など

「対話的な学び」

・表現や鑑賞の能力を育成する観点から，「造形的な見方・考え方」を働かせて，美術の創造活動の中で，形や色彩などの造形の要素の働きなどについて理解すること

・美術作品や互いの作品について批評し合い討論する機会を設け，自他の見方や感じ方の相違などを理解し，自分の見方や感じ方を広げるなどの言語活動を一層充実させること　など

「深い学び」

・「造形的な見方・考え方」を働かせて，芸術としての美術と豊かに関

わる学習活動を通して，主体的に学ぶ意欲を高め，豊かに主題を生成して発想や構想をし，創造的な技能を働かせてつくりだす表現の能力と，美術作品や文化遺産などを様々な観点から鑑賞して，そのよさや美しさを創造的に味わう鑑賞の能力を相互に関連して働くようにすること

・お互いの見方や感じ方，考えなどを交流することで，新しい見方や価値などに気付き，表現や鑑賞の能力を深めていくような学習により教科・科目において育成する資質・能力を確実に身に付け，それらを積み重ねていくこと　など

これらの学びは相互に関連していることを念頭に，主体的・対話的で深い学びが実現できるような指導を模索していく必要がある。またこれらの学びを実現することは学習指導要領の目標達成を目的とするので，目標に沿った指導法を各自検討されたい。

以上のようなことをふまえ設問に対するとともに，この教科での児童の活動は，作品を通して意思を伝達し自己を表現するのと同じであると考え，常に児童の作品に対する思いや願いを読み取る努力と工夫をすることが大切である。また安全面の上でも常に配慮する姿勢を示すことがポイントである。

例題 1〈学習指導法〉

児童が友達と共同してつくりだす活動を行うこととする。指導にあたって，どのようなことに配慮する必要があるか。簡潔に2つ答えよ。

解答　・児童の実態を考慮して計画すること。　・一人一人の発想や技能が生かされ，交流によって新たなヒントを得るなどの機会がもてるようにすること。

解説　共同してつくりだす活動については，小学校学習指導要領（平成29年3月告示）の「第3　指導計画の作成と内容の取扱い」1 (5) に記載がある。一部の児童の発想や技能のみが突出するのではなく，一人一人の表現に対する思いや技能が活かされる活動に

なるよう注意を払う必要がある。

例題 2〈学習指導法〉

図画工作科における合科的な学習活動例について述べよ。

解 答 第5学年及び第6学年における「表現」の内容にある「造形遊びをする活動を通して，材料や場所，空間などの特徴を基に造形的な活動を思い付くこと」について指導する際，造形活動を通して材料の性質や特徴（理科的なねらい）もとらえさせようとする。

例題 3〈学習指導法〉

次にあげるものの指導のねらいを書け。

(1) 絵画・デザインで絵の具の色数を制限する。
(2) フィンガーペインティング（指絵の具）
(3) 砂遊び

解 答 (1) 色数の制限により，絵画の場合は同系色でまとめさせる指導ができるし，対象の色を細かく，そして鋭く見ることができるようになる。ただしこの場合，子どもがどうしても他のこの色がないと表現できない，などと言ってきた場合はこれを認めてやる。デザインなら制限された色数の範囲内でいかに効果的な配色ができるかの指導によい。また目立つ配色，目立たない配色なども色数を少なくすることによって理解できるようになる。　(2) 幼児期にとりいれられる教材で，自由にのびのびとかかせるのによい。筆などを用いないので思いのままのタッチでかけ，また混色などが自由にできるため色に対する感覚をやしなうことにもなる。　(3) 自然の中に造形的なものを見つけさせたり，また作りあげるよろこびを味わわせる。

例題 4〈学習指導法〉

鑑賞において，自分たちの作品を見る活動をする場合に必要な留意点を簡潔に答えよ。

解 答 ・自分たちの作品について，見ることに関心をもつようにする，楽しみながら作品を見る。　・身近で親しみのある作品について面白さやよさに気付いて作品をみる。　・感じたことや思ったことを話し合いながら作品を見る。　・表現の意図や特徴をとらえ見方や感じ方を深める　など。

解 説 表現活動と関連付けながら，児童が進んで見たり，自分の表現活動に重ねて見たりするなど，能動的な鑑賞を行えるようにすることが求められる。友人について分かり合おうとすることも重要である。校内展示の工夫も求められる。

例題 5〈学習指導法〉

児童が，樹脂を高温で溶かして使う接着剤を使用していたところ，溶けた接着剤で自分の太ももにやけどをしてしまった。どのような事前の指導が必要であったかを答えよ。

解 答 安全な扱い方について指導することが重要である。その際，教師の一方的な説明で終わるのではなく，実際に取り扱うなどして，児童が実感的に理解することが必要である。

解 説 図画工作における用具の使用においては，それぞれの用具の特性をとらえ，表したいことに合わせて使うことができるようにする。用具の扱い方に慣れるとともに，安全な使い方にも気をつけながら，児童が適切に扱うことができるようにすることが重要である。

例題 6〈学習指導法〉

「彫り進み木版画」は，一般の木版画とは異なり，刷った色を残したいところを彫っていく。この「彫り進み木版画」を指導する際の，刷りに関する留意点を3つ書け。

解答 ・後戻りできず，また同じ刷り紙に刷り重ねていくので，各版ごとに3枚ぐらいずつ刷っておく。　・刷り色は，明るい色・うすい色からだんだんに暗い色・濃い色へと刷り重ねていく。・ぶれた刷り上がりにならないように，見当合わせをきちんとする。

解説 彫り進み木版画は，従来の木版画とは異なった造形要素や制作の進めかたの面白さなどから，教材として導入される例が目立つ。版材は一枚で，彫ったら刷る，さらに彫ったらまた刷るというくりかえしで，だんだんと作品ができていくものである。ルールがあるわけではないが，解答にあるように後戻りできないので何枚か刷っておくことや，後のことを想定してはじめから濃い色で刷らないなど，進行上の注意をしっかりと指導したい。ただし，他の版画に比べて自由な表現ができることや，作業を進めながら思いついたことを実行できることがこの教材のよさでもあるので，実際の指導の時には，きまりやルールとして押しつけないよう注意しよう。

●小学校学習指導要領(平成29年告示)解説「図画工作編」(平成29年7月)

第 7 章

家庭科

家庭科 食物【栄養】

ポイント

食品と**栄養素（炭水化物，脂肪，たん白質，無機質，ビタミン）**や，そのはたらきについてまとめてみると次のようになる。

炭水化物は穀物，いも類，砂糖類に多く含まれ，そのはたらきとしては，熱や力のもとになること，余分な分については肝臓や筋肉に蓄積されることがあげられる。

脂肪はバター，ラード，ごま油，大豆油などに多く含まれ，少しの量で体温を支え，力をつけ，体内に皮下脂肪として蓄えられる。

たん白質は魚肉，卵，牛乳，チーズなどに含まれているもので，活動力のもととなり，筋肉，内臓，血液などの組織をつくるはたらきをする。

無機質は骨や歯をつくり，血液中の赤い色素をつくるはたらきをするもので牛乳，小魚，レバー，海藻類に含まれている。またビタミン類のうち，ビタミンAはやつめうなぎ，にんじん，レバーに多く含まれ，体の発育を助けるものである。ビタミンB_1は疲れをとるのに効果があり，豚肉，米のはい芽，大豆などに含まれている。皮膚病を防ぐのに効果のあるビタミンB_2は脱脂粉乳，サバ，レバーなどに含まれている。ビタミンCは病気に対する抵抗力をつけるもので，甘柿，レモン，いちご及び青菜などに多く含まれている。ビタミンDは肝油やレバーに多く含まれており，骨や歯をつくるはたらきをする。

栄養的分類から食品を6つの**基礎食品群**に分けることができる。**炭水化物性食品**，**脂肪性食品**，**たん白質性食品**，**無機質性食品**，**緑黄色野菜**，**淡色野菜**がこれである。このうち，血や肉をつくるものは，たん白質性食品，無機質性食品であり，熱や力のもとになるのは，炭水化物性食品および脂肪性食品がある。淡色野菜や緑黄色野菜はそれぞれビタミンCやカロチンを多く含むもので，体の調子を整えるのに役立つ。

このような栄養素と食品の関わりは，小学校学習指導要領（平成29年3月告示）「家庭」の第2の1B（3）ア（ア）「体に必要な栄養素の種類と主な働きについて理解すること。」とつながっている。

実際には，学校給食を共通のテーマとすることが考えられるし，また，ひとつの食品にはひとつの栄養素だけではなく，いくつかの栄養素が併せて含まれていることにも気付かせる必要がある。

ビタミンは体のバランスを保つために重要であり，欠乏すると様々な障害をおこすことになる。前記のビタミン類の説明を補うためにビタミンごとに表にしてみると，次の表のようになる。

ビタミンA	・夜盲症やその他，目や皮膚の障害・貧血。 ・病菌に対する抵抗力が弱まり，風邪などをひきやすくなる。
ビタミンB_1 ビタミンB_2 ナイアシン	・疲れやすくなり，かっけや心臓の衰弱をおこす。 ・口角，舌，鼻の炎症をおこし，目が疲れる。 ・ペラグラや下痢症状をおこし，貧血があらわれる。
ビタミンC	・壊血病・皮下出血 ・疲労しやすく，ストレスに弱い。
ビタミンD	・骨が軟化し，乳幼児期に欠乏するとクル病になる。

例題 1〈食物（栄養）〉

ビタミンの働きについて説明した文として最も適切なものを次のア～エから1つ選び，記号で答えよ。

ア　ビタミンAは，腸の働きを助け，皮膚や粘膜を健全に保つ。
イ　ビタミンB_1は，たん白質の代謝を助け，神経の働きを調節する。
ウ　ビタミンCは，血管を丈夫にし，傷の回復を早める。
エ　ビタミンDは，骨や歯を丈夫にし，脂質の吸収を促進する。

解答　ウ

解説　ア　説明はビタミンB_2についてのもの。ビタミンAは，眼球の網膜でたん白質と結合し，光の明るさを感じる視紅となる。
イ　説明はビタミンB_6についてのもの。ビタミンB_1は，炭水化物の代謝を助ける酵素の補酵素の構成成分として欠かせない。エ「脂質」ではなく「カルシウム」の吸収を促進する。

例題 2〈食物（栄養）〉

次の（1）～（3）は栄養素の働きである。①～⑥の中で，それらの働きをする最もふさわしい食品の組合せはどれか。

(1) 主に熱や力のもとになる

(2) 主に体をつくる

(3) 主に体の調子を整える

① フレンチドレッシング，もち，はちみつ，マヨネーズ

② あさり，納豆，ほしえび，わかめ

③ いちご，トマト，さつまいも，かぼちゃ

④ 砂糖，せんべい，油揚げ，のり

⑤ キウイ，レモン，ピーマン，チンゲンツァイ

⑥ いか，チーズ，バター，ひじき

解答 (1) ①　(2) ②　(3) ⑤

解説 (1) 主に熱や力のもとになるものは，①と④があるが，④には，無機質を多く含む「のり」が入っているので不可。 (2) 主に体をつくるものは，②と⑥があるが，⑥には，脂肪を多く含む「バター」が入っているので不可。 (3) 主に体の調子を整えるものは，③と⑤があるが，③には，炭水化物を多く含む「さつまいも」が入っているので不可。

例題 3〈食物（栄養）〉

次の文中の（ ① ）～（ ③ ）に当てはまる言葉を，下のア～コから1つずつ選び，記号で答えよ。

米は，（ ① ）の流出を防ぐために，ゴミを流す程度にさっと洗う。炊飯の水の量は，米の体積の（ ② ）倍である。浸水時間は30分以上とする。火にかけて沸騰するまで（ ③ ）にする。その後，火加減を調節しながら炊く。消火後10分くらい蒸らす。

ア．ビタミンA　イ．ビタミンB_1　ウ．ビタミンB_2

エ．ビタミンC　オ．1.2　カ．1.5
キ．2　ク．強火　ケ．中火　コ．弱火

解答 ①　イ　②　オ　③　ク

例題4〈食物（栄養）〉

栄養を考えた食事について学習を進めている。
(1) この学習で，児童が1食分の献立を考える。栄養のバランスや色どりなどを考えるほかに，献立作りを行う際に，どのようなことを考えるとよいか。3つ答えよ。
(2) 次の文は何を説明したものか答えよ。
（ア）国民の健康の保持・増進を図る上で摂取することが望ましいエネルギー及び栄養素の量の基準を示したもの
（イ）食品の可食部100gあたりの主な栄養素の成分値を示したもの

解答 (1) 味のバランス，食べる人の好み，季節（旬のものを入れる），カロリー，食事の量，費用，時間，調理方法，食事の目的などから3つ　(2)（ア）（日本人の）食事摂取基準　（イ）食品成分表

解説 (1) ここでは「家族・家庭生活」「消費生活・環境」との関連を図ることも考えられ，家族の好みや楽しく食事をするための工夫，地域の特産，季節，環境に配慮した食事作りなど，さまざまな視点から献立作成をすることができるよう指導していく必要がある。　(2)（ア）この食事摂取基準を満たすために，毎日の食事でどのような食品を食べればよいかを示したものが「食品群別摂取量のめやす」である。　（イ）食品の可食部とは，食品の皮や骨など食べられない部分を除いた，食品の食べられる部分を指す。食品成分表を使うと，食品に含まれる栄養素の種類や量を調べることができる。

家庭科 食物【性質】

ポイント

調理上，献立上あるいは栄養のバランスを考える面からも，個々の食品の性質，特徴をきちんと理解しておくことは大切である。例えば，緑黄色野菜をいためることの栄養的効果といえば次のようになる。

(1) 短時間加熱により，ビタミンCやカロチンの減少が少ない。

(2) カロチンの吸収率がよくなる（油にとけるから）。

(3) 味付けが豊富でおいしくなる。

(4) 生と違って，衛生的になる。

(5) 保存がきくようになる。

よく問題にされるビタミンの性質をまとめると，次のようになる。

ビタミン	熱	水	脂肪	その他
A	空気にふれると失われやすいが，熱に対しては変わらない。	とけない	とける	カロチンは油で調理すると吸収がよい。
B_1	熱に弱い。乾燥の場合は強いが，湿っていると壊れやすい。	とける	とけない	
B_2	酸にも熱にも強い。	とける	とけない	光線に弱い。
C	熱，アルカリに弱い。	とける	とけない	紫外線によっても壊れる。
D	強い。	とけない	とける	

例題 1〈食物（性質）〉

次のそれぞれの文のうち，内容の正しいものをすべて選び，記号で答えよ。

(1) 緑黄色野菜の青菜を油いためすると，ビタミンCやカロチンの減少が少ない。

(2) マヨネーズは卵黄に含まれるビテリンの乳化性を利用してつくられる。

(3) 鶏卵の調理上の性質には，熱による凝固性，卵白の起泡性，卵黄の乳化性があげられる。

(4) ビタミンCは熱に強く，脂肪によく溶ける。

(5) 強化米とは，米にビタミンB_1を補った食品である。

解答 (1)・(3)・(5)

例題 2〈食物（性質）〉

食品をいためて作る調理実習として，キャベツ，にんじん，ピーマンの三色野菜の油いためを取り上げた。次の (1) ～ (3) の各問いに答えよ。

(1) それぞれの切り方はどのようなものがよいか答えよ。

(2) 野菜を切る理由を3つ答えよ。

(3) 強火でいためる場合，どの順番で野菜を入れるとよいか答えよ。

解答 (1) キャベツ…たんざく切り　にんじん…せん切り　ピーマン…せん切り　(2) 例 ① 熱の通りをよくする　② 味をしみこみやすくする　③ 食べやすくする
(3) にんじん→ピーマン→キャベツ

解説 (1) にんじんは2mm，ピーマンは5mm，キャベツは1cmくらい。
(2) 切る理由として，「熱の通りをよくする・味をしみこみやすくする・食べやすくする・見た目をよくする」があるので，いずれか。　(3) 火の通りにくいものから順に。

例題 3〈食物（性質）〉

次の文中の（ ① ），（ ② ）に最も適切な語句を答えよ。

ゆで卵や炒り卵は，卵に含まれるたん白質が（ ① ）により（ ② ）性質を利用したものである。

解答 ① 熱　② 凝固する

解説 卵の調理特性としては，熱凝固性のほかに，起泡性（かく拌によって泡立つ性質）や乳化性（油を乳化させる性質）などがある。

家庭科 食物【献立】

ポイント

小学校学習指導要領（平成29年3月告示）「家庭」にある通り，「献立を構成する要素が分かり，1食分の献立作成の方法について理解すること」について指導する。

この献立づくりでは，栄養のバランス，費用，家族の好み，季節の食品の利用などに留意していかなくてはならない。これによって健康で，よりよく成長していくためのバランスのとれた食事を計画的にとることの必要性を理解していくことになるからである。

例題 1〈食物（献立）〉

次の献立を見て，下の問いに答えよ。

献　立	材　料
トースト	パン，バター
目玉焼き	卵・油・塩・こしょう
キャベツの油いため	キャベツ・油・塩
牛乳	牛乳

(1) 不足していると思われる栄養素は何か。次の中から選び記号で答えよ。

ア．たん白質　イ．無機質　ウ．ビタミンA　エ．ビタミンC
オ．脂肪　カ．炭水化物

(2) それを補うためにはどんな食品をとればよいか，次の中から2つ選び記号で答えよ。

ア．白菜　イ．もち　ウ．にんじん　エ．魚貝
オ．ねぎ　カ．ほうれん草

解答 (1) ウ　(2) ウ，カ

例題2〈食物(献立)〉

次の表は，ある児童が考えた調理計画である。下の(1)～(3)の問いに答えよ。

料理名(三色野菜いため)
材料：ピーマン，にんじん，キャベツ，塩，こしょう，バター
作り方：① 野菜を洗う。
② 野菜を切る。
にんじん，ピーマン……せん切り
キャベツ…………………たんざく切り
③ フライパンを火にかける。
④ バターを入れる。
⑤ 野菜を一度に入れ，こげないように弱火でていねいにいためる。
⑥ 塩，こしょうで味付けをする。
用　具：ほうちょう，まな板，さいばし
フライパン(鉄製)，ボール，ざる

(1) 食品は，その栄養的な特徴によって6つの基礎食品群に分けられる。にんじん，バターが属する食品群をそれぞれ書け。

(2) 五大栄養素のうち，キャベツに含まれる主な栄養素と，その栄養素の体内での主な働きを書け。

(3) 表中⑤のいため方について，この児童に指導すべきことを2つ書け。

解答 (1) にんじん：3群(緑黄色野菜)　　バター：6群(油脂)
(2) 栄養素：ビタミン　　主な働き：体の調子を整える
(3)・一度に入れず火が通りにくい硬い素材から入れる　・強火で短時間にいためると水分が出ずべたつかずにいためられる

家庭科 家庭生活・消費生活

ポイント

消費生活は，小学校家庭科の計画的な物の使い方や購入に対応した内容である。目的にあったものを適切に購入できるようにするための知識として，表示やマークがある。期限表示のなかで，消費期限は腐敗や変質などのおそれのない期限，賞味期限は品質が保持されおいしく食べられる期限である。JASマーク，有機農産物マーク，環境に関するマークなど，マークについて一通りチェックしておくこと。買い方の学習の中で支払方法の一つとして，プリペイドカード，キャッシュカード，クレジットカードなどについても知っておく必要がある。購入の際，問題になる悪質商法とクーリング・オフについての出題も多い。クーリング・オフとは，「頭を冷やす」の意味。訪問販売などで無理に契約や購入をさせられたときに，定められた日数以内なら解約できる制度のことである。

例題 1〈家庭生活・消費生活〉

次の空欄に適当な文字を入れよ。

エンゲル係数では高所得の家庭ほど，家計消費支出に占める食費の割合は（ ① ）くなり，教育・教養・保健衛生・娯楽費などの割合は（ ② ）くなる。なお，住居費・被服費の割合は，低所得・高所得ともにほぼ（ ③ ）であると言われている。

解答 ① 低　② 高　③ 一定

解説 エンゲル係数とは，ドイツの統計学者エンゲル（1821～1896）が明らかにしたもので，家計総支出額に占める食費の支出割合を指している。所得の高い家庭ほどこの係数は小さいので，これを利用して生活水準を推定する尺度として使われるようになった。ところで，家庭生活のもつ機能については，多くの面から考えられるがまず家庭の成員に精神的・物質的生活の安定を与えることがあげられる。次に，世代の継続や，子どもの保護，老人の保護などが考えられるし，社会の一単位として，社会生活の基礎経験を与えることも無視できない。

例題 2〈家庭生活・消費生活〉

家庭の収入と支出について，次の（1）～（3）の各問いに答えよ。

(1) 次の文中の（　①　）～（　④　）に当てはまる語句を，下のア～コから1つずつ選び，記号で答えよ。ただし，同じ番号には，同じ語句が入る。

　家計収入の実収入には，定期的に受け取る（　①　）収入と，臨時に受け取る（　②　）収入とがある。（　①　）収入には，勤め先から受け取る給与や，土地や建物を貸している場合の賃貸料などがある。（　②　）収入には，入学祝いのような受贈金などが該当する。

　消費支出は，一般に，高齢者世帯では，（　③　）費と交際費の割合が高くなる傾向が見られる。

　また，借家世帯では，相対的に（　④　）費の割合が高くなる。

ア．特別　　イ．基本　　ウ．経常　　エ．社会
オ．教育　　カ．食物　　キ．保健医療　　ク．光熱
ケ．住居　　コ．交通・通信

(2) 社会保険料は，どの支出に当てはまるか。次のア～ウから1つ選び，記号で答えよ。

ア．消費支出　　イ．非消費支出　　ウ．実収入以外の支出

(3) 収入から非消費支出を引いたもので，実際に家計で自由に使えるお金のことを何と言うか。次のア～エから1つ選び，記号で答えよ。

ア．勤労所得　　イ．特別収入　　ウ．可処分所得
エ．生活所得

解答　(1) ① ウ　② ア　③ キ　④ ケ　(2) イ
(3) ウ

家庭科 住生活

ポイント

①身の回りを快適に整える

快適さとは，気持ちよく居心地のよい状態であり，室内の環境が衛生的に清潔であったり，室温や明るさなどが適度で健康によく，過ごしやすい状態をいう。小学校家庭科では室内を快適に整える手立てを調べ，工夫して気持ちのよい住まい方ができるようにする。

②室内の暖かさ

日照（日当たり）をよくして暖かく住まう工夫の他，暖房器具やカーテンなどの効果的な使い方を調べる。

③風通し

夏に涼しく住まうために，風通しをよくする工夫のしかたや，室内の湿度を低くするための工夫を調べる。

④明るさ

室内を適度に明るくするために，日光を取り入れる工夫や，照明器具の用い方を調べる。

例題 1〈住居〉

次のそれぞれの問いに答えよ。

(1) 室内を暖かく保つためには，暖房器具を使用する他にどんな点に留意すべきか，2点あげよ。

(2) 夏に住居の風通しをよくするためには，どのような工夫が望ましいか，2点あげよ。

解答 (1) ・日光が室内に差し込むようにする　・暖まった空気がすき間から逃げないようにする　(2) ・戸や窓を開けて室内に風の入る所と出る所をつくる。　・ふすまやしょうじをはずしたり，家具の置き場所をかえたりして風をさえぎらないようにする。

解説 適当な部屋の温度および湿度は，一般にそれぞれ，夏25℃～28℃・55%～65%，冬18℃～22℃・45%～60%である。冬期において寒さを防ぐには，南向きの窓を設けて日射を十分にとり入れるようにしたり，建物の断熱性を高め，すきま風を防ぐ工夫をしたりすることなどが考えられる。暖房器具の効率的利用も大切である。とくにこの際には換気に十分注意しなければならない。燃焼暖房器具が不完全燃焼していたり，換気が不十分だったりすると，一酸化炭素中毒の危険性が高い。大体空気中に0.02%程度の一酸化炭素濃度が見られると，頭痛症状がおきてくるといわれる。反対に防暑のためには，家具の配置をかえて通風をよくしたり，極力直射日光の影響を避ける日よけだな，ブラインド，カーテン，すだれなどを活用するとよい。

例題 2〈住居〉

住まいについて，次の各文の（　　）内に当てはまる適切な語句を答えよ。

(1) 近年，入居したばかりの新築住宅で，頭痛や息苦しさなどの症状があらわれる（　ア　）症候群が問題になっている。気密性や断熱性の高い建物では，ダニなどの害虫や結露も生じやすい。

(2) 日当たりがよく，通風のよいことは住宅にとって大切な要素である。日本では，夏は日があまり差し込まず，冬は差し込む（　イ　）向きの家がよい。

(3) 太陽熱を利用して，暖房や給湯，場合によっては冷房を行う住宅もある。これを（　ウ　）ハウスとよぶ。低価格化とさらなる改良で普及することが期待されている。

解答 ア　シックハウス　　イ　南　　ウ　ソーラー

解説 シックハウス症候群は，住宅の高気密化による空気汚染，湿度による細菌，カビ，ダニが繁殖，ストーブから放出される一酸化炭素などの汚染物質などが原因で起こる。

家庭科 学習指導要領

ポイント

平成29年改訂の要点

1 目標の改善について

(1) 教科の目標

家庭科において育成を目指す資質・能力については，中央教育審議会答申（平成28年12月21日）にて実践的・体験的な学習活動を通して，家族・家庭，衣食住，消費や環境等についての科学的な理解を図り，それらに係る技能を身に付けるとともに，生活の中から問題を見いだして課題を設定しそれを解決する力や，よりよい生活の実現に向けて，生活を工夫し創造しようとする態度等を育成することを基本的な考え方とし，整理が行われた。これを受け，教科の目標は次のように示された。

生活の営みに係る見方・考え方を働かせ，衣食住などに関する実践的・体験的な活動を通して，生活をよりよくしようと工夫する資質・能力を次のとおり育成することを目指す。
(1) 家族や家庭，衣食住，消費や環境などについて，日常生活に必要な基礎的な理解を図るとともに，それらに係る技能を身に付けるようにする。
(2) 日常生活の中から問題を見いだして課題を設定し，様々な解決方法を考え，実践を評価・改善し，考えたことを表現するなど，課題を解決する力を養う。
(3) 家庭生活を大切にする心情を育み，家族や地域の人々との関わりを考え，家族の一員として，生活をよりよくしようと工夫する実践的な態度を養う。

また，「生活の営みに係る見方・考え方」とは，中央教育審議会答申では「家族や家庭，衣食住，消費や環境などに係る生活事象を，協力・協働，健康・快適・安全，生活文化の継承・創造，持続可能な社会の構築等の視点で捉え，よりよい生活を営むために工夫すること」として示している。

2 内容の改善について

内容については，「A　家族・家庭生活」「B　衣食住の生活」「C　消費生活・環境」の3領域で構成されている。従来の内容「B　日常の食事と調理の基礎」「C　快適な衣服と住まい」は，「B　衣食住の生活」に統一された。それぞれの領域の中で〔知識及び技能〕〔計画し工夫すること〕を反映した指導事項が設定されている。

例題 1〈学習指導要領〉

次の文は，小学校学習指導要領（平成29年3月告示）「家庭」に示されている教科の目標である。文中の空欄に当てはまる語句を答えよ。

(1) 家族や家庭，衣食住，消費や環境などについて，（　①　）に必要な基礎的な理解を図るとともに，それらに係る技能を身に付けるようにする。

(2)（　①　）の中から問題を見いだして課題を設定し，様々な解決方法を考え，実践を（　②　）し，考えたことを表現するなど，課題を解決する力を養う。

(3)（　③　）を大切にする心情を育み，家族や地域の人々との関わりを考え，家族の一員として，生活をよりよくしようと（　④　）する実践的な態度を養う。

解答　①　日常生活　②　評価・改善　③　家庭生活
④　工夫

例題 2〈学習指導要領〉

次の文は，小学校学習指導要領（平成29年3月告示）「家庭」に示されている第5学年及び第6学年の内容の一部である。文中の（　ア　）～

(　エ　)に当てはまる語句を下のA ～ Hから1つずつ選び，記号で答えよ。

○衣服の着用と手入れ

・　衣服の主な（　ア　）が分かり，季節や状況に応じた日常着の快適な着方について理解すること。

・　日常着の手入れが必要であることや，ボタンの付け方及び（　イ　）の仕方を理解し，適切にできること。

○快適な住まい方について，次の事項を指導する。

・　住まいの主な働きが分かり，（　ウ　）の変化に合わせた生活の大切さや住まい方について理解すること。

・　住まいの整理・整頓や（　エ　）の仕方を理解し，適切にできること。

A　清掃　　B　修繕　　C　役割　　D　アイロンかけ
E　洗濯　　F　温度　　G　季節　　H　働き

解答　ア H　イ E　ウ G　エ A

例題 3〈学習指導要領〉

次の文は，小学校学習指導要領（平成29年3月告示）「家庭」の「内容」における「衣食住の生活」の一部である。各空欄に適する語句を答えよ。

(2) 調理の基礎

ア　次のような知識及び技能を身に付けること。

（ア）調理に必要な材料の分量や（　①　）が分かり，調理計画について理解すること。

（イ）調理に必要な用具や食器の安全で衛生的な取扱い及び（　②　）の安全な取扱いについて理解し，適切に使用できること。

（ウ）材料に応じた洗い方，調理に適した切り方，（　③　），盛り付け，配膳及び後片付けを理解し，適切にできること。

（エ）材料に適したゆで方，（　④　）を理解し，適切にできること。

（オ）伝統的な日常食である（　⑤　）及びみそ汁の調理の仕方を

理解し，適切にできること。

イ　おいしく食べるために調理計画を考え，調理の仕方を工夫すること。

解答　①　手順　②　加熱用調理器具　③　味の付け方
④　いため方　⑤　米飯

解説　家庭科の調理に関してのこれらの事項のうち，「材料に応じた」「調理に適した」などの文言は学習内容がより実践的なものとなるよう今回の学習指導要領改訂で書き加えられたものである。

例題 4〈学習指導要領〉

次の文は，小学校学習指導要領（平成29年3月告示）「家庭」における，「第3　指導計画の作成と内容の取扱い」の一部である。①～⑤に当てはまる言葉を書け。

・　指導に当たっては，コンピュータや（　①　）を積極的に活用して，実習等における情報の（　②　）や，実践結果の発表などを行うことができるように工夫すること。

・　生活の（　③　）の基礎を培う基礎的・基本的な知識及び技能を習得するために，調理や製作等の手順の（　④　）について考えたり，実践する喜びを味わったりするなどの（　⑤　）な活動を充実すること。

解答　①　情報通信ネットワーク　②　収集・整理　③　自立
④　根拠　⑤　実践的・体験的

解説　上の文章は「第3　指導計画の作成と内容の取扱い」2の(2)，下の文章は(3)による。

●小学校学習指導要領(平成29年3月告示)

家庭科 学習指導法

ポイント

小学校学習指導要領（平成29年3月告示）には，実習の指導に当たっては次の事項に配慮することと示している。

(1) 施設・設備の安全管理に配慮し，学習環境を整備するとともに，熱源や用具，機械などの取扱いに注意して事故防止の指導を徹底すること。

(2) 服装を整え，衛生に留意して用具の手入れや保管を適切に行うこと。

(3) 調理に用いる食品については，生の魚や肉は扱わないなど，安全・衛生に留意すること。また，食物アレルギーについても配慮すること。

特に(1)については，ガスコンロなどを使用する際の事故防止に十分留意しなければならない。換気に十分留意して不完全燃焼をさけるとともに，火災や火傷を防ぐことに注意して指導を行う。

例題 1〈学習指導法〉

調理実習の指導をするときの衛生上の留意点について具体的に2つ書け。

解答 ・エプロン・三角巾を正しく身に付けさせるなど服装を整えさせる。　・生の魚や肉は扱わない。　など

解説 服装については，活動がしやすく安全性に配慮したものを準備して着用するように指導することが重要である。また，手指を十分に洗うなどの指導も有効である。

例題 2〈学習指導法〉

調理実習の指導をするときの熱源や用具，機械などを取扱う上での留意点について具体的に2つ書け。

解答 ・熱源の回りにふきんやノート類などの燃えやすい物を置かせない。　・換気を適宜行う。　・後片付け時，茶碗などを重ねすぎないようにさせる。　などから2つ

解説 事故防止や衛生面の管理などの観点から留意すべき事項を挙げる。

例題 3〈学習指導法〉

生活に役立つ「きんちゃく袋」を製作する際，児童が主体的に製作に取り組めるようにしたい。そのため，おおよその形や大きさを決めたり，製作計画を立てたりする授業の場面で，体験的な学習活動を設定したい。具体的にどのような体験的な学習活動が考えられるか。具体的に答えよ。

解答 ・袋の構成を理解したり，おおよそ使用する布の分量を予想したりするために，紙を使ってモデルを作成させる。　・すでに出来上がっている布製の袋をよく観察させる。　など

解説 おおよその形や大きさを決めたり，製作計画を立てたりする授業の場面とあるので，実際に入れるものを想定させ，それに適したきんちゃく袋の計画が立てられるよう，工夫する。すでに出来上がっている袋についても，ただ観察するだけでなく，中に入れる物やきんちゃく袋をそれぞれ数種類用意して，大きさに対する袋のゆとりや，重さに対する紐の太さの最適性などを検討させるといった工夫もできるだろう。

●小学校学習指導要領（平成29年告示）解説「家庭編」（平成29年7月）

第 8 章

体育科

体育科 体育理論

ポイント

中学校及び高等学校の学習指導要領では,「体育理論」で学ぶべき内容が示されている。そのねらいは,ともに運動領域と関連を図りながら,合理的な運動実践の方法と,現代社会におけるスポーツの意識や必要性について知的側面から理解を深め,体育科の目標達成に寄与することである。小学校学習指導要領においては,「体育理論」に関する内容が示されていない。しかしながら,小学校でも運動・スポーツに内包されている楽しさや喜びの特性を正しく理解させること,及び「保健」の学習などを通じて,(生涯にわたって)継続的に運動するために必要な基礎的・基本的な事項等の習得を図る必要がある。

体育科の目標の1つに「健康の保持増進と体力の向上」があげられている。従って体力についての考え方を充分理解しておかなければ,その目標達成が効果的にできない。

例題 1〈体育理論〉

体力について次の図表を完成せよ。

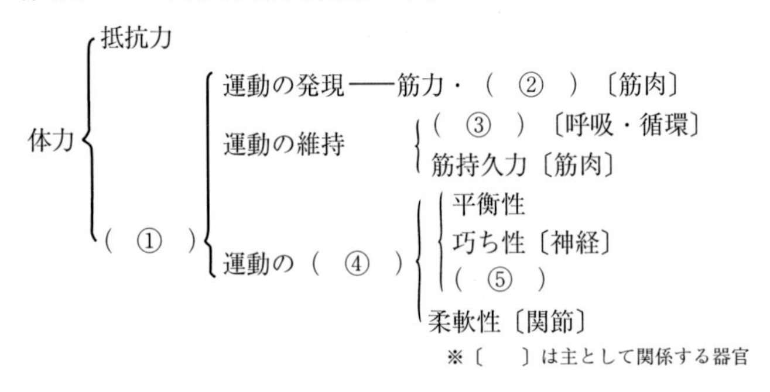

解答 ① 行動力 ② 瞬発力 ③ 全身持久力 ④ 調整
⑤ 敏しょう性

解説 体力とは人間の諸活動の基礎となる身体能力である。この能力は暑さや寒さ，病気などに耐えて，生命を維持していく抵抗力と，自分から進んで興していく行動力とに分けられる。前者を防衛体力，後者を行動体力と言うこともできる。体育科では種々の運動をとおして学習がすすめられる。換言すれば種々の運動をすることにより，体力の向上を図ることが体育科の学習である。従って体力を運動をするという積極的な活動との結びつきで，つまり行動体力の側面から捉えておかなければならない。行動体力を運動との関連で考えてみると運動を発現するものとしての筋持久力，運動を維持するものとしての全身持久力・筋持久力運動を調整するものとして調整力と柔軟性が考えられる。調整力は細かに見てみると，平衡性，巧ち性，敏しょう性とに分けて捉えることができる。また，行動体力を「からだの動き」との関連で捉えると，筋力を「力強い動き」と言い表わすこともできる。雲梯の懸垂移行・人運びなどがその動きにあたる運動の例である。持久力は「長く続ける運動」でマラソンなどがその例である。巧ち性は「バランスのとれた動き，リズミカルな動き，タイミングのよい動き，正確な動き」で平均台・スキップ・なわとびなどが挙げられる。敏しょう性は「すばやい動き」で，馬とび，くぐりぬけなどである，柔軟性は「柔らかい動き」で，マット運動などがその例である。体力の向上ということを発達段階に即して捉えると，脳の発達の著しい10歳頃までは，調整力も伸びることが明らかにされている。従って敏しょう性・巧ち性・平衡性など神経系の動きを包含した調整力の養成がこの時期の体力向上の主眼となる。筋力は小学生では目立った伸びは示さないが高学年から中学生にかけては発達が見られる。運動を長く維持させる力である持久力は，呼吸器，循環器とのかかわりもあり，むりせずに子どもの実態に即した指導が大切である。小学生時代は，神経系のはたらきが完成の域にまで近づくと言われている。この期を失うと，運動神経の発達を大きくそこなうことになる。調整力の養成は小学校体育の要である。

例題 2〈体育理論〉

体ほぐしの運動のねらい及びその運動の仕方の記述として適切なものは，次の1～4のうちのどれか。

1 体ほぐしの運動のねらいは，児童の体力の向上を直接のねらいとしてつくられた運動であり，自己の体力や生活の状況に応じて各種の運動が実践できるようにする。

2 体ほぐしの運動は，小学校の低・中学年で実施する「基本の運動」とは趣旨が異なるため，別途指導計画に位置付けて実施するようにする。

3 体ほぐしの運動の指導は，学習指導要領に示されている技能の内容の習得状況に応じて，児童に数多くの課題を設定させ，多様な学習方法を用いて進めるようにする。

4 体ほぐしの運動は，運動そのものの楽しさや心地よさを味わうとともに，精神的なストレス等の解消に役立てるなど，心と体の問題に対処するために用いるようにする。

解答 4

解説 体ほぐしの運動を取り上げた背景としては，日常生活において，運動遊びなどの体を動かす体験の減少，精神的なストレスの増大等，児童の成育環境が変化することによって，体力・運動能力の低下傾向や活発に運動をする者とそうでない者に二極化している状況をあげることができる。このような状況を踏まえると，生涯にわたり積極的に運動に親しんでいく一つの基盤として，すべての児童が体を動かす楽しさや心地よさを体験する機会をもつことが大切になる。そのためにも体と心をほぐし，リラックスできるような運動を体験する必要がある。このような考え方から，体ほぐしの運動は，運動そのものの楽しさや心地よさを味わうとともに，精神的なストレス等の解消に役立てるなど，心と体の問題に対処するために用いるようにする。

体育科 新体力テスト

ポイント

「新体力テスト」を構成するテスト項目は，運動能力を構成する基本的な体力要素であるスピード，全身持久力，筋パワー（瞬発力），巧ち性，筋力，筋持久力，柔軟性および敏しょう性に対応しており，そのうち，心肺持久力，筋力・筋持久力および柔軟性は健康に関連した体力となる。また，走，跳，投能力は，基礎的運動能力と考えられる。「新体力テスト」で測定評価される体力要素をまとめると，次のようになる。

基礎運動能力評価	テスト項目	体力評価	健康評価
走	50m走	スピード	
	20mシャトルラン	全身持久力	心肺持久力
跳	立ち幅とび	筋パワー	
投	ボール投げ	巧ち性・筋パワー	
投	握力	筋力	筋力
	上体起こし	筋力・筋持久力	筋力 筋持久力
	長座体前屈	柔軟性	柔軟性
	反復横とび	敏しょう性	

例題 1〈新体力テスト〉

次の体力測定種目はそれぞれ何の力を測定するものか。

(1) 反復横とび　(2) 立ち幅とび　(3) 握力
(4) 長座体前屈　(5) 20mシャトルラン

解答　(1) 敏しょう性　(2) 筋パワー　(3) 筋力　(4) 柔軟性
(5) 全身持久力

解説　平成11年度の体力，運動能力調査から導入した「新体力テスト」を用いて，体力・運動能力の調査が実施されている。文部科学省から「新体力テスト—有意義な活用のために—」が刊行されているので，測定の準備，方法，記録，実施上の注意，実施上の一般的な注意，新体力テストのねらいと特徴などについて学習しておく必要がある。

体育科 各種の運動

ポイント

体育科の内容構成は次表のとおりである。

<table>
<tr><th>学年</th><th>1・2</th><th>3・4</th><th>5・6</th></tr>
<tr><td rowspan="7">領域</td><td>体つくりの
運動遊び</td><td colspan="2">体つくり運動</td></tr>
<tr><td>器械・器具を
使っての運動遊び</td><td colspan="2">器械運動</td></tr>
<tr><td>走・跳の運動遊び</td><td>走・跳の運動</td><td>陸上運動</td></tr>
<tr><td>水遊び</td><td colspan="2">水泳運動</td></tr>
<tr><td colspan="2">ゲーム</td><td>ボール運動</td></tr>
<tr><td>表現リズム遊び</td><td colspan="2">表現運動</td></tr>
<tr><td></td><td colspan="2">保健</td></tr>
</table>

例題 1〈各種の運動〉

次のそれぞれの（　　）内にふさわしい語を下から選び，記号で答えよ。

各種の運動のねらいの中心は（　①　）を身につけ，各種の運動の基礎となる（　②　）ができるようにし，力一杯（　③　）喜びを体得させるとともに（　④　）ことにある。このことから一般にいわれている基本運動とも異なり（　⑤　），スポーツ，ダンスなどとも異なった特性を持っているといえる。

（ア）よりよい動き　（イ）体の基本的な動き
（ウ）体力を高める　（エ）活動する
（オ）体操

解答　①（イ）　②（ア）　③（エ）　④（ウ）　⑤（オ）

例題 2〈各種の運動〉

小学校学習指導要領（平成29年3月告示）の「体育」に関する次の各問いに答えよ。

(1) 第3学年及び第4学年における「2　内容」の「E　ゲーム」では，3つの型のゲームが示されている。このうち2つの型のゲームは次のとおりであるが，残り1つの型のゲームは何か。(　　) に当てはまる語句を書け。

ゴール型ゲーム　　ネット型ゲーム　　(　　) 型ゲーム

(2) 次の文は，第5学年及び第6学年における「2　内容」の「A　体つくり運動」の一部である。(　　) に当てはまる語句を書け。

(　　) の運動では，手軽な運動を行い，心と体との関係に気付いたり，仲間と関わり合ったりすること

解答 (1) ベースボール　(2) 体ほぐし

解説 (1) ボール運動は，攻守の特徴や共通する動き・技能を系統的に身に付けるという視点から，第3学年及び第4学年では，ゴール型ゲーム，ネット型ゲーム，ベースボール型ゲームと分類された。 (2) 第5学年及び第6学年の体つくり運動は，体ほぐしの運動と体の動きを高める運動で構成されている。

体育科 学習指導要領

ポイント

平成29年改訂の要点

1 目標の改善について

(1) 教科の目標

体育科において育成を目指す資質・能力については，中央教育審議会答申（平成28年12月21日）にて，心と体を一体としてとらえ，生涯にわたって健康を保持増進し，豊かなスポーツライフを実現する資質・能力を育成することを重視する観点から，「知識・技能」，「思考力・判断力・表現力等」，「学びに向かう力・人間性等」の3つの柱に沿って整理した。これを受け，教科の目標は次のように示された。

体育や保健の見方・考え方を働かせ，課題を見付け，その解決に向けた学習過程を通して，心と体を一体として捉え，生涯にわたって心身の健康を保持増進し豊かなスポーツライフを実現するための資質・能力を次のとおり育成することを目指す。
(1) その特性に応じた各種の運動の行い方及び身近な生活における健康・安全について理解するとともに，基本的な動きや技能を身に付けるようにする。
(2) 運動や健康についての自己の課題を見付け，その解決に向けて思考し判断するとともに，他者に伝える力を養う。
(3) 運動に親しむとともに健康の保持増進と体力の向上を目指し，楽しく明るい生活を営む態度を養う。

従前より示し方が変更され，先述の3つの柱に対応して (1) ～ (3) の目標が示された。それぞれ (1) が「知識・技能」，(2) が「思考力・判断力・表現力等」，(3) が「学びに向かう力・人間性等」による。

また，「体育や保健の見方・考え方」とは，同答申では「体育の見方・考え方」を「運動やスポーツを，その価値や特性に着目して，楽しさや喜びとともに体力の向上に果たす役割の視点から捉え，自己の適性等に応じた『する・みる・支える・知る』の多様な関わり方と関連付けること」，「保健の見方・考え方」を「個人及び社会生活における課題や情報を，健康や安全に関する原則や概念に着目して捉え，疾病等のリスクの軽減や生活の質の向上，健康を支える環境づくりと関連付けること」として示している。

(2) 各学年の目標

〔第1学年及び第2学年〕

(1) 各種の運動遊びの楽しさに触れ，その行い方を知るとともに，基本的な動きを身に付けるようにする。

(2) 各種の運動遊びの行い方を工夫するとともに，考えたことを他者に伝える力を養う。

(3) 各種の運動遊びに進んで取り組み，きまりを守り誰とでも仲よく運動をしたり，健康・安全に留意したりし，意欲的に運動をする態度を養う。

〔第3学年及び第4学年〕

(1) 各種の運動の楽しさや喜びに触れ，その行い方及び健康で安全な生活や体の発育・発達について理解するとともに，基本的な動きや技能を身に付けるようにする。

(2) 自己の運動や身近な生活における健康の課題を見付け，その解決のための方法や活動を工夫するとともに，考えたことを他者に伝える力を養う。

(3) 各種の運動に進んで取り組み，きまりを守り誰とでも仲よく運動をしたり，友達の考えを認めたり，場や用具の安全に留意したりし，最後まで努力して運動をする態度を養う。また，健康の大切さに気付き，自己の健康の保持増進に進んで取り組む態度を養う。

〔第5学年及び第6学年〕

(1) 各種の運動の楽しさや喜びを味わい，その行い方及び心の健康やけがの防止，病気の予防について理解するとともに，各種の運動の特性に応じた基本的な技能及び健康で安全な生活を営むための技能を身に付けるようにする。

(2) 自己やグループの運動の課題や身近な健康に関わる課題を見付け，その解決のための方法や活動を工夫するとともに，自己や仲間の考えたことを他者に伝える力を養う。

(3) 各種の運動に積極的に取り組み，約束を守り助け合って運動をしたり，仲間の考えや取組を認めたり，場や用具の安全に留意したりし，自己の最善を尽くして運動をする態度を養う。また，健康・安全の大切さに気付き，自己の健康の保持増進や回復に進んで取り組む態度を養う。

各学年の (1) は答申で示された「知識・技能」の内容を，(2) は「思考力・判断力・表現力等」の内容を，(3) は「学びに向かう力・人間性等」の内容を反映している。

2 内容の改善について

内容の構成については，以下の通りである。

第1学年及び第2学年は「体つくりの運動遊び」「器械・器具を使っての運動遊び」「走・跳の運動遊び」「水遊び」「ゲーム」「表現リズム遊び」で構成されている。主な変更は領域名が「体つくり運動」→「体つくりの運動遊び」に変更されたことと，「水遊び」の指導事項が「水に慣れる遊び」→「水の中を移動する運動遊び」，「浮く・もぐる遊び」→「もぐる・浮く運動遊び」に変更されたことなどである。

第3学年及び第4学年は，体育分野が「体つくり運動」「器械運動」「走・跳の運動」「水泳運動」「ゲーム」「表現運動」，保健分野が「健康な生活」「体の発育・発達」で構成されている。主な変更は「水遊び」の指導事項が「浮く運動」→「浮いて進む運動」，「泳ぐ運動」→「もぐる・浮く運動」に変更されたことなどである。

第5学年及び第6学年は，体育分野が「体つくり運動」「器械運動」「陸上運動」「水泳運動」「ボール運動」「表現運動」，保健分野が「心の健康」「けがの防止」「病気の予防」で構成されている。主な変更は「体つくり運動」の指導事項が「体力を高める運動」→「体の動きを高める運動」に変更され，「水泳運動」の指導事項に「安全確保につながる運動」が新たに加わったことなどである。

詳細な指導事項については，答申で示された「知識・技能」「思考力・判断力・表現力等」「学びに向かう力・人間性等」の柱に沿って整理されているので，確認する。

例題 1〈学習指導要領〉

次の文は，小学校学習指導要領（平成29年3月告示）「体育」の目標である。文中の（　①　）～（　③　）に入るものを下のア～カからそれぞれ1つ選び，記号で答えよ。

体育や保健の見方・考え方を働かせ，課題を見付け，その解決に向けた学習過程を通して，（　①　）捉え，生涯にわたって（　②　）し（　③　）を実現するための資質・能力を次のとおり育成することを目指す。

ア　体力と運動能力を一体として
イ　心身の健康を保持増進
ウ　楽しく明るい生活
エ　心と体を一体として
オ　技術と体力を向上
カ　豊かなスポーツライフ

解答　①　エ　　②　イ　　③　カ

解説　体育科の目標は，学校教育法第29条「小学校は，心身の発達に応じて，義務教育として行われる普通教育のうち基礎的なものを施すことを目的とする」を踏まえている。

例題 2〈学習指導要領〉

小学校学習指導要領（平成29年3月告示）に示された体育科の各運動領域における内容について，次の（1）～（3）に答えよ。

(1) 第1学年及び第2学年で指導する「D　水遊び」の内容として適切なものを①～⑤から1つ選び，番号で答えよ。

① 水に親しむ運動遊び

② 水に慣れる運動遊び

③ 水の中を移動する運動遊び

④ 水の中を歩く運動遊び

⑤ 浮いて進む運動遊び

(2) 第3学年及び第4学年で指導する「E　ゲーム」にて扱うゲームの型は全部で3種類ある。全て答えよ。

(3) 第5学年及び第6学年で指導する「C　陸上運動」では，(　　)・リレー，ハードル走，走り幅跳び，走り高跳びの4項目を扱う。空欄に当てはまるものを①～⑤から1つ選び，番号で答えよ。

① 50m走　② 短距離走　③ 中距離走　④ 持久走

⑤ ジョギング

解答 (1) ③　(2) ゴール型ゲーム，ネット型ゲーム，ベースボール型ゲーム　(3) ②

解説 小学校学習指導要領に示された体育科の目標，各学年の目標及び内容，指導計画の作成と内容の取扱いからの出題頻度がかなり高いので，正しく答えられるように熟読しておくことが大切である。

例題 3〈学習指導要領〉

次の文は，小学校学習指導要領（平成29年3月告示）「体育」の「第3 指導計画の作成と内容の取扱い」の一部である。（ ① ）～（ ③ ）に当てはまる語句を答えよ。

・学校や地域の実態を考慮するとともに，個々の児童の（ ① ）や技能の程度などに応じた指導や児童自らが運動の課題の解決を目指す活動を行えるよう工夫すること。特に，運動を苦手と感じている児童や，運動に意欲的に取り組まない児童への指導を工夫するとともに，（ ② ）児童などへの指導の際には，周りの児童が様々な特性を尊重するよう指導すること。

・筋道を立てて練習や作戦について話し合うことや，（ ③ ）について話し合うことなど，コミュニケーション能力や論理的な思考力の育成を促すための言語活動を積極的に行うことに留意すること。

解答 ① 運動経験　② 障害のある　③ 身近な健康の保持増進

解説 ①，② 運動を苦手と感じている児童，運動に意欲的に取り組まない児童，障害のある児童への指導については現行の学習指導要領から追加された項目である。 ③ 言語活動に関する留意事項は，体育科の他にも音楽科など一部の教科に関して学習指導要領に示されている

●小学校学習指導要領（平成29年3月告示）

体育科 学習指導法

ポイント

今回の学習指導要領改訂における趣旨の一つに,「主体的な学び」「対話的な学び」「深い学び」の視点から学習過程の改善を図ることがある。中央教育審議会答申(平成28年12月21日)によると,それぞれの学びを実現するための視点として,次のようなことが挙げられている。

「主体的な学び」

・運動の楽しさや健康の意義等を発見し,運動や健康についての興味や関心を高め,課題の解決に向けて粘り強く自ら取り組み,それを考察する学びの過程

・学習を振り返り,課題を修正したり新たな課題を設定したりする学びの過程　など

「対話的な学び」

・運動や健康についての課題の解決に向けて,児童生徒が他者(書物等を含む)との対話を通して,自己の思考を広げ深めていく学びの過程

「深い学び」

・自他の運動や健康についての課題を発見し,解決に向けて試行錯誤を重ねながら,思考を深め,よりよく解決する学びの過程　など

指導計画の作成や指導法に関する設問では,これらの視点が相互に関連し合うことや,学習の目標との結びつきについてを念頭に解答を作成したい。

以上のほかに,運動領域では「技」の体系,運動発達,運動習熟などを考慮した解答が望まれる。また保健領域では,健康に関する原理や法則を系統的に学習させ,科学認識に基づいた生活実践力の形成を目指す授業(指導)像などが期待される。

例題 1〈学習指導法〉

体育の授業において，事故防止のために教師はどのような点に留意すればよいか，5つ簡単に記せ。

解答 ・児童の発達段階に応じた教材を選ぶ。　・児童を教師の視野の中におく。　・児童の健康観察を十分にする。　・準備運動をしっかりする。　・使用する教具の安全点検をする。

解説 学校でのけがの多くは行動と環境が要因になって起こっている。行動に原因がある場合は，きまりを守らない・不注意・いたずら・学校の指示を守らないなどが指摘されている。環境に原因がある場合は，設備の破損，施設設備の不完全，障害物などが指摘されている。また，名札のピン，ポケット内の危険物など服装が原因になっている場合もある。けがの防止には，危険を予測する力と適確な判断力を高めることが大切である。また，学校環境の安全点検をすることも必要である。

例題 2〈学習指導法〉

逆上がりができない児童に対して，技能面についての指導のポイントを3つ答えよ。

解答 ・曲げた腕を伸ばさないように，腹部を鉄棒に引き付ける。
・足で地面をけり，膝を前上方に振り上げる。　・後方回転する手前で手首を返す。

解説 逆上がりは，代表的な学校体育の教材である。ポイントは，上体の鉄棒への引き付け，足の振り上げである。できない場合，跳び箱やロイター板などの補助具や友達同士での補助を利用する。

例題 3〈学習指導法〉

水泳の授業を行う際，安全面の留意事項を2つ書け。

解答 ・児童の健康状態の確認。　・プールに入る児童数の把握。
・水に入るとき，すぐに飛びこまないで徐々に入らせる。
・長時間水に入らせない。　から2つ

例題4〈学習指導法〉

第5学年の器械運動の「マット運動」の学習において，側方倒立回転を行うこととする。この技を安定して行うことができるようにするためには，どのようなことに留意するよう指導するか。簡潔に2つ書け。

解答 ・腰の位置を高く保ちながら踏み出した足と同じ側の手をマットに着くこと。　・踏み切りを強くして，踏み出した足とは逆の足を勢いよく振り上げること。　・後から着いた手でマットを突き放し，片足ずつ着地させること。　・手足を一直線上に着くこと。

解説 「小学校体育（運動領域）まるわかりハンドブック・高学年」（文部科学省）に，側方倒立回転の動きのポイントとして，「腰を高く保ちながら踏み出した足と同じ側の手を着く。」「逆の足を勢いよく振り上げる。」「後から着いた手で突き放し，片足ずつ着地する。」と記されている。その他，「着手方向に体を向ける…手の着く方向に体を向け，足先もまっすぐにして手を着くようにする。」「両手にしっかりとのる…両手に体重をしっかりとのせてバランスをよくとれるようにし，着地の際もマットに着いた手を見ながら着地すると安定する。」などがある。

●小学校学習指導要領(平成29年告示)解説「体育編」(平成29年7月)

第 9 章

生活科

生活科 学習指導要領

ポイント

平成29年改訂の要点

1 目標の改善について

(1) 教科の目標

生活科において育成を目指す資質・能力については，中央教育審議会答申（平成28年12月21日）にて，「知識・技能」，「思考力・判断力・表現力等」，「学びに向かう力・人間性等」の3つの柱に沿った整理が行われた。これを受け，教科の目標は次のように示された。

> 具体的な活動や体験を通して，身近な生活に関わる見方・考え方を生かし，自立し生活を豊かにしていくための資質・能力を次のとおり育成することを目指す。
> (1) 活動や体験の過程において，自分自身，身近な人々，社会及び自然の特徴やよさ，それらの関わり等に気付くとともに，生活上必要な習慣や技能を身に付けるようにする。
> (2) 身近な人々，社会及び自然を自分との関わりで捉え，自分自身や自分の生活について考え，表現することができるようにする。
> (3) 身近な人々，社会及び自然に自ら働きかけ，意欲や自信をもって学んだり生活を豊かにしたりしようとする態度を養う。

従前より示し方が変更され，先述の3つの柱に対応して (1) ～ (3) の目標が示された。それぞれ (1) が「知識・技能」，(2) が「思考力・判断力・表現力等」，(3) が「学びに向かう力・人間性等」による。

また，「身近な生活に関わる見方・考え方」とは，同答申では「身近な人々，社会及び自然を自分との関わりで捉え，比較，分類，関連付け，試行，予測，工夫することなどを通して，自分自身や自分の生活について考えること」として示している。

②各学年の目標

〔第1学年及び第2学年〕
(1) 学校，家庭及び地域の生活に関わることを通して，自分と身近な人々，社会及び自然との関わりについて考えることができ，それらのよさやすばらしさ，自分との関わりに気付き，地域に愛着をもち自然を大切にしたり，集団や社会の一員として安全で適切な行動をしたりするようにする。
(2) 身近な人々，社会及び自然と触れ合ったり関わったりすることを通して，それらを工夫したり楽しんだりすることができ，活動のよさや大切さに気付き，自分たちの遊びや生活をよりよくするようにする。
(3) 自分自身を見つめることを通して，自分の生活や成長，身近な人々の支えについて考えることができ，自分のよさや可能性に気付き，意欲と自信をもって生活するようにする。

2 内容の改善について

内容は，〔学校，家庭及び地域の生活に関する内容〕(1)～(3)，〔身近な人々，社会及び自然と関わる活動に関する内容〕(4)～(8)，〔自分自身の生活や成長に関する内容〕(9)の3領域9項目で構成される。

例題 1〈学習指導要領〉

次の文は，小学校学習指導要領（平成29年3月告示）「生活」の目標の一部である。（ ア ）～（ ウ ）に当てはまる語句を答えよ。

・活動や体験の過程において，自分自身，（ ア ），社会及び自然の特徴やよさ，それらの関わり等に気付くとともに，生活上必要な習慣や技能を身に付けるようにする。
・身近な人々，社会及び自然を（ イ ）で捉え，自分自身や自分の生活について考え，表現することができるようにする。
・身近な人々，社会及び自然に自ら働きかけ，（ ウ ）や自信をもって学んだり生活を豊かにしたりしようとする態度を養う。

解答 ア　身近な人々　　イ　自分との関わり　　ウ　意欲

解説 対象を自分との関わりで捉えさせること，人々・社会・自然を一体として捉えさせることは生活科の特徴である。目標は学習指導要領の中でも特に出題頻度が高いので熟読する。

例題 2〈学習指導要領〉

次の文は，小学校学習指導要領（平成29年3月告示）の「生活」の内容(1)と(5)について記述したものである。文中の（　①　）～（　⑤　）にあてはまる語句を，あとのア～ソから1つずつ選び，記号で答えよ。

内容(1)

学校生活に関わる活動を通して，学校の施設の様子や学校生活を支えている人々や友達，（　①　）の様子やその安全を守っている人々などについて考えることができ，学校での生活は様々な人や施設と関わっていることが分かり，楽しく安心して（　②　）や生活をしたり，安全な（　③　）をしたりしようとする。

内容(5)

身近な自然を観察したり，季節や地域の（　④　）に関わったりするなどの活動を通して，それらの違いや特徴を見付けることができ，自然の様子や四季の変化，（　⑤　）によって生活の様子が変わることに気付くとともに，それらを取り入れ自分の生活を楽しくしようとする。

ア　季節　　イ　人々　　ウ　気温　　エ　地域
オ　学校周辺　　カ　登下校　　キ　行事　　ク　学校生活
ケ　遊び　　コ　行動様式　　サ　生活　　シ　学習
ス　通学路　　セ　理解　　ソ　文化・芸能

解答 ①　ス　　②　ケ　　③　カ　　④　キ　　⑤　ア

解説 生活科の内容は2学年まとめて示され，9項目で構成されている。

基本的な活動と，それを通じてなにに気付き，どのように生かしていくかという方針がまとめられている。

例題 3〈学習指導要領〉

生活科の内容（6）には，自然や物を使った遊びが位置付けられている。次の文は，小学校学習指導要領解説生活編（平成29年7月）において，「遊びの面白さ」と「自然の不思議さ」を説明したものである。文中の各空欄に適する語句を下のア～ケから1つずつ選び，記号で答えよ。

（6）遊びの面白さとは，例えば，落ち葉を踏みしめたり投げあげたりしてその感触を楽しむことなど，遊びに浸り没頭する遊び自体の面白さである。また，「鬼の数を増やしたら楽しくなるかな」と遊びの約束やルールを変えていくなど，遊びを工夫し遊びを（　①　）面白さもある。さらに，「みんなでやると楽しいね」と友達と一緒に遊ぶことの面白さもある。

一方，自然の不思議さとは，例えば，「土台を軽い段ボールに変えたのに，速く進まないよ」など，自分の（　②　）とが異なったときに生まれる疑問などである。また，「ゴムを強く引っ張ったら高く飛んだよ」と，（　③　）の働きが見えてくることや「アサガオの色水は，アサガオの花の色と同じだね」「風の向きによって，凧の上がり方が違うんだよ」と，自然の中にきまりを見付けることなどである。

ア　思いと考え	イ　繰り返す	ウ　創り出す
エ　理解する	オ　目に見えないもの	カ　身近にあるもの
キ　見通しと事実	ク　目の前にあるもの	ケ　考えと活動

解答　①　ウ　②　キ　③　オ

解説　選択式の問題では，前後の文章とのつながりを意識して，自然な日本語になるような語句を選ぶことが大切である。

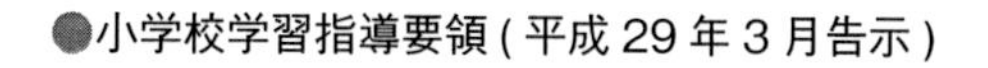
●小学校学習指導要領(平成29年3月告示)

生活科 学習指導法

ポイント

生活科における資質・能力を育む学習過程は，やってみたい，してみたいと自分の思いや願いを持ち，具体的な活動や体験を行い，直接対象と関わる中で感じたり考えたりしたことを表現し，行為していくプロセスであると考えられる。今回の学習指導要領改訂における趣旨の一つである「主体的な学び」「対話的な学び」「深い学び」の視点から学習過程の改善を図ることを実現するには，このプロセスを念頭に，表現活動を工夫し，体験活動と表現活動とが豊かに行きつ戻りつする相互作用を意識することが重要である。中央教育審議会答申（平成28年12月21日）によると，それぞれの学びを実現するための視点として，次のようなことが挙げられている。

「主体的な学び」

・生活科では，子供の生活圏である学校，家庭，地域を学習の対象や場とし，対象と直接関わる活動を行うことで，興味や関心を喚起し，自発的な取組を促してきた。こうした点に加えて，表現を行い伝え合う活動の充実を図ることが必要である。

・小学校低学年は，自らの学びを直接的に振り返ることは難しく，相手意識や目的意識に支えられた表現活動を行う中で，自らの学習活動を振り返る。振り返ることで自分自身の成長や変容について考え，自分自身についてのイメージを深め，自分のよさや可能性に気付いていく。自分自身への気付きや，自分自身の成長に気付くことが，自分は更に成長していけるという期待や意欲を高めることにつながる。

・学習活動の成果や過程を表現し，振り返ることで得られた手応えや自信は，自らの学びを新たな活動に生かし挑戦していこうとする子供の姿を生み出す。こうしたサイクルが「学びに向かう力」を育成するものとして期待することができる。

「対話的な学び」

・生活科では，身の回りの様々な人々と関わりながら活動に取り組むことや，伝え合ったり交流したりすることが大切である。伝え合い交流する中で，一人一人の発見が共有され，そのことをきっかけとして新たな気付きが生まれたり，関係が明らかになったりすることが考えられる。他者との協働や伝え合い交流する活動は，一人一人の子供の学びを質的に高めることにもつながる。
・また，双方向性のある活動が行われ，対象と直接関わり，対象とのやり取りをする中で，感じ，考え，気付くなどして「対話的な学び」が豊かに展開されることが求められる。

「深い学び」

・生活科では，思いや願いを実現していく過程で，一人一人の子供が自分との関わりで対象を捉えていくことが生活科の特質であると言える。
・「身近な生活に関わる見方・考え方」を生かした学習活動が充実することで，気付いたことを基に考え，新たな気付きを生み出し，関係的な気付きを獲得するなどの「深い学び」を実現することが求められる。低学年らしいみずみずしい感性により感じ取られたことを，自分自身の実感の伴った言葉にして表したり，様々な事象と関連付けて捉えようとしたりすることを助けるような教員の関わりが求められる。

指導計画の作成や指導法に関する設問では，これらの視点が相互に関連し合うことや，学習の目標との結びつきについてを念頭に解答を作成したい。

例題 1〈学習指導法〉

小学校学習指導要領（平成29年3月告示）「生活」の「第2　各学年の目標及び内容」の「2　内容」の（2）は「家庭生活に関わる活動を通して，家庭における家族のことや自分でできることなどについて考えることができ，家庭での生活は互いに支え合っていることが分かり，自分の役割を積極的に果たしたり，規則正しく健康に気を付けて生活したりしようとする。」である。この内容を指導していく上で，十分に配慮しなければならないことを4つ書け。

解答 ・それぞれの家庭の違いやよさを認めるようにする。　・家庭のプライバシーを尊重する。　・家庭の理解と協力を得る。
・家庭との連携を図る。

解説 家庭は児童にとって生活の場であり，児童を支えてくれるところである。このことは，当然のことであるが児童ごとに家族構成や家庭生活の様子は異なるのであるから，指導上の配慮が不可欠である。

例題 2〈学習指導法〉

第1学年の「生きものとなかよし」の学習において，児童が春に近所でつかまえてきた虫を教室で飼う活動を行うこととする。この活動の中で，児童にはどのような知的な気付きが生まれるか。大きく3つの視点で分類し，それぞれについて，気付きの具体例を児童の言葉で書け。

解答 ・生き物の食生活に気付く：「バッタが，草をムシャッ，ムシャッと食べてた。」　・生き物の体の特徴に気付く：「カブトムシって，ほんとに強そうだよ。」　・生き物の生命に気付く：「ダンゴムシ，死んでるのかと思った。だけど，動き出したよ。」

解説 表現活動は，環境の様々な要素へのかかわりの活動の後のこととして，極めて重要である。しかも，子どもの能動的なはたらきであり，自らの思いや考えを表現するため，その努力の過程で主体的な力も育つのである。

●小学校学習指導要領(平成29年告示)解説「生活編」(平成29年7月)

第10章

外国語・
外国語活動

外国語・外国語活動 英文法・対話文

ポイント

1 英文法

□ A is to B what C is to D 〈AとBの関係はCとDの関係と同じ〉
□ all but ～ 〈ほとんど～，ただ～だけが～でない〉
□ all the＋比較級（～）＋for ～ 〈～のためにかえっていっそう（～)〉
□ anything but ～ 〈～のほかなら何でも，決して～でない〉
□ as ～ as ～ 〈～と同じくらい～〉
□ as ～ as possible 〈できるだけ～，できるかぎり～〉
□ as if ～＝as though ～ 〈まるで～であるかのように〉
□ as ～，so ～ 〈～のように，そのように～〉
□ be about to ～ 〈まさに～しようとしている〉
□ be accustomed to ～ ing 〈～することに慣れている〉
□ be going to ～ 〈～しようとしている〉
□ be on the point of ～ ing 〈まさに～しようとしている〉
□ be used to ～ ing 〈～することに慣れている〉
□ be worth ～ ing 〈～する価値がある〉
□ but for ～ 〈～がなければ〉
□ cannot help ～ ing (cannot but ～) 〈～しないではいられない，～せざるをえない〉
□ cannot ～ too ～ 〈いくら～しても～しすぎることはない〉
□ compare A to B 〈AをBにたとえる〉
□ compare A with B 〈AとBを比べる〉
□ consist in ～ 〈～に存する，～にある〉
□ consist of ～ 〈～から成り立つ〉
□ consist with ～ 〈～と一致する，～と両立する〉
□ demand that A be ～ 〈Aが～するように要求する〉
□ deprive A of B 〈AからBを奪う〉
□ enough to ～ 〈～するほど～に，あまりに～なので

(so … as to ～)	～である〉
□ either A or B	〈AかBかどちらか〉
□ far from ～ ing	〈少しも～でない，～どころではない〉
□ feel like ～ ing	〈～したいような気がする〉
□ had better ～	〈～したほうがよい〉
□ happen to ～	〈たまたま～する〉
□ hardly ～ when …	〈～するやいなや～〉
□ it is no use ～ ing	〈～しても無駄である〉
□ keep A from ～ ing (prevent A from ～ ing)	〈Aに～させない，～することを妨げる〉
□ look to A for B	〈AにBを期待する，AにBを当てにする〉
□ make a point of ～ ing	〈決まって～をする〉
□ not only A but (also) B (B as well as A)	〈AばかりでなくBも〉

2 対話文

□ A：You look tired. What's wrong with you?
B：I didn't sleep last night.

□ A：Thank you very much.
B：It's my pleasure.（どういたしまして）

□ A：Will you be able to come to help us?
B：No, I'm afraid not.（すみませんができません）

□ A：Will you pass me the soy sauce?
B：Here you are.（どうぞ）

□ A：Will it rain next Sunday?
B：I hope not.（そうならないといいね）

□ A：I've had a bad headache.
B：That's too bad.（お気の毒に）

□ A：How many chairs do you need?
B：Ten will do.（～で充分だ）

□ A：Why don't you ask him to help us?

B：That's a good idea.

□ A：Thank you very much for your kindness.

B：You're welcome. = Don't mention it. = Not at all.

□ A：How would you like to come to our party next Friday?

B：That sounds exciting!

□ A：I'd like to talk with Mr. Brown.（電話での会話）

B：This is Brown speaking.

B：I'm sorry, but he is out now.

A：Can I leave a message for him?

□ A：Here comes your friend!

B：I'm coming.（今行くよ）

□ A：Will you come with me?

B：Why not?（もちろん）

□ A：Would you mind my smoking?

B：Go ahead.（どうぞ）

□ A：I missed the bus.

B：You should have left home earlier.（～すべきだった）

□ A：Could you pass me the salt, please?

B：I beg your pardon?（何と言いましたか）

□ A：Do you know where Ken is?

B：I'm not sure. He may be in his room.

□ A：I don't like spiders.

B：Neither（Nor）do I.（= I don't like, either）

例題 1〈英文法〉

次の（1）～（4）の英文の（　　）内に入れるのに最も適当な語句を，①～⑤から1つずつ選べ。

（1）The man decided to wait at the station until his wife（　　）.

① has come　② will come　③ came　④ come

⑤ comes

(2) I remember ( ) home on a pickup truck last Sunday.

① to have ridden　② riding　③ to ride　④ ride

⑤ having ridden

(3) We left at once, ( ) we would have missed him.

① if　② in case　③ unless　④ as if

⑤ otherwise

(4) They have two daughters. One is still single, and ( ) is married.

① the other　② other　③ another　④ the another

⑤ either

解答 (1) ③　(2) ②　(3) ⑤　(4) ①

解説 (1) until以下の節の時制を主節と一致させる。動詞decideが過去形なのでcomeも過去形にする。 (2) remember は動名詞，不定詞どちらも目的語として使えるが意味が異なるため注意する。I remember ridingで「乗ったことを覚えている」。一方，I remember to rideで「忘れずに乗るようにする」。
(3) otherwiseは「さもなければ」。would have ～を用いて「～していたことだろう」と続く。 (4) 2つのうちの片方ともう一方という場合は，「もう一方」が特定されているのでtheをつけてone is … the other is …とする。another「別の」「もうひとつの」との混同に注意。

例題 2〈対話文〉

次の対話文の（ ）に入る最も適切なものをア～エから1つずつ選び，記号で答えよ。

(1) A：May I ask who's speaking?

B：( )

ア．No, James Robinson.　イ．This is James Robinson.

ウ．James Robinson, please.　エ．You are James Robinson.

(2) A：Do you mind if I open the windows?

B：(　　　)

ア．Sure, never mind.　　イ．Of course, please open them.

ウ．No, you don't have to.　　エ．Certainly not.

(3) A：I'd like to check out, please.

B：Sure. Here's the bill.

A：(　　　)

ア．How would you like to pay?

イ．Did you use the mini bar in your room?

ウ．Can I use this credit card?

エ．Check out time is 10 a.m.

(4) A：What's the best way to the airport?

B：By subway, if you want to save time.

A：(　　　)

B：That depends on the traffic.

ア．How many stops are there on the way?

イ．How much does it cost?

ウ．How long will it take to go by taxi?

エ．How often do I have to change the lines?

(5) A：I need a tie to go with this suit.

B：How about this? It's handmade.

A：Oh, that's the difference.

B：It looks good on you. (　　　)

ア．How much is it?　　イ．How do you like it?

ウ．I know about it.　　エ．I didn't know that.

解答　(1) イ　(2) エ　(3) ウ　(4) ウ　(5) イ

解説　(1)This is ～.〈こちらは～です。〉　(2)Do you mind if ～？〈～してもよろしいですか。〉　(4) How long ～？〈どのくらい～ですか。〉

外国語・外国語活動 学習指導要領

ポイント

平成29年改訂の要点

●「外国語」について

1 教育課程上の位置付け

・第5学年及び第6学年において，それぞれ年間70単位時間の授業時数を確保した。
・言語活動は従前の「外国語活動」における「聞くこと」「話すこと」の活動に加え，「読むこと」「書くこと」についても扱う。
・中・高等学校の外国語科と同様に「知識・技能」，「思考・判断・表現」，「主体的に学習に取り組む態度」の3観点により数値による評価を行う。
・英語の履修を原則とする。

2 目標について

(1) 教科の目標

「外国語」の目標は以下の通りである。

外国語によるコミュニケーションにおける見方・考え方を働かせ，外国語による聞くこと，読むこと，話すこと，書くことの言語活動を通して，コミュニケーションを図る基礎となる資質・能力を次のとおり育成することを目指す。
(1) 外国語の音声や文字，語彙，表現，文構造，言語の働きなどについて，日本語と外国語との違いに気付き，これらの知識を理解するとともに，読むこと，書くことに慣れ親しみ，聞くこと，読むこと，話すこと，書くことによる実際のコミュニケーションにおいて活用できる基礎的な技能を身に付けるようにする。
(2) コミュニケーションを行う目的や場面，状況などに応じて，身近で簡単な事柄について，聞いたり話したりするとともに，音声で十分に慣れ親しんだ外国語の語彙や基本的な表現を推測しながら読んだり，語順を意識しながら書いたりして，自分の考えや気持ちなどを伝え合うことができる基礎的な力を養う。

(3) 外国語の背景にある文化に対する理解を深め，他者に配慮しながら，主体的に外国語を用いてコミュニケーションを図ろうとする態度を養う。

中央教育審議会答申（平成28年12月21日）にて示された3つの柱に対応して，(1)～(3)の目標が示された。それぞれ(1)が「知識・技能」，(2)が「思考力・判断力・表現力等」，(3)が「学びに向かう力・人間性等」の観点を反映している。

(2) 各言語の目標

英語の目標は，英語学習の特質を踏まえ，聞くこと，読むこと，話すこと［やり取り］，話すこと［発表］，書くことの5つの領域別に設定された。

(1) 聞くこと

ア　ゆっくりはっきりと話されれば，自分のことや身近で簡単な事柄について，簡単な語句や基本的な表現を聞き取ることができるようにする。

イ　ゆっくりはっきりと話されれば，日常生活に関する身近で簡単な事柄について，具体的な情報を聞き取ることができるようにする。

ウ　ゆっくりはっきりと話されれば，日常生活に関する身近で簡単な事柄について，短い話の概要を捉えることができるようにする。

(2) 読むこと

ア　活字体で書かれた文字を識別し，その読み方を発音することができるようにする。

イ　音声で十分に慣れ親しんだ簡単な語句や基本的な表現の意味が分かるようにする。

(3) 話すこと［やり取り］

ア　基本的な表現を用いて指示，依頼をしたり，それらに応じたりすることができるようにする。

イ　日常生活に関する身近で簡単な事柄について，自分の考えや気持ちなどを，簡単な語句や基本的な表現を用いて伝え合うことができるようにする。

ウ　自分や相手のこと及び身の回りの物に関する事柄について，簡単な語句や基本的な表現を用いてその場で質問をしたり質問に答えたりして，伝え合うことができるようにする。

(4) 話すこと［発表］

ア　日常生活に関する身近で簡単な事柄について，簡単な語句や基本的な表現を用いて話すことができるようにする。

イ　自分のことについて，伝えようとする内容を整理した上で，簡単な語句や基本的な表現を用いて話すことができるようにする。

ウ　身近で簡単な事柄について，伝えようとする内容を整理した上で，自分の考えや気持ちなどを，簡単な語句や基本的な表現を用いて話すことができるようにする。

(5) 書くこと

ア　大文字，小文字を活字体で書くことができるようにする。また，語順を意識しながら音声で十分に慣れ親しんだ簡単な語句や基本的な表現を書き写すことができるようにする。

イ　自分のことや身近で簡単な事柄について，例文を参考に，音声で十分に慣れ親しんだ簡単な語句や基本的な表現を用いて書くことができるようにする。

3　内容について

〔知識及び技能〕「(1) 英語の特徴や決まり」，〔思考力，判断力，表現力等〕「(2) 情報を整理しながら考えなどを形成し，英語で表現したり，伝え合ったりすること」「(3) 言語活動及び言語の働き」の2領域3事項に大別できる。(1) では音声や文字及び符号などの言語材料について指導する。(2) では具体的な課題等を設定し，コミュニケーションを行う目的や場面，状況などに応じて，情報を整理しながら考えなどを形成し，これらを表現することを通して指導する。(3) では「聞くこと」「読むこと」「話すこと（やり取り）」「話すこと（発表）」「書くこと」の言語活動に関する5領域及び言語の働きについて指導する。

●「外国語活動」について

1 教育課程上の位置付け

・第3学年及び第4学年において，それぞれ年間35単位時間の授業時数を確保した。
・言語活動については「聞くこと」「話すこと」を扱う。
・数値による評価は行わず，顕著な事項がある場合に，その特徴を記入する等，文章の記述による評価を行う。
・英語の履修を原則とする。

2 目標について

(1) 教科の目標

「外国語活動」の目標は以下の通りである。

外国語によるコミュニケーションにおける見方・考え方を働かせ，外国語による聞くこと，話すことの言語活動を通して，コミュニケーションを図る素地となる資質・能力を次のとおり育成することを目指す。
(1) 外国語を通して，言語や文化について体験的に理解を深め，日本語と外国語との音声の違い等に気付くとともに，外国語の音声や基本的な表現に慣れ親しむようにする。
(2) 身近で簡単な事柄について，外国語で聞いたり話したりして自分の考えや気持ちなどを伝え合う力の素地を養う。
(3) 外国語を通して，言語やその背景にある文化に対する理解を深め，相手に配慮しながら，主体的に外国語を用いてコミュニケーションを図ろうとする態度を養う。

中央教育審議会答申（平成28年12月21日）にて示された3つの柱に対応

して，(1)～(3)の目標が示された。それぞれ(1)が「知識・技能」，(2)が「思考力・判断力・表現力等」，(3)が「学びに向かう力・人間性等」の観点を反映している。

(2) 各言語の目標

英語の目標は，英語学習の特質を踏まえ，聞くこと，話すこと［やり取り］，話すこと［発表］の3つの領域別に設定された。

(1) 聞くこと

ア　ゆっくりはっきりと話された際に，自分のことや身の回りの物を表す簡単な語句を聞き取るようにする。

イ　ゆっくりはっきりと話された際に，身近で簡単な事柄に関する基本的な表現の意味が分かるようにする。

ウ　文字の読み方が発音されるのを聞いた際に，どの文字であるかが分かるようにする。

(2) 話すこと［やり取り］

ア　基本的な表現を用いて挨拶，感謝，簡単な指示をしたり，それらに応じたりするようにする。

イ　自分のことや身の回りの物について，動作を交えながら，自分の考えや気持ちなどを，簡単な語句や基本的な表現を用いて伝え合うようにする。

ウ　サポートを受けて，自分や相手のこと及び身の回りの物に関する事柄について，簡単な語句や基本的な表現を用いて質問をしたり質問に答えたりするようにする。

(3) 話すこと［発表］

ア　身の回りの物について，人前で実物などを見せながら，簡単な語句や基本的な表現を用いて話すようにする。

イ　自分のことについて，人前で実物などを見せながら，簡単な語句や基本的な表現を用いて話すようにする。

ウ　日常生活に関する身近で簡単な事柄について，人前で実物などを見せながら，自分の考えや気持ちなどを，簡単な語句や基本的な表現を用いて話すようにする。

3 内容について

〔知識及び技能〕「(1) 英語の特徴等」,〔思考力，判断力，表現力等〕「(2) 情報を整理しながら考えなどを形成し，英語で表現したり，伝え合ったりすること」「(3) 言語活動及び言語の働き」の2領域3事項に大別できる。(1) では言語によるコミュニケーションの楽しさや日本と外国の言語・文化について指導する。(2) では具体的な課題等を設定し，コミュニケーションを行う目的や場面，状況などに応じて，情報や考えなどを表現することを通して指導する。(3) では「聞くこと」「話すこと（やり取り）」「話すこと（発表）」の言語活動に関する3領域及び言語の働きについて指導する。

例題 1〈学習指導要領〉

次の文は，小学校学習指導要領（平成29年3月告示）「外国語」の「目標」の一部である。文中の（ ① ）～（ ④ ）に適する語句を答えよ。

・外国語の音声や文字，語彙，表現，（ ① ），言語の働きなどについて，日本語と外国語との違いに気付き，これらの知識を理解するとともに，読むこと，書くことに慣れ親しみ，聞くこと，読むこと，話すこと，書くことによる実際の（ ② ）において活用できる基礎的な技能を身に付けるようにする。

・（ ② ）を行う目的や場面，状況などに応じて，身近で簡単な事柄について，聞いたり話したりするとともに，音声で十分に慣れ親しんだ外国語の語彙や基本的な表現を推測しながら読んだり，（ ③ ）を意識しながら書いたりして，自分の考えや（ ④ ）などを伝え合うことができる基礎的な力を養う。

解答 ① 文構造 ② コミュニケーション ③ 語順
④ 気持ち

解説 第3学年及び第4学年にて指導する「外国語活動」が主に「聞くこと」及び「話すこと」といった外国語活動を通じて外国語に慣れ親しむことを特徴としているのに対し，第5学年及び第6学年で指導する「外国語」では「読むこと」及び「書くこと」が加わり，総合的・系統的に扱うことを特徴としている。

例題 2〈学習指導要領〉

次の文は，小学校学習指導要領（平成29年3月告示）「外国語活動」における「目標」の一部である。文中の（　①　）～（　③　）に適する語句をア～コから選び記号で答えよ。

・外国語を通して，言語や文化について（　①　）に理解を深め，日本語と外国語との違い等に気付くとともに，外国語の音声や基本的な表現に慣れ親しむようにする。

・外国語を通して，言語やその背景にある文化に対する理解を深め，相手に（　②　）しながら，（　③　）に外国語を用いてコミュニケーションを図ろうとする態度を養う。

ア．工夫　　イ．主体的　　ウ．協力　　エ．積極的
オ．体験的　　カ．配慮　　キ．対処　　ク．計画的
ケ．協調　　コ．対話的

解答　①　オ　　②　カ　　③　イ

解説　言語や文化についての理解は，社会や世界，他者との関わりに着目して捉えさせることが求められる。言語や文化の異なる相手と接する際にはさまざまな配慮が必要になると思われる。

例題 3〈学習指導要領〉

次の文は，小学校学習指導要領（平成29年3月告示）「外国語」に示されている「内容」の一部である。（　①　）～（　④　）にあてはまる語句を，それぞれa～dから1つずつ選び，記号で答えよ。

ア　聞くこと

・自分のことや（　①　）など，身近で簡単な事柄について，簡単な語句や基本的な表現を聞いて，それらを表すイラストや写真な

どと結び付ける活動。

イ　読むこと

・活字体で書かれた文字を見て，その読み方を適切に（　②　）する活動。

ウ　話すこと［やり取り］

エ　話すこと［発表］

・簡単な語句や基本的な表現を用いて，自分の（　③　）や得意なことなどを含めた自己紹介をする活動。

オ　書くこと

・相手に伝えるなどの目的をもって，語と語の（　④　）に注意して，身近で簡単な事柄について，音声で十分に慣れ親しんだ基本的な表現を書き写す活動。

①　a　日常生活　　b　学校生活　　c　友達のこと
　　d　家族のこと

②　a　表現　　b　音読　　c　発音
　　d　識別

③　a　趣味　　b　名前　　c　好み
　　d　年齢

④　a　続き方　　b　接続　　c　連結
　　d　区切り

解答　①　b　　②　c　　③　a　　④　d

解説　「聞くこと」「話すこと」については「外国語活動」においても指導するので，違いについても併せて学習する必要がある。

例題４〈学習指導要領〉

次の文は，小学校学習指導要領（平成29年3月告示）「外国語活動」に示されている「3　指導計画の作成と内容の取扱い」の一部である。（　①　）～（　④　）にあてはまる語句を，それぞれア～エから1つずつ選び，記号で答えよ。

○言語活動で扱う題材は，児童の興味・関心に合ったものとし，国語科や音楽科，図画工作科など，他教科等で児童が学習したことを活用したり，（　①　）で扱う内容と関連付けたりするなどの工夫をすること。

○学級担任の教師又は外国語活動を担当する教師が指導計画を作成し，授業を実施するに当たっては，ネイティブ・スピーカーや英語が堪能な（　②　）などの協力を得る等，指導体制の充実を図るとともに，指導方法の工夫を行うこと。

○言葉によらないコミュニケーションの手段もコミュニケーションを支えるものであることを踏まえ，（　③　）などを取り上げ，その役割を理解させるようにすること。

○各単元や各時間の指導に当たっては，コミュニケーションを行う目的，場面，状況などを明確に設定し，言語活動を通して育成すべき資質・能力を明確に示すことにより，児童が学習の（　④　）を立てたり，振り返ったりすることができるようにすること。

①　ア　学校生活　　イ　地域の行事　　ウ　日常生活
　　エ　学校行事

②　ア　保護者　　イ　専門家　　ウ　地域人材
　　エ　外部指導者

③　ア　態度　　イ　ジェスチャー　　ウ　表情
　　エ　ボディランゲージ

④　ア　見通し　　イ　課題　　ウ　計画
　　エ　筋道

解答　①　エ　　②　ウ　　③　イ　　④　ア

解説　「指導計画の作成と内容の取扱い」の該当箇所参照。

●小学校学習指導要領（平成29年3月告示）

外国語・外国語活動 学習指導法

ポイント

中学年の外国語活動の「英語」における指導計画の作成と内容の取扱いについては，次のように設定した。

・言語活動で扱う題材については，我が国の文化や，外国語の背景にある文化に対する関心を高め，理解を深めようとする態度を養うのに役立つものとすることとした。

・外国語を初めて学習することに配慮し，簡単な語句や基本的な表現を用いて友達との関わりを大切にした体験的な言語活動を行うこととした。

高学年の外国語科の英語における指導計画の作成と内容の取扱いについては，次のように設定した。

・言語材料については，発達の段階に応じて，児童が受容するものと発信するものとがあることに留意して指導することを明記した。

・「推測しながら読む」ことにつながるよう，音声で十分に慣れ親しんだ簡単な語句や基本的な表現について，音声と文字とを関連付けて指導することとした。

・文及び文構造の指導に当たっては，文法の用語や用法の指導を行うのではなく，言語活動の中で基本的な表現として繰り返し触れることを通して指導することとした。

指導計画の作成や指導法に関する設問では，これらの視点が相互に関連し合うことや，学習の目標との結びつきについてを念頭に解答を作成したい。

また，以下に外国語教育における指導のポイントを述べる。参考にされたい。

① 外国語でのコミュニケーションを体験させる際には，児童の発達の段階を考慮して表現を選定するとともに，児童にとって身近なコミュニケーションの場面を設定し，児童が積極的にコミュニケーションを図ることができるように指導することが重要である。

② 音声面の指導については，さまざまな工夫をしながら聞くことの時間を確保し，日本語とは違った外国語の音声やリズムなどに十分慣れさせるとともに，聞き慣れた表現から話すようにさせるなど，児童にとって過度の負担にならないように指導することが大切である。

③ 〔外国語活動〕外国語を初めて学習する段階であることを踏まえると，外来語など児童が聞いたことのある表現や身近な内容を活用し，中学年の児童の発達の段階や興味・関心にあった身近なコミュニケーションの場面で，外国語でのコミュニケーションを体験させることが大切である。

例題 1〈学習指導法〉

小学校「外国語活動」の指導に関して述べた次の問いに答えよ。

“I can ～.” を用いた単元において，学級担任が質問し，それに対してALTが自分のできることやできないことを紹介する場面を設定した。ALTの伝えたいことを児童に理解しやすくするために，ALTと学級担任，それぞれの指導上の留意点を書け。

解答 ［ALT］…ジェスチャーを多く入れたり，canやcannotのところを強く読んだりする。など　［学級担任］…ALTの言ったことを繰り返したり，担任自身のできることをcanを用いて紹介したりする。など

解説 小学校学習指導要領第4章外国語活動に書かれている内容を踏まえながら，ALTと学級担任が，それぞれの役割を認識し，協力して授業を進めていくことを押さえて，指導上の留意点を書いていくとよい。

例題 2〈学習指導法〉

小学校学習指導要領（平成29年3月告示）「外国語」では，「相手に伝えるなどの目的を持って，語と語の区切りに注意して，身近で簡単な事柄について，音声で十分に慣れ親しんだ基本的な表現を書き写す活動」について指導する。この活動で児童に書き写させるためにふさわしい例文を，次の①～③で指示する言語の使用場面に則して一文ずつ書け。

①自己紹介

②買い物

③家庭での生活

解答　〈解答例〉①　I am eleven years old.　②　How much is this book?　③　My brother gets up at seven o'clock.

解説　使用場面は，2内容〔思考力，判断力，表現力等〕(3) ②言語の働きに関する事項のアによる。基本的表現の具体例については，2内容〔知識及び技能〕(1) ア～エを参考にする。語順の誤りやスペリングの誤りなどのケアレスミスがないよう十分に注意されたい。

●小学校学習指導要領(平成29年告示)解説「外国語活動・外国語編」(平成29年7月)

●書籍内容の訂正等について

弊社では教員採用試験対策シリーズ（参考書，過去問，全国まるごと過去問題集），公務員試験対策シリーズ，公立幼稚園・保育士試験対策シリーズ，会社別就職試験対策シリーズについて，正誤表をホームページ（https://www.kyodo-s.jp）に掲載いたします。内容に訂正等，疑問点がございましたら，まずホームページをご確認ください。もし，正誤表に掲載されていない訂正等，疑問点がございましたら，下記項目をご記入の上，以下の送付先までお送りいただくようお願いいたします。

① **書籍名，都道府県（学校）名，年度**
（例：教員採用試験過去問シリーズ　小学校教諭 過去問　2025年度版）
② **ページ数**（書籍に記載されているページ数をご記入ください。）
③ **訂正等，疑問点**（内容は具体的にご記入ください。）
（例:問題文では"ア～オの中から選べ"とあるが,選択肢はエまでしかない）

〔ご注意〕
○ 電話での質問や相談等につきましては，受付けておりません。ご注意ください。
○ 正誤表の更新は適宜行います。
○ いただいた疑問点につきましては，当社編集制作部で検討の上，正誤表への反映を決定させていただきます（個別回答は，原則行いませんのであしからずご了承ください）。

●情報提供のお願い

協同教育研究会では，これから教員採用試験を受験される方々に，より正確な問題を，より多くご提供できるよう情報の収集を行っております。つきましては，教員採用試験に関する次の項目の情報を，以下の送付先までお送りいただけますと幸いでございます。お送りいただきました方には謝礼を差し上げます。
（情報量があまりに少ない場合は，謝礼をご用意できかねる場合があります）。

◆あなたの受験された面接試験，論作文試験の実施方法や質問内容
◆教員採用試験の受験体験記

送付先
○電子メール：edit@kyodo-s.jp
○FAX：03-3233-1233（協同出版株式会社　編集制作部 行）
○郵送：〒101-0054　東京都千代田区神田錦町2-5
協同出版株式会社　編集制作部 行
○HP:https://kyodo-s.jp/provision（右記のQRコードからもアクセスできます）

※謝礼をお送りする関係から，いずれの方法でお送りいただく際にも，「お名前」「ご住所」は，必ず明記いただきますよう，よろしくお願い申し上げます。

教員採用試験「参考書」シリーズ

福井県の
小学校教諭 参考書

編　集　© 協同教育研究会
発　行　令和 5 年 7 月 25 日
発行者　小貫　輝雄
発行所　協同出版株式会社
〒 101－0054
東京都千代田区神田錦町2－5
電話　03－3295－1341
振替　東京00190－4－94061
印刷所　協同出版・POD 工場

落丁・乱丁はお取り替えいたします